高等院校公共管理系列教材

Public Crisis Management

公共危机管理
理论、方法及案例分析

米 红　冯广刚◎主编

北京大学出版社
PEKING UNIVERSITY PRESS

图书在版编目(CIP)数据

公共危机管理:理论、方法及案例分析/米红,冯广刚主编. —北京:北京大学出版社,2018.1

(高等院校公共管理系列教材)

ISBN 978-7-301-28422-3

Ⅰ. ①公… Ⅱ. ①米… ②冯… Ⅲ. ①国家行政机关—突发事件—公共管理—高等学校—教材 Ⅳ. ①D035.1

中国版本图书馆 CIP 数据核字(2017)第 137127 号

书　　　名	公共危机管理:理论、方法及案例分析 GONGGONG WEIJI GUANLI
著作责任者	米　红　冯广刚　主编
责任编辑	朱梅全　尹　璐
标准书号	ISBN 978-7-301-28422-3
出版发行	北京大学出版社
地　　　址	北京市海淀区成府路 205 号　100871
网　　　址	http://www.pup.cn　新浪微博　@北京大学出版社
电子信箱	sdyy_2005@126.com
电　　　话	邮购部 62752015　发行部 62750672　编辑部 021-62071998
印　刷　者	三河市博文印刷有限公司
经　销　者	新华书店
	787 毫米×1092 毫米　16 开本　15.25 印张　234 千字 2018 年 1 月第 1 版　2019 年 10 月第 2 次印刷
定　　　价	45.00 元

未经许可,不得以任何方式复制或抄袭本书之部分或全部内容。

版权所有,侵权必究

举报电话: 010-62752024　电子信箱: fd@pup.pku.edu.cn

图书如有印装质量问题,请与出版部联系,电话: 010-62756370

前　言

　　进入 21 世纪,尤其自"9·11"事件以来,公共危机已在全球日益呈现常态化的发展趋势。公共危机管理也逐步成为国内外高等院校的通识性课程。

　　一般而言,公共危机管理是通过对影响公共危机的风险类别及其相关变量的演化与发展的全过程,即"前兆期—突发点—紧急期—爆发点—相持期—转折点—解决期—安全点"的概念内涵与外延进行梳理、辨析,结合公共政策和非传统安全管理理论的指导,基于问题导向和模式识别的视角,对公共危机发生所涉及的诸多变量进行归纳梳理,并融入已有的真实数据进行演绎分析,同时凝练出相互关联的方法和模型,再通过模型的初步研究,提出具有公共危机管理科学意义和学术价值的相关研究假设和研究假说,并在更广泛的数据库或大数据的支撑下,对未来可能出现的风险、危机的模式变化进行预警、预测、预报和相关的政策仿真、顶层制度设计,最后达到对风险应对方案、危机管理优化影响因素的系统测量、评估和定性定量的解析。

　　因此,笔者深感编写一本针对公共危机管理的概念内涵、外延与相关理论、方法、模型及其典型案例分析为一体的研究型教材,对于教好公共危机管理课程尤为重要。

　　笔者长期从事公共危机管理等相关主题的本科和研究生教学工作,在近十年教学过程中发现教学是双向的学习和沟通过程,笔者在教授学生的过程中加深了解了公共危机管理的前沿理论和最新方法,更为重要的是学生的认真且精彩的课堂作业及案例分析也会给笔者带来很多启发。

　　本书正是基于长期的教学实践,并在浙江大学公共管理学院本科办的资助下而完成的。

本书将公共危机管理的基础理论知识、前沿方法和交叉学科学习、案例分析紧密相结合，具有前沿学术理论应用型和问题的导向性、案例教学与互动性、政策仿真分析和学科交叉性等特点。

在本书理论方法篇部分的撰写中，浙江大学社会保障专业本科生付思杭、王伟朋、叶李、李梦琴、刘洁、王亚芹、王莹、杜逸超、胡立成、张海彤、金玉珠、冯允、施斌、杨菲菲等做了大量的资料搜集、整理和部分章节文字的工作。案例篇主要是笔者对多年教学中优秀的学生展示案例的初稿改写而成的，这里特别感谢2011级、2012级和2013级浙江大学劳动与社会保障专业所有本科生。笔者和冯广刚在此基础上对本书的全部章节内容做了进一步的修改、完善与统稿工作。

本书适用于高等院校公共管理专业及非传统安全管理专业的高年级本科生、研究生以及对本书感兴趣的研究者，编写过程中难免有各种遗漏或不足，敬请各位方家予以指正！

这里，笔者还要特别感谢浙江大学公共管理学院副院长郭继强教授和本科办主任王卫星老师在本书撰写过程中给予的大力支持和帮助！

最后，本书得到了北京大学出版社的领导和朱梅全编辑给予的热心且积极的帮助，在此表示衷心的感谢！

米 红

2017年10月于浙江大学

目 录
Contents

第一篇 理论、方法

第一章 公共危机管理概论 003
　第一节　风险、危机和公共危机 003
　第二节　公共危机管理 015
　第三节　公共危机管理的历史变革 019

第二章 公共危机管理的理论与方法 021
　第一节　国外较成熟的危机管理理论 021
　第二节　公共危机管理的方法 029
　第三节　国内公共危机管理理论发展 042

第三章 公共危机管理国际比较 046
　第一节　国际知名组织对公共危机管理的相关规定 046
　第二节　西方发达国家公共危机管理 048
　第三节　发展中国家公共危机管理 056
　第四节　东亚国家公共危机管理 060
　第五节　中外公共危机管理机制比较分析 064

第四章 我国公共危机管理体系 067
　第一节　我国公共危机管理现状 067

第二节　我国公共危机管理体系的核心　　070
　　第三节　我国公共危机管理存在的问题　　082

第五章　风险统计模型及应用　　085
　　第一节　事件史分析方法　　085
　　第二节　Cox 比例风险模型　　090
　　第三节　马尔可夫模型　　098
　　第四节　风险统计模型应用　　104

第二篇　案例分析

第六章　自然灾害事件　　129
　　案例一　2004 年印度洋海啸灾害预警体系探析　　129
　　案例二　2008 年汶川"5·12"地震中的应急管理　　136
　　案例三　2013 年浙江余姚水灾　　145

第七章　事故灾害事件　　151
　　案例一　1952 年伦敦光化学烟雾事件　　151
　　案例二　2003 年美国东部大停电及其应对措施　　154
　　案例三　2014 年浙江富春江水污染　　156
　　案例四　2011 年日本福岛核电站核泄漏事故　　161
　　案例五　2013 年中国中东部严重雾霾事件　　167

第八章　公共卫生事件　　173
　　案例一　上海市政府成功应对"非典"危机的经验分析　　173
　　案例二　2005 年哈尔滨市有效应对水危机　　175
　　案例三　英国应对疯牛病危机　　177
　　案例四　2011 年河南"瘦肉精"事件　　180

第九章　社会安全事件　183
案例一　2002年莫斯科人质危机　183
案例二　城市公共安全应急系统研究实例　187

第十章　人口安全事件　195
案例一　美国墨西哥移民挑战　195
案例二　2015年欧洲难民危机　197
案例三　人口承载力与人口安全　201
案例四　"十三五"时期我国人口、资源、环境"紧平衡"　214

第十一章　社会保障相关风险　219
案例一　私人风险与公共安全：劳动者人身安全互助保险制度　219
案例二　市民化积分落户机制，看起来很美好　223

参考文献　234

第一篇
理论、方法

第一章　公共危机管理概论

本章要点

1. 名词概念：风险、危机、公共危机、公共危机管理。
2. 了解公共危机的类型划分。
3. 了解公共危机管理的基本特征。
4. 了解公共危机管理的历史。

导语

本章从风险的视角出发，沿着危机—公共危机—公共危机管理—公共危机管理历史变革主线，对公共危机管理进行框架性描述。

第一节　风险、危机和公共危机

一、风险

（一）风险的定义

"风险"一词来源于意大利语"risqué"。在早期的用法中，风险被理解为客观的危险，被定义为"遭到伤害、损害或损失的可能性"，《现代汉语词典》则把风险定义为"可能发生的危险"。

决策学家把风险定义为损失的不确定性，这种不确定性又可分为客观的不确定性和主观的不确定性。客观的不确定性是实际结果与预期结果的利差，可以使用数学工具加以度量；主观的不确定性是个人对客观风险的评估，它同个人的知识、经验、精神和心理状态有关，不同的人面临相同的客观风险时会有不同的主观不确定性。

　　风险是确定性消失的时候世界存在不确定性的一种特性。从客观上说，风险是围绕相对于预期而可能出现的种种不同结果的变化；而从主观上说，风险是我们对风险的态度和看法，这些态度和看法受不确定性、个人、社会以及文化因素的影响。可以说，风险的基本含义就是损失的不确定性。所谓不确定性，是指对认知能力的怀疑。"认知"要求有数据、接收数据的手段，以及将数据加工或转化成信息的能力等。其中很多环节都可能导致疑问或怀疑的产生：数据或信息可能是不完全的，收不到数据或者得到的数据无法处理和理解等。

　　美国俄亥俄州立大学的麦克尔·史密斯（Michael L. Smith）教授在将"不确定性"概念化方面作出了重大的贡献。他认为，与风险一样，不确定性也存在不同的程度。他提出了一套划分不确定性的程度的方法，其中"确定性—不确定性"序列如表 1-1 所示。

表 1-1　史密斯的"确定性—不确定性"序列

不确定性的水平	特征	事例
无（确定性）	结果可以精确预测	物理定律
水平 1（客观不确定性）	结果可以识别，概率已知	机会对策
水平 2（主观不确定性）	结果可以识别，概率不可知	火灾、投资
水平 3	结果不确定，概率不可知	太空探险

资料来源：〔英〕马丁·冯、彼得·杨：《公共部门风险管理》，陈通、梁浕洁等译，天津大学出版社 2003 年版。

　　风险的要求包括风险因素（hazard）、风险事故（peril）和损失（loss）。风险因素是指促成或引起风险事故发生时导致损失增加、扩大的原因或条件。风险因素是风险事故发生的潜在原因，是造成损失的直接原因。风险事故又称"风险事件"，是指引起损失的直接或外在的原因，是使风险造成损失的可能性转化为现实性的媒介。损失是指非故意、非计划、非预期的经济价值减少的事实，可分为直接损失和间接损失两种，其中，直接损失是指风险事故对于标的本身所造成的破坏事实，而间接损失则是由于直接损失所引起的破坏事实。①

(二)风险的基本分类

1. 经济风险和非经济风险

以风险是否会带来损失,可将风险划分为经济风险与非经济风险。

2. 静态风险和动态风险

静态风险是指在社会经济正常运行的情况下,由自然力或者人为的失当行为造成的风险,如洪灾、火灾、盗窃等。动态风险则是指在经济条件变化的情况下造成经济损失的可能性,如市场结构调整、人口增长、利率变化等。

3. 纯粹风险和投机风险

纯粹风险只有两种可能的结果——没发生损失和发生了损失。投机风险有三种可能的结果——不发生损失、发生了损失、不仅没有损失还有获利。一般而言,纯粹风险是可保风险,而投机风险是不可保的。

二、危机

(一)危机的定义

在西方,"危机"的概念最初来源于希腊,并被普遍用于医学领域。作为一个医学术语,它是指人濒临死亡、游离于生死之间的状态。后来,这个词的含义不断扩展。"crisis"这个词在希腊文中为"crimea",其意义即为"决定"(to decide)。因此,危机是决定性的一刻、关键的一刻,是一件事情的转机与恶化的"分水岭",是生死存亡的关头,是一段极不稳定的时间和极不稳定的状况,是一种迫切需要立即作出决定性的变革的状态。

《现代汉语词典》中对"危机"的解释是:潜伏的危险;严重困难的关头。② 危机指的是险境、灾难和时机、转机。危机是一种客观存在的社会现象,在社会的各个领域均可发生,通常有一定的社会影响。③《韦氏大字典》指出:"危机是事件转机与恶化间的转折点"。面对日益增多的危机事件,如何在

---

① 参见中国保监会保险教材编写组编著:《风险管理与保险》,高等教育出版社2007年版。
② 参见《现代汉语词典(第6版)》,商务印书馆2012年版,第1349页。
③ 参见王晓成:《论公共危机中的政府公共关系》,载《上海师范大学学报(哲学社会科学版)》2003年第6期。

"危难""危险"中寻找"生机""转机",这是危机管理与危机传播所要解决的问题。从学术研究的角度,一般而言,定义"危机"的角度有两种,一是从决策的角度定义危机,二是从冲突的角度定义危机。

研究危机的先驱C.F.赫尔曼(C.F. Hermann)认为,危机是威胁到决策集团优先目标的一种形势,在这种形势中,决策集团作出反应的时间非常有限,且形势常常向令决策集团惊讶的方向发展。

各学科对危机的定义也不尽相同:企业管理学认为,危机是一种决策形势,在此形势下,企业的利益受到威胁,任何拖延均可能会失控而导致巨大损失;组织行为学认为,危机是组织明显难以维持现状的一种状态。一般认为,危机是在决策者的核心价值观受到严重威胁或挑战,有关信息很不充分,事态发展具有高度不确定性和需要迅速决策等不利情景的汇聚。它是对组织系统的总体目标和利益构成威胁而导致的一种紧张状态。

目前我国学界大多借用国外学者的定义,其中普遍倾向于采用美国著名学者罗森塔尔(Rosenthal)的观点,即危机是指对一个社会系统的基本价值和行为准则构架产生严重威胁,并在时间压力和不确定性极高的情况下必须对其作出关键决策的事件。另外,国内关于危机有不少称呼,如"突发性危机""突发事件""紧急事件"等。

张成福等[①]将危机的影响划分为三个方面:第一是危机的经济影响,即造成经济损失、影响经济运行和影响经济发展;第二是危机的社会影响,即影响社会运行、影响公众心理、影响公众生活方式和影响社会价值观;第三是危机的政治影响,即关系政府形象、影响政治稳定、推动治道变革和影响国际关系。

(二)危机事件的三阶段

危机事件的发生过程可分成三个阶段:危机前阶段、危机阶段与危机后处理阶段,各个过程之间体现了危机发展的一个循环周期。对危机管理过程的各个阶段应当采取什么策略和措施,有哪些需要注意的问题,如何尽可能地将危机事件的发生控制在某一个特定的阶段,使它不向性质更为严重的下一阶段演变,防止危机扩大,减少损失,这是危机管理需要

---

① 参见张成福、唐钧、谢一帆:《公共危机管理:理论与实务》,中国人民大学出版社2009年版。

解决的问题。

图 1-1　危机事件的发生过程

在危机管理的各个阶段中,危机发生前的管理最为重要。具体来说,要做到公共危机的预防、预警、预控,以防止危机的发生,或者减轻危机发生的后果。在某种程度上,危机状态的预防以及危机升级的预防比单纯的某一特定危机事件的解决显得更加重要,因为,如果能够在危机未能发生之前就及时把产生危机的根源消除,则均衡的社会秩序能够得以有效保障,我们也可以节约大量的人力、物力和财力。

三、公共危机

（一）公共危机的定义和特点

公共危机是指由于突发事件引起严重威胁与危害社会公共利益和公共安全,并引发社会混乱和公众恐慌,需要运用公共权力、公共政策和公共资源紧急应对和处理的危险境况和非常事态。对社会而言,公共危机有很大的危害性和广泛的影响。公共危机损害的客体包括公共财产、公共安全、公共秩序和公共福祉。

公共危机的特点包括：

(1) 破坏性：对组织或社会的生存和发展构成威胁。

(2) 突发性、不确定性：出乎决策者意料之外。

(3) 紧迫性：应对和处理行为具有很强的时间限制。

(4) 公众性：影响公众的利益,公众舆论高度关注。

国外学者关于公共危机的研究主要分为三个阶段：第一阶段(20 世纪 90 年代以前)主要研究政治,第二阶段(20 世纪 90 年代)主要研究自然灾害和人为灾害,第三阶段(21世纪之后)是公共危机多元化阶段,国际公共危机事件涉及领域呈现多元化趋势。在第三阶段,公共危机的研究范围从政治、自然灾害等事件向整个经济社会领域扩展,并且危机事件类型日益多样化,跨领域跨边界危机成为21世纪的主要危机,对公共危机管理系统的建立和公共危机管理能力的提升提出了更高要求。

(二)公共危机事件的类型

1. 按起因分类

从起因的角度可以将公共危机事件分为人为的危机事件和非人为的危机事件,前者如恐怖袭击、集体骚乱、重大事故等,后者如流行病、地震、风暴等自然灾害。

2. 按可预知程度分类

从发生之前人们对公共危机事件的预知程度,可将公共危机事件分为在一定程度上可预测的危机事件(如灾害性天气)和难以预测的危机事件(如恐怖袭击、重大事故等)。

3. 按可避免性分类

从其发生的必然性方面,可以将公共危机事件分为有避免可能的危机事件(主要指人为的危机事件,如一些重大责任事故、群体性过激行为等)和无法避免的危机事件(主要指非人为的突发事件,如地质灾害、洪水、飓风等)。

4. 按影响范围分类

从规模和影响范围的大小上,可以将公共危机事件分为全球性危机事件、地区性危机事件和局部性危机事件。

5. 按复杂程度分类

根据公共危机事件形成的冲击的复杂程度,可以将其分为单一型的危机事件和复合型的危机事件。前者是指某一危机事件的影响局限于事件本身,没有引起继发性的危机事件;后者是指由于涟漪效应又引发了新的危机事件。

6. 按发生顺序分类

按照公共危机事件的发生顺序,可以将其分为原发性危机事件和继发性危机事件。前者是指最初发生的危机事件,后者是指由最初的危机事件诱发出来的新的危机事件,两者之间存在着因果关系。

7. 按公共发展速度分类

根据发展的速度,可以将其分为:龙卷风型,即事件来得快,去得也快,而且问题解决了以后不留什么后遗症;腹泻型,即事件是逐渐发展而来的,但爆发后很快就结束了;长投影型,即事件是突然爆发,但后果却会持续比较长的时间;文火型,即事件在爆发前会经历一个酝酿的过程,爆发后也需要一段比较长的时间才能逐渐化解。

8. 按来源分类

根据公共危机事件的来源,可以将其分为内生型危机事件与输入型危机事件。前者是指其发生是由于系统内部某些因素发展失衡造成的,与系统外部关系不大;后者是指其产生是由于系统外部的输入造成的,而主要不是系统内部的问题。两者显然是相对的,站在不同的角度有时会发生转化。

9. 按所涉及人群的倾向分类

按照公共危机事件所涉及的人群的态度和倾向是否一致,可以将其分为利益一致型公共危机事件和利益冲突型公共危机事件。前者是指公共危机事件所涉及的所有人的利益基本上是一致的,不存在强烈的冲突,所有人都会为应对公共危机事件的不良影响而共同努力;后者是指在突发事件所涉及的人群中存在着利益不一致的两个或多个群体,他们各自对事件的态度是完全不同的。

10. 按发生的具体领域分类

按照公共危机事件发生的具体领域分类,可以将其分为许多类型,如政治危机事件、经济危机事件、自然灾害危机事件、事故型危机事件、公共卫生突发事件、群体冲突危机事件、环境生态危机事件。这种分类方法没有强调公共危机事件某个特定方面的性质,但具有比较直观、具体的优点,所以很多时候会被用到。

(三)我国对公共危机类型的划分

人类生存环境的复杂性,也体现在公共危机类型的多样性上。在我国,公共危机类型大体上可进行如下划分:

1. 从发生领域分类

从发生的领域来看,公共危机可分为经济危机、政治危机、社会危机、生产危机和生态危机等。

（1）按照马克思主义政治经济学的观点，经济危机是指经济系统没有产生足够的消费价值，也就是生产能力相对过剩的危机。经济危机包括财政危机、金融危机、资源危机和全面的经济危机。如1997年的东南亚金融危机、2000年底的土耳其财政金融危机、2001年的阿根廷经济危机以及2007年由美国次贷危机引发的全球金融危机等。

（2）在传统意义上，政治危机是指发生了某种（事实上或声称的）对国家构成威胁的非同寻常的事由，如战争或内乱、大规模抗议或高层发生公开的分裂等，国家采取措施中止某些现行工作。而现代意义上的政治危机的内涵与外延同过去相比要宽泛得多。对于党和政府而言，政治危机就是对"执政主体的束缚"，危机的解除则是对主体束缚的解除。从本质上说，传统意义上的政治危机多是突发的、单一的、显性的，现代意义上的政治危机却是持续的、多元的、隐性的。前者可以通过紧急应对措施加以解决，即这种危机可以当作一件事情来处理。总体来说，政治危机一般涉及政体、国体与政府合法性面临严重挑战、威胁和瓦解，以及国家主权受到威胁和伤害。总体上看，政治危机包括由于战争、政变及其他政治原因引发的政府信誉危机、外交危机、国家安全危机以及社会骚乱、国际恐怖主义等等。这类危机会直接危及社会的安定和国家政权的稳定。

（3）社会危机主要指源自社会结构层面上的问题，如社会阶层结构的不健全、社会利益结构的失衡以及社会群体之间对立感的增强，从而形成程度不同的社会紧张情势和局面。如贫富差距的扩大，社会不公日益突出；社会财富通过权力寻租（腐败）越来越集中到少数人手中的趋势加剧；公民利益表达机制不畅和缺乏，群体性事件日益增加，官民冲突日益激烈，政府治理危机凸显等等。社会危机的范围往往是以社会领域和政治领域为主并涉及多个领域。一般来说，当社会风险积累到比较严重的程度，一旦遇到某个事关社会公众切身利益的不利问题，以此为契机，就很有可能转为某种形式和某种程度的社会危机，这类问题的彻底解决一般来说难度比较大。

（4）生产危机是最常见也是发生频率最高的危机，一般主要是由于技术因素、防护性因素、质量因素、管理因素以及各种各样的偶然性因素引发。它主要包括工矿商贸等企业的各类安全事故、交通运输事故、公共设施和设备事故、核与辐射事故、环境污染事故等。

（5）生态危机是在我国对人类社会发展规律认识进一步深化的基础上提出的一个新型概念，它是指人类赖以生存和发展的自然环境或生态系统结构和功能由于人为的不合理开发、利用而引起的生态环境退化和生态系统的严重失衡过程。事实上，生态危机的后果比战争更危险，更具毁灭性，它毁灭的将是地球和包括地球上所有的生命。历史经验表明，一个国家可以从战争的创伤中恢复起来，如二战后的德国和日本，但是没有一个国家可以从被破坏的自然环境中迅速崛起。我们研究一下世界文明发展史，从古埃及文化、古巴比伦文化、古希腊文化、古印度文化、中美洲的玛雅文化，到我国的楼兰文化，这些文化的兴衰，有一个共同的事实，就是和它们所在地区的森林数量、质量和植被的分布等因素密切相关。因此，恩格斯在《自然辩证法》中就告诫人们："我们不要过分陶醉于我们人类对自然界的胜利。对于每一次这样的胜利，自然界都对我们进行报复。每一次胜利，起初确实取得了我们预期的结果，但是往后和再往后却发生完全不同的、出乎预料的影响，常常把最初的结果又消除了。"

2. 从危机成因分类

从发生的成因来看，公共危机可分为内生型危机、外生型危机和混合型危机。内生型危机是由事物发展过程中本身所固有的属性决定的，或者是由于组织内部管理不善所引起的，这种危机来自事物本身，比如一些事故灾害多是由于其内部管理不善、忽视安全导致的结果；外生型危机是因为事物的外部因素造成的危机，如全球金融风暴对于我国发展的影响就是一种外生型危机；混合型危机是指危机的成因既有内生的特质，也有外生的特质。事实上，大多数危机都是混合型的，没有单一成因的危机。

3. 从影响范围分类

从影响范围来看，公共危机的范围小到单位、集团，大到国家、全世界，据此可将其划分为全球性危机、国际性危机、国家危机、地区危机、个别组织危机等。

4. 从危机发生、发展和演变的规律分类

从发生、发展和演变的规律来看，公共危机可划分为突发型危机和演变型危机。大多数公共危机的发生常常是在毫无准备的情况下瞬间发生的，这类危机就是突发型危机，对于突发型危机如果不加妥善治理或者治理不当,就会带来次生危机,即演变型危机。比如,洪灾过后必有疫情,洪灾就是突发型危机,而疫情就是演变型危机。

5. 从表现形式分类

从表现形式来看,公共危机主要可分为如下几种:(1)意识冲突型危机,如由于民族、宗教问题引起的大规模群体冲突或刑事案件等;(2)自然灾害型危机,主要包括水旱灾害、气象灾害、地震灾害、地质灾害、海洋灾害、生物灾害和森林草原火灾等;(3)利益失衡型危机,这是由于经济发展不均衡和社会保障制度的缺陷造成的,包括罢工、集体上访、静坐、示威游行、集会等;(4)权力异化型危机,是由于政府体系中腐败或司法权的不完善造成的,如集体上访、暴力抗法、刑事案件等;(5)国际关系型危机,如由于国家间的紧张局势造成的经济制裁甚至局部战争。

公共危机按照不同的标准还可以划分为许多种类。我国《突发事件应对法》将突发公共事件按其发生过程、性质和机理分为四大类,即自然灾害类,主要包括水旱灾害、气象灾害、地震灾害、地质灾害、海洋灾害、生物灾害和森林草原火灾等;事故灾难类,主要包括工矿商贸企业事故、交通运输事故、公共设施和设备事故、核与辐射事故、环境污染事故和生态破坏事故等;公共卫生事件类,主要包括传染病疫情、群体性不明原因疾病、食品安全、职业危害、动物疫情以及其他严重影响公众健康和生命安全的事件;社会安全事件类,主要包括恐怖袭击事件、民族宗教事件、经济安全事件、涉外事件、群体性事件以及其他刑事案件等。

上述划分方式只是具有代表性的几种。对于危机不同类型的划分的意义在于了解危机事件的复杂性,因此,解决的手段和途径也呈现出多样性特点。当然,在现代社会,各种公共危机有时互为因果、相互叠加、渗透和扩展,形成了一个错综复杂的网络结构,单一性公共危机常常演变成复合性危机,大大增加了其解决的难度。[①]

(四)一般公共危机发展过程

1. 危机的前兆阶段

在危机的前兆阶段,危机管理要致力于从根本上防止危机的形成和爆

---

① 参见陈丽华等编著:《公共视角下的危机管理》,中国社会科学出版社2009年版。

发,及早将其制止于萌芽状态。根据危机潜伏期的各种征兆和蛛丝马迹,可以辨别出危机是否将要发生,或者已经发生。同时,及时铲除产生危机的土壤,消除诱发危机的温床,有效地遏制和避免危机的发生,或把危机控制在特定的类型和特定的区域内,可以防止衍生、次生和复合危机的发生。

2. 危机的紧急阶段

在这一阶段,为有效遏制危机扩散,避免危机造成的危害和负面影响,危机反应的对策就是快速行动、快速处置,主要是突出"三个快"。

(1) 反应快。要在第一时间识别危机,为后面有效处置危机事件赢得时机。危机识别之后可能存在两种情况:第一种是有成熟的预案,我们可以立即启动预案应对;第二种是没有相应的预案,对于这样的危机事件,我们很难消除,但可以控制。所以,第一时间识别非常重要,可以为我们及时控制事态争取时间,我们必须在最短的时间里摸清情况,立即采取措施,构筑"防火墙",将危机隔离、阻止,直到平息危机事件。

(2) 到位快。首先,领导者要到位快。危机一旦发生,领导者要在第一时间赶到现场,靠前指挥。一方面,可以稳定危机事件中民众的恐慌情绪;另一方面,可以及时收集掌握危机事件第一手信息,为危机决策服务。其次,决策要到位快。由于危机决策是在信息不完全、时间要求非常紧迫的情况下的非常规化决策,这就要求领导者必须具备较强的决策能力和高超的决策艺术,当机立断,果断决策。

(3) 处置快。危机一旦发生,其负面影响和危害迅速展现,所以危机反应贵在神速。在事实基本清楚、趋势较为明显的情况下,抓住要害人物和关键问题,迅速采取措施,果断控制事态,避免其升级扩散。危机爆发初期,即使是一个相对粗糙的应对计划也能大大缓解紧张的波动。所以,面对危机,我们要及早确定危机管理的指挥系统和专门工作机构,并赋予其超出常规的决策权和资源调配权力,以便快速反应,快速处置。

3. 危机的相持阶段

这一阶段,危机事件已经得到初步控制,事态得到基本缓和,但尚未彻底解决,需要组织力量开展恢复重建,防止危机升级。同时,要对受害者进行物质生活和精神心理上的救援,逐步恢复正常的生产生活秩序,直至危机事件消失。恢复重建的内容主要包括以下几个方面:

(1) 社会秩序的恢复重建。一般情况下，公共危机往往与一定范围的法律失效、社会秩序混乱相联系。危机事件中，一些不法分子会趁火打劫，为非作歹。因此，危机过后要加强社会治安管理，维护社会秩序，恢复正常的生产生活，保障群众的生命财产安全。比如，危机时实行的戒严、隔离等措施，危机过后应予解除，这就是社会秩序的恢复。

(2) 物质方面的恢复重建。这主要是对危机中遭受破坏的基础设施进行恢复重建。比如，地震、洪水等灾害过后，对遭受破坏的学校、民宅、道路、桥梁、通信与供电等设施，要进行恢复重建，以保障正常的生活和生产。但是，恢复重建不是简单地恢复到以前的状态，而是要把危机当作一次新的发展机遇，在更高的起点、平台上，做好灾后恢复重建工作。比如，四川在汶川地震后得到了国内外大量的技术支持和经济支持，可以此为契机，实现产业发展的转型升级，进而推动经济的长足进步，实现"后发效应"。

(3) 社会心理的恢复重建。危机的发生，不仅使群众的财产遭受严重损失，而且一些群众会遭受重大的身体伤害甚至失去亲人，由此带来重大的心理创伤。这些群众心理蒙上了一层阴影，危机过后往往丧失生活的信心、悲观绝望，甚至仇视社会。所以，危机管理中，在给予必要物质救助的同时，对受到心理侵害的群众，还需要组织心理专家、志愿者及民间组织做好受灾群众的心理救治、辅导、治疗等，帮助他们排除心理忧郁，抚慰受伤的心灵，恢复生活的信心。比如，汶川地震恢复重建中就要求政府建立心理干预的长效机制。灾后心理干预是一项长期而细致的工作，不可一蹴而就。许多人灾后的心理疾患具有较长的间歇期，需要长期观察。另外，应急救援队员和志愿者在灾后也应被纳入心理干预的对象范畴。

4. 危机的解决阶段

这一阶段，危机事件得到全面解决，危害消除，社会管理转向常态。需要开展危机发生原因调查，实事求是评估危机管理绩效，并在调查评估、总结经验教训的基础上，完善危机管理制度，弥补危机暴露出的管理漏洞和工作失误。

(1) 调查危机发生的原因。调查清楚危机发生的原因，不仅可以为改进工作提供依据，而且还可以分清责任，查处相关责任人，告慰受害者及其亲属。在调查危机发生原因时，要组建一个独立、精干、负责、高效的危机事件调查小组,调查小组应具有相对的独立性并具有相当的权威性,最好是聘请权威的第三方介入调查,这样的结论更加公正,也更容易为社会民众所接受。

(2) 评估危机管理绩效。评估危机造成的损失是制订赔偿方案和公共政策的基础,也是分清有关人员责任大小的依据。现阶段,由于群众的社会保险意识增强,参加各种社会保险的群众增多,所以,评估工作还要吸收相关的保险公司参加,根据受灾的程度为保户提供财产赔付,减少受灾群众的损失。比如,汶川地震恢复重建中要求实现补偿与安置的公开化与透明化。对于政府拨付的资金、物资及社会各界的捐助,要强化政府的内部监督和公众的外部监督,并就资金、物资的使用情况开展绩效评估,做到账目清、情况明,有据可查,有条有理。

(3) 提出组织管理改进意见。公共危机的发生一定是有其内在原因的,其中有些是因为组织管理上的漏洞所致。因此,要深入实际,认真查找危机原因,找出现有管理体制和管理方式的不足,提出改进意见,避免类似危机再次发生,把危机变成组织革新和改进管理的机遇。

第二节　公共危机管理

一、公共危机管理的基本内涵

公共危机管理通常指发生危机时,政府所采取的有助于公民和环境的一系列措施。有学者指出,所谓公共危机管理,是指以政府为核心的公共组织在现代风险和危机意识以及危机管理理念的指导下,依法制定公共危机管理法规和应急方案,与社会其他组织和公众协调互动、充分合作,对可能发生的公共危机事件实施有效预测、预警、预报、监控和防范,并通过整合社会资源对已经发生的公共危机事件进行应急处置,化解危机和进行危机善后或经济社会运行与秩序重建工作的全过程。[①] 也有学者认为,公共危机管理是指以政府为主导的危机管理主体,以公共危机为目标,通过预防、预警、

---

① 参见万远英、钟兴民编著:《党员领导干部十五堂公共管理学课》,华文出版社 2010 年版。

预控来防止公共危机发生,或者通过危机控制、应急管理、危机评估、恢复补偿等措施,来减少危机损失,避免危机扩大和升级,使社会恢复正常秩序的一整套管理体系。① 公共危机管理以保持社会秩序、保障社会安全、维护社会稳定、提供公共产品为目标。②

国际上习惯地将公共危机管理称为"紧急事件管理""紧急事件的风险管理"或"灾难风险管理"。其内涵偏重于紧急事件或灾害,兼有自然灾难和人为破坏的双重因素。在各国的实践中,公共危机管理通常包括五项职能:提升国家危机管理的能力;降低生命和财产的损失;将痛苦和破坏降到最低点;筹备恐怖活动后的危机处理;成立国家门户网站,提供信息服务。

二、公共危机管理的基本特征

公共危机管理的首要目标是为社会提供公共安全。具体而言,公共危机管理具有以下几个基本特征③:

1. 紧迫性

公共危机管理的客观对象是突发性灾难事件,无论是洪水、地震、山体滑坡、台风、海啸等自然灾害,还是食物中毒、歌舞厅失火、大面积停电、恐怖活动等人为灾难,尽管其发生原因各异,危害轻重不同,但都是在人们准备不足或毫无准备的情况下突然发生的,面对难以确定而又存在严重危害性的天灾人祸,公共危机管理部门必须在极短的时间内作出关键性决策和进行紧急回应。时间是公共危机管理的生命。

2. 危险性

公共危机管理的危险性有三重含义:一是遭受危机伤害和影响的人民群众生命财产处于危险境地,随时随地都有可能增加新的灾难或不可挽救的重大损失;二是临近或深入危机发生区域内的公共危机管理和救援人员,自身具有危险性;三是监测预警、指挥协调或参与公共危机管理的人员如果在紧要关头失职、行动不力或处置不当,将会因加重危机或延误救治时机而

---

① 参见黄顺康:《公共危机管理与危机法制研究》,中国检察出版社2006年版。
② 参见龚维斌:《公共危机管理的内涵及其特点》,载《西南政法大学学报》2004年第3期。
③ 参见吴兴军:《公共危机管理的基本特征与机制构建》,载《华东经济管理》2004年第3期。

承担管理或法律责任。

3. 权威性

公共危机管理的实质,是政府及其委托的社会组织,运用公共行政权力依法履行管理职责,在非常态条件下向人们提供社会保障、环境安全等公共产品的活动,属非传统安全管理。为保证危机管理的有效性,从事公共危机管理的管理者及其管理活动,包括公共危机状况与发展态势的信息发布、政府对公共危机的应对与处置意见、实施要求等,必须是具有权威的,这是危机管理的内在要求和原则。任何与反危机决策相对抗,或轻视、延误危机管理机关要求的行为都是不允许的。

4. 人本性

绝大多数的公共危机事件,直接和间接威胁人的生命安全和生存环境。公共危机管理,从根本上说,就是预防和避免人的生命和生存环境遭受伤害,或尽量减少、减轻危机对人伤害的特殊管理活动。以人为本、以人的生命安全为重、以人的生存环境为要,用最有效的措施保护人,尽最大的努力拯救人的生命,是公共危机管理的最高准则。公共危机管理的整个过程和一切活动,必须以此为根本出发点。

5. 系统性

世界著名管理学者劳伦斯·巴顿(Laurence Barton)说:"世界上没有一个不受灾害威胁的安全港"。公共危机是人类社会不可避免的非正常现象,各行各业随时都有可能发生危机。公共危机管理涉及面广泛,需要调配整合的人、财、物、信息资源多种多样,对危机的预防和处置必须动员、组织全社会的力量积极而有序地参与方能奏效。从公共危机管理实施的过程看,它包括建立机构、培训人员、建章立制、危机监测、预警预防、应急处置、控制修复、善后协调、评估改进等众多环节。公共危机管理,就是对不确定的自然和社会灾难现象的系统管理。

三、公共危机管理阶段

学者在研究公共危机时,都对公共危机的生命周期进行划分,其中主要有史蒂文·芬克(Steven Fink)的"F 模型"四阶段论、罗伯特·希斯(Robert Health)的 4R 四阶段论、伊安·米特罗夫(Ian Mitroff)和克里斯蒂娜·皮尔逊(Christine M. Pearson)的五阶段论、杰伊·努纳梅克(Jay Nunamaker)的三阶段论和特纳(Turner)的六阶段论等。[①]

与危机事件三阶段相对应,危机管理(含公共危机管理)分事前、事中(实时)、事后三个阶段[②]:事前管理主要做好预防、预测和预案工作;事中管理包括控制事态,处理好危机事件,将损失降到最低限度;事后管理包括做好善后、恢复、总结和改进工作。其中,公共危机事前管理阶段重点是风险管理与评估,主要由风险识别、风险分析与评估、风险处理、监控、风险沟通五个步骤构成。公共危机事前风险管理与评估机制设计致力于从根本上防止公共危机风险的形成、爆发,是一种对公共危机进行超前管理的系统,具有防患于未然的作用。

根据公共危机的发展周期,公共危机管理过程可以划分为危机预警及准备、识别危机、隔离危机、管理危机以及善后处理阶段,各个阶段之间体现了危机发展的一个循环周期。公共危机管理的任务是尽可能控制事态,在危机发生后把损失控制在一定的范围内,在事态失控后要争取重新控制。可以说,公共危机管理在本质上是一种非程序化决策。

四、公共危机管理与公共管理

公共管理是以政府为核心的公共部门整合社会的各种力量,广泛运用政治的、经济的、管理的、法律的等方法,强化政府的治理能力,提升政府绩效和公共服务品质,从而实现公共的福祉与公共利益。作为公共行政和公共事务广大领域的一个组成部分,公共管理的重点在于将公共行政视为一门职业,将公共管理者视为这一职业的实践者。

公共管理和公共危机管理的关系是一般和特殊的关系,公共危机管理是公共管理的一种形式。对于公共危机对社会生活等方面造成的危害,政府必须肩负起处理危机所带来的公共危害和社会失序的职能,努力化解危机产生的负面影响。在危机发生之后,评价一个国家或政府能力的一个重要标准,就在于其能否迅速地恢复正常的社会秩序,也就是政府在危机情况下管理社会的能力如何。公共危机管理是公共管理的一种形式。

---

① 参见黄劼:《公共危机泛传播及其治理研究》,浙江大学2011年博士论文。
② 参见〔澳〕罗伯特·希斯:《危机管理》,王成、宋炳辉、金瑛译,中信出版社2001年版。

第三节　公共危机管理的历史变革

一、公共危机管理的起源与发展

早期的西方学者对危机管理的研究主要集中在自然灾害方面。18世纪到19世纪，危机管理研究逐渐被引入政治领域，其目的是探讨在面临紧急状况时一国政治体制或政府如何应对。

20世纪60年代到80年代，西方危机管理的研究领域从政治领域向经济、社会领域扩展，从自然灾害领域向公共危机扩展，危机管理成为一门科学，形成了企业危机管理和公共危机管理两个既独立发展又相互融合的学科分支。[①]

20世纪90年代至今，各国政府引入新公共管理理念，危机管理研究取得了新的发展，学术界在对危机现象进行理论分析的基础上，更侧重于研究危机管理体制与机制建设、危机控制途径与方法、危机控制过程中的信息化管理等一系列重要的理论与实践相结合的问题。

二、公共危机管理在我国的发展

我国学者鲁洋认为，公共危机管理的古典理论诞生于我国。"安而不忘危，存而不忘亡，治而不忘乱""安危相易，祸福相生"等是我国古代的危机思想的体现。[②] 20世纪初，我国出现了现代政治学的研究，其研究内容包括政治危机，与西方古典政治学内容大致相同。

20世纪90年代初，企业危机管理率先从西方引入我国并迅速发展。我国对公共危机管理的研究则是在"9·11"事件和2003年"非典"后开始的。

与国外相比，我国相关研究起步较晚。尽管目前我国对公共危机管理的研究已经取得很大进步，但仍存在不少缺陷，主要有：注重对公共危机事件危害现象的研究，缺乏对事件形成原因的深入研究；对已经发生的公共危

[①] 参见斯亚平：《公共危机管理体系博弈模型分析——略论政府的囚徒困境模型应对策略》，载《中国行政管理》2008年第7期。

[②] 参见鲁洋：《公共危机管理中的博弈分析及对策研究》，国防科学技术大学2003年硕士论文。

机能够采取有效的解决措施,但缺少公共危机的预警、应急与责任机制;注重研究政府在公共危机管理中的责任问题,而对非政府组织和公众参与管理方面未产生足够的重视。

三、全球化下公共危机管理的变革趋势

全球化浪潮进一步打破了人类各群体的地区封闭性和狭隘性,极大地促进了他们之间的物质、信息和人员交流,增进了彼此之间的沟通和理解,同时也增加了人类共同承担全球性风险的系数。在全球化的冲击下,社会不稳定因素急剧增长,重大社会危机的隐患不断增加。全球化使得每一个国家和地区的危机都有可能对其他国家和地区产生消极影响。随着全球化进程的加快和深入发展,全球公共危机将会出现新的变化,除了传统政治冲突、经济动荡、战争威胁、资源危机和生态恶化、恐怖主义威胁等,还将面临文化安全、人口安全、食品安全、生物安全、基因安全等多方面问题。

思考题

1. 公共危机可以分为哪几种类型?
2. 一般公共危机的发展过程可分为哪几个阶段?
3. 公共危机管理有哪些基本特征?

第二章 公共危机管理的理论与方法

本章要点

1. 名词概念：芬克模型、4R 模型、PPRR 模型、MPRR 模型、逆系统技术、P-S 模型、非传统安全特征指数。
2. 了解危机形成的理论。
3. 掌握公共危机管理的方法。
4. 了解我国学者关于公共危机管理的理论学说。

导语

本章首先介绍了国外危机形成理论、危机管理过程与阶段理论、政府职能与行政效能理论等较成熟的公共危机管理的理论，并对非传统安全特征指数、P-S 模型、逆系统技术、贝叶斯参数估计方法等公共危机管理中常用的具体方法作了分析，最后介绍了制度论、公共关系论、经验论和全面整合论等我国公共危机管理理论的发展路径。

第一节 国外较成熟的危机管理理论

从当前来看，国外较成熟的危机管理理论主要包括危机形成理论、危机管理过程与阶段理论、政府职能与行政效能理论等。

一、危机形成理论

（1）全球化理论。这种理论认为，全球化首先是经济的全球化，生产要素在全球运动,世界各国经济相互依赖,相互联合。全球化在促进经济发展的同时,也将引发更激烈的资源与市场竞争,挑战国家主权,产生两极分化,导致出现矛盾与危机,进而形成社会性突发事件。经济全球化具有两重性:一方面可以促进世界经济总体的发展,使发展中国家抓住机遇,缩小同发达国家的差距;另一方面,在不合理、不公正的国际经济旧秩序下,很难使世界各国走向共同富裕之路,只能是越发展两极分化越加剧。另外,经济全球化、跨国公司的一体化打破了国家地理疆域的界限,打破了民族国家对国家主权的垄断,使国家主权的弱化和转移不可避免。①

(2) 社会冲突理论。这种理论认为,个人、集团、国家利益的冲突与协调推动着社会进程,稳定与变动是社会存在的两种基本形态。冲突会引发动荡、变迁,导致矛盾与危机。西方社会学家认为,社会冲突形成于不平等的社会系统,该系统中的下层人员越怀疑现存资源分配方式的合法性,就越有可能起来斗争。因此,在现存不平等系统中取消合法性是发生冲突的首要前提。社会系统往往会为人们提供排泄敌对情绪和进攻性情绪的制度,即安全阀制度。它是通过转移目标、发泄情绪、缓和矛盾的一种手段。否则,僵化的社会结构是潜伏危机的社会结构。②

(3) 灾害成因理论。从宏观上、一般性地认为,灾害发生的根本原因是自然界和人类社会这两大系统内部要素的紊乱失衡与相互作用的不协调。自然界的客观运动与人类社会的相互作用,会形成诸多的自然灾害。自然运动包括地震、火山、海啸、飓风等;人类的破坏包括环境、生态平衡的破坏,工业生产的污染等。该理论认为,人的生理极限是重大灾害事故形成的重要原因之一。人的智力、体力、情绪从人出生之日起,将经历高潮期、临界期、低潮期,人为引发灾害的原因多是当事人处于体力、智力、情绪的低潮期或临界期。

除上述理论外,危机管理的基础理论还包括合法性理论、公权与私权关系理论、公民社会理论等。此外,科技作为第一生产力,既促进人类社会发展,同时又会带来灾害。这种灾害体现在两方面,一是盲目发展科技,二是

---

① 参见任志安:《略论社会危机和政府危机管理——兼论理论基础与体制建设》,载《新乡师范高等专科学校学报》2006年第4期。

② 参见宋林飞:《西方社会学理论》,南京大学出版社1997年版。

个别人使用高科技手段破坏。

二、危机管理过程与阶段理论

在危机管理过程与阶段的理论研究中,针对危机事件发展和管理过程的各个环节出现了许许多多的阶段划分理论,最终被普遍认可并流行的观点是史蒂文·芬克和罗伯特·希斯所提出的危机事件发展和管理过程的四阶段划分理论。他们的理论不但清楚地划分出危机发展和管理阶段,而且对整个危机管理理论的发展起到了主导性的作用。尽管他们的理论最初都是针对企业危机(私人部门危机)所提出的,但是由于危机事件和危机管理在企业或私人部门与公共部门或公共领域特征上具有高度的一致性,所以这些观点也同时成为公共危机或公共突发事件应急管理的理论框架。

(一)芬克模型

在众多危机管理阶段的划分方法中,管理学家史蒂文·芬克于1986年通过划分危机生命周期的方式,提出了企业危机生命周期理论,即芬克模型(Fink Model)。这一模型后来逐步适用于公共危机的周期和管理的阶段分析,成为最为权威、影响最为广泛的危机管理理论模型之一。他在《危机管理:必然的计划》一书中写道:每个人都应当像看待和应对死亡与纳税等必然性那样来看待和应对危机的必然性,这并非出于虚弱或恐惧,而是出于你知道怎样去应对这种危机的力量,"打好命运给你的那副牌"。

芬克模型将危机管理分为四个阶段。第一个阶段是危机征兆期(preparatory crisis stage)。这个阶段是危机处理最容易的时期,但是却最不易为人所知。第二个阶段是危机突发期(acute crisis stage)。这是四个阶段中时间最短但感觉最长的阶段,而且它会对人们的心理造成最严重的冲击。此阶段的特征是事件的急速发展和严峻态势的出现。第三个阶段是危机延续期(chronic crisis stage)。这是四个阶段中时间较长的一个阶段,但是如果危机管理得力,将会大大缩短这一时间。此阶段主要是纠正危机突发期所造成的损害。第四个阶段是危机痊愈期(crisis resolution stage)。此时,政府或组织从危机影响中完全解脱出来,但是仍要保持高度警惕,因为危机仍会"死灰复燃",去而复来。

(二) 罗伯特·希斯的 4R 模型

危机管理的 4R 模型由罗伯特·希斯在其《危机管理》一书中率先提出。危机管理 4R 模型理论认为,危机管理由降低(reduction)、准备(readiness)、反应(response)、恢复(recovery)四个阶段组成。对于企业管理者来说,需要主动将危机管理工作任务按 4R 模型划分为四类,以减小危机情境(突发事件及其潜在因素)的攻击力和影响力,使企业作好处置危机情况的准备,尽力应对已发生的危机以及从中恢复。

第一,降低危机或突发事件的威胁是危机管理的核心内容。从环境、结构、系统和人员等多个方面实施风险评估,充分认识并设法降低风险,科学安排资源,可以大大缩减危机的发生及冲击力。降低风险将贯穿整个危机管理过程。

第二,准备主要体现为有效地监测、预警。监测和预警系统在危机管理中是一个整体。它们监视一个特定的环境,从而对每个细节的不良变化都会有所反应,并发出预警信号。在准备阶段中,运用降低管理阶段的风险评估法可以确定监测和预警系统是否仍然有效,对不完善的地方及时进行完善,对无效的环节及时进行修正。

第三,反应指在危机或突发事件已经产生时,管理者应该作出什么样的反应以策略性地处置危机。危机反应管理所涵盖的范围极为广泛,以消防、紧急医疗、治安为代表的应急处置力量的工作展开,以及管理部门信息沟通、媒体宣传、相关决策的制定、灾难或危机程度的评价、与利益相关者进行沟通等,都属于危机反应管理的范畴。降低管理可以帮助管理者识别危机的根源,找到有利于应对危机的方法。

第四,恢复有以下两层意思:一是指在危机发生并得到控制后,着手进行的后续工作,包括物质和精神方面的恢复与提升;二是指在危机管理结束后的反思,为今后的危机管理总结教训,提供经验,避免重复犯错误。危机或突发事件一旦被控制,那么尽快摆脱危机的阴影,恢复常态,挽回突发事件所造成的损失就成为危机管理的首要任务。在恢复阶段,一方面,要面对危机或突发事件的挑战,分析危机或突发事件产生的影响和后果,有针对性地制订恢复工作的实施方案,恢复以往的正常状态;另一方面,也要抓住危机带来的机遇,总结经验教训,使管理水平得到有效的提高。降低管理可以对恢复计划在执行时可能产生的风险进行评估,从而避免新的风险,使恢复工作产生更高的效率。

(三) PPRR 模型与 MPRR 模型

在史蒂文·芬克和罗伯特·希斯理论观点的基础上,出现了许许多多危机管理阶段划分的理论观点。PPRR 理论是危机管理应用比较广泛的理论之一,即危机管理过程包括预防(prevention)、应对准备(preparation)、反应(response)和恢复(recovery)四个阶段。这一模型也被认为是危机管理的通用模式。

美国联邦安全管理委员会后来对危机管理的四个阶段进行了修订,形成了危机缓和(mitigation)、应对准备(preparation)、危机回应(response)和危机恢复(recovery)的 MPRR 四个阶段。

第一,危机缓和意味着在某一危机事件发生之前采取多种措施以防止危机的爆发,或者消减危机爆发时对自然、社会以及公民个人的有害影响。简而言之,危机缓和意味着在危机发生之前遏止或遏制危机。在任意一个相对独立的危机管理链中,危机缓和都处于整个危机管理时间序列的首位,是整个危机管理过程的开端,是应对准备、危机回应与危机恢复的基础。危机缓和是一种前瞻性的新型危机管理行动。它包含着危机预防的环节,意味着公共危机管理主体在公共危机形成或爆发之前就已经采取相关行动与措施,而并非在危机产生之后才实施应对举措;它是建立在某种合理预期基础之上的前瞻性的主动行为,而不是被动的、反应性的行动。在某种程度上,危机状态的预防以及危机升级的预防比单纯的某一特定危机事件的解决显得更加重要。因为,如果能够在危机未能发生之前就及时把产生危机的根源消除,则均衡的社会秩序能够得到有效保障,政府也可以节约大量的人力、物力和财力。

第二,应对准备是指公共危机管理者为了应对可能发生的危机事件所做的各种准备工作,以便当危机出现的时候有效地应对危机。在这个阶段,危机已经进入前兆阶段,但如果公共管理者能够及时处理的话,则整个危机局势仍可转危为安。

第三,危机回应是指对于已经发生的公共危机事件,危机管理者根据事先制订的应急预案,采取应急行动,控制或者消灭正在发生的危机事件,减轻灾害危害,保护人民的生命和财产安全。危机回应阶段是公共危机管理的核心,对于无法防止的危机事件,危机管理者必须采取应急行动,才能保护人民的生命和财产安全。但是,危机回应阶段又是整个公共危机管理过程中最困难、最复杂的阶段,公共危机管理者必须进行多方面的处理,才可能尽量将危机损害降到最低。

第四,危机回应阶段的结束,并不意味着危机管理的结束,而是进入了一个新的阶段——危机恢复阶段。所谓危机的恢复,是指通过各种措施,恢复和重建正常的社会运作和秩序。此阶段是公共危机管理不可分割的组成部分,在整个危机管理过程中有着重要的作用。因为,虽然经过前三个阶段的共同努力,危机势态完全被控制,危机事件最终被解决,但是,危机事件导致组织或社会出现一种高度不稳定的紧张、失衡的状态,这种状态可能会持续一段较长的时间,如果处理不当,危机恢复期可能成为新危机的发生期。因此,危机管理者在危机事件与危机状况结束之后必须立足于现实的危机问题,明确大规模的危机事件发生之后危机管理工作的目标取向和政策导向。

(四)其他相关理论

在前面四阶段理论的基础上,又有学者提出了五阶段论和六阶段论。

伊安·米特罗夫提出了危机管理五阶段的理论模型。按照米特罗夫的观点,危机管理由以下五个阶段构成:第一,信号侦测阶段,即通过相关情况监测不断识别可能导致危机的异常情况并发出预警信号;第二,探测预防阶段,即出动相关人员搜寻已经认知发布的可能的危机因素并尽力减少其所可能导致的公共危害;第三,危机控制阶段,即危机或突发事件发生后,出动人员有步骤地运作以控制危机或突发事件的范围或程度,努力使其产生的负面影响不再扩大;第四,恢复阶段,即动员各方力量尽快使遭受破坏的各个方面恢复正常;第五,学习阶段,即危机或突发事件过后,进行系统、全面的回顾和反思,总结经验和教训,为今后再次处置此类危机或突发事件作好准备。很显然,在伊安·米特罗夫五阶段模型中,前四个阶段与芬克模型和希斯的4R模型实质上是相同的,基本上遵循了四阶段理论中的缓解或降低危机发生的可能性、应对准备、反应处置、恢复常态等环节构成的一般性的过程。

诺曼·奥古斯丁(Norman R. Augustine)提出了危机管理六阶段的理论模型。按照奥古斯丁的观点,危机管理由以下六个阶段构成:第一,危机避免,即首先列举危机发生的各种可能性,加强保密措施;第二,应对准备,即制订细致的应急计划或预案并进行多种演练,为实战建立基础;第三,危机确认,即通过各种有效手段确定是否真正发生了危机,预测或演练所面对的各种可能性是否真正转变为现实,用以排除假象,有效应对真正发生的危机;第四,危机控制,即危机或突发事件发生后,出动人员有步骤地运作以控制危机或突发事件的范围或程度,努力使其产生的负面影响不再扩大;第五,危机解决,即面对已经发生的危机或突发事件,出动人员,按照应急预案和行动计划有步骤地进行危机处置,以尽快恢复常态;第六,危机中获利,即危机过后,总结经验和教训,将危机或突发事件所形成的挑战转变为提高能力的发展机遇。

伊安·米特罗夫和诺曼·奥古斯丁的危机管理阶段理论,虽然最初也是针对企业危机管理所提出的,但移植到公共危机或政府应急管理中,仍然具有一致性和有效性。

除了以上诸多的危机管理理论观点,美国著名的公共关系和危机管理学家卡波尼格罗(Jeffrey R. Caponigro)也曾经提出了政府应急管理的综合模型。这一综合模型包括五个方面的工作:第一,防范危机的发生。政府提供一定范围的人力、物力、财力的保障,对有可能发生的危机随时监控。第二,制订危机计划。确定政府在有效危机管理方面将要采取的步骤,并为每一个步骤确定具体人员的责任。第三,对危机进行研究。搜集有关危机认知的信息,探求危机发生的根源。第四,危机应对期间和危机结束之后进行沟通。沟通的对象既包括政府组织内的成员,也包括政府组织外的成员,通过及时有效的沟通,不仅可以提醒大家提高防范意识减少危机,还可以降低组织内外心理恐惧程度。第五,对违纪处理过程进行监控、评价并作出调整。

通过以上比较分析,我们可以得出,尽管不同观点表述不同,但是政府危机(应急)管理阶段的界定主要以危机发生发展的过程为框架,按照事前、事中、事后这一事态发展的正常逻辑顺序的各个阶段划分来进行界定。危机管理阶段界定的实质就是把政府危机管理行为渗透到危机事件的生命周期中。

三、有关政府应急管理必要性的理论

(一)政府职能理论

政府职能问题是众多政治学学者研究的主要问题之一。统治是传统的政府职能,但是随着现代社会的发展,公共服务与社会管理职能对现代政府提出了更高的职能要求。对于这一点,朱光磊教授认为,社会性事物的管理也是政府的一种责任,是衡量政府成败的标志之一。因此,不论是政府的政治统治职能还是社会公共服务职能,都需要通过政府管理职能来实现。政府的管理可以分为常态管理和非常态的应急管理。如图2-1所示,非常态的应急管理是政府统治和服务职能的重要内容之一,也是巩固政治统治和实现公共服务的重要手段。因此,政府不但要有能力处理好常态下的管理问题,而且也要有能力处理好非常态下的应急管理问题。

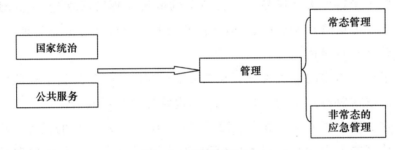

图 2-1 两类政府管理

(二)行政效能理论

行政效能是指政府为完成既定任务,达到既定目标而从事公共行政活动,发挥功能的程度,是政府效率、工作效果、效益的综合体现。能否处理好应急事件是体现政府行政效能的一个重要方面,也是对政府能力的检验。

行政效能的衡量标准包括四个方面:(1)量的衡量,包括:$E=O/I$,即效率(efficiency)=产出(output)/投入(input);(2)质的衡量,包括宗旨与目标的正确性;(3)社会效益,包括国家、社会、公民的满足程度;(4)规范性,包括法律法规及制度的完善和有效。

以上各项不论从哪一点来说,都将联系政府对公共突发事件的应急管理,从理论层面为政府应急管理提供思考框架。

第二节 公共危机管理的方法

一、非传统安全仿真与常态公共危机过程——非传统安全特征指数创新

传统安全是指国家的政治安全和国家的军事安全。传统安全观是一种国家安全至上、政治与军事安全为主、以武力或战争方式解决国家间矛盾和冲突的安全观念。

非传统安全威胁是与传统安全威胁相对而言的,包括恐怖主义、贫困、环境恶化、毒品等。进入21世纪以来,国际上发生了一系列突发事件,标志着国际局势正在发生冷战结束以后最为深刻的变化,非传统安全威胁的因素更趋突出。与传统安全不同,非传统安全的主体由国家向下延伸至微观层次的个人,向上扩展到体系层次的人类社会;安全的内涵和关注的对象既包括国家安全,也包含个体安全、集体安全、社区安全、地区安全、全球安全、人类安全等,突出了人的安全的重要性。非传统安全是一种综合安全,涵盖着政治、经济、社会、军事、环境、文化等众多领域,涉及的问题具体多样,如政治压迫、民族分裂、恐怖主义、经济危机、军备竞赛、环境污染、人口过剩、种族冲突、资源枯竭、走私贩毒、饥饿贫困等等,维护安全的方式由传统的扩张实力、军事对抗和政治结盟扩展到强调使用外交和非武力手段,运用多种方式并行的综合安全措施,以共同安全和合作安全途径寻求个体、国家和国际的安全。

余潇枫指出,非传统安全有危机管理、社会管理、方略管理、国际管理和未来管理五种管理模式,并开创性地提出了危机的六阶段三重点论,将危机分为危机事前、危机事发、危机事中、危机事末、危机事终和危机事后六个阶段,指出非传统安全的三个关键决策点(图2-2),即危机事发阶段的触发点、危机事中阶段的临界点和危机事末阶段的转折点。这一划分使得危机生命周期理论趋于实用化和工具化。

第一阶段是危机事前阶段(潜伏期)。即危机尚未发生,但已经存在了诱发因素。在这一阶段,危机应对所需关注的核心是预警和预防。

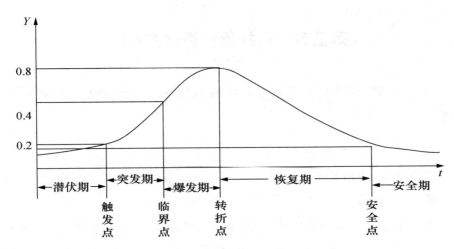

图 2-2　非传统安全仿真与常态公共危机过程图示

第二阶段是危机事发阶段（突发期）。通常有一个具体的危机事件发生，即触发点，这一阶段进行危机应对的核心是信息。触发点是指潜在的危机诱发因素，也就是致灾因子。潜在的危机诱发因素可以分为三类：一是潜在的自然诱发因素，如地震、火山、龙卷风等；二是潜在的技术诱发因素，如核泄漏、技术缺陷等；三是潜在的社会诱发因素，既包括人的不安全行为、组织的管理缺陷等，也包括体制性诱发因素，如社会矛盾恶化、劳资关系、地区差距，以及政治经济、文化、军事冲突等。

第三阶段是危机事中阶段（爆发期）。在这一阶段，一般会有一个出乎通常社会秩序和人们心理惯性所能接受的影响点，即临界点。临界点是危机触发后，程度达到社会系统正常运行中断或失序的一种紧急状态。临界点之前是突发期状态，此时还未升级为导致整个系统运行中断与失序的全面危机，因此是危机治理的黄金时机。这一阶段危机应对的核心是时间。

第四阶段是危机的事末阶段（转折点附近，爆发期后半段和恢复期前半段）。通常危机在这个阶段出现一个转折点，转折点就称为"危机治理的关键点"。如果处置得当，危机很快就会得到化解；如果处置不当，危机就很可能恶化或升级。这一阶段危机应对的核心是责任。

第五阶段是危机事终阶段（恢复期后半段）。即危机逐渐结束。这一阶段危机应对主要在于恢复和责任追究。过了安全点，就意味着本次危机事件的结束。

第六阶段是危机事后阶段(安全期)。即危机已经结束,但危机应对还没有结束,需要针对风险预测、危机爆发、危机应对过程中存在的经验和问题进行反思和学习。

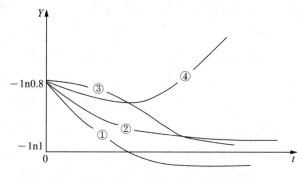

图 2-3　非常态公共危机过程图示

基于非传统安全理论与公共危机治理方法可以凝练出 logit 模型:

$$\text{logit}(Y) = a_0 + a_1 \cdot x_1 + a_2 \cdot x_2 + \cdots + a_n \cdot x_n + \varepsilon$$

其中,$x_1, x_2, \cdots, x_n$ 为影响 Y 的多个自变量。

1. 指标体系设计——以群发性事件(瓮安事件)为例

x_1 为该地区全体居民人均 GDP 与全国居民人均 GDP 之差;

x_2 为该地区农村居民居民人均 GDP 与全国居民人均 GDP 之差;

x_3 为该地区群体间的差异系数(农村与城镇、公务员与城镇职工);

x_4 为该地区的基尼系数 GINI。

2. 代入相关数据构建模型

可以得到 $a_i, i = 1, 2, \cdots, 4$——为 x 测定影响 Y 的重要特征。

"非传统安全与常态公共危机"仿真的核心点在于相关制度参数设计、安排及影响因素的关联特征挖掘,关键点是"非常态公共危机发轫、发展和治理过程"与"非传统安全指数"对应关系的凝练。比如:

- 非传统安全仿真与金融危机治理过程
- 非传统安全仿真与能源危机治理过程
- 非传统安全仿真与生态危机治理过程
- 非传统安全仿真与人口危机治理过程
- 非传统安全仿真与社会保障基金危机治理过程

二、多目标可能—满意度和协同决策的 P-S 模型

（一）基本原理

在决策过程中，人们遇到的实际问题一般都要从"需要"和"可能"两方面来考虑。前者反映主观的意愿和期望，后者反映客观上的容许条件和可行性。若把表示"可能"的有关定量值定义为可能度，把表示可以达到的"需要"的相关定量定义为满意度，把可能度与满意度并合起的定量值称为"可能—满意度"，那么这种相应的方法就称为"可能—满意度法"，即 P-S 法（Possible-Satisfiablity Method）。这种方法已经在全国总人口规模目标探讨、煤炭开发规模研究、新港选址等项目中得到了成功的应用，实践证明，该方法概念清晰，运算方便，结论明白易懂，可以拓展其应用领域。

可能—满意度法最主要的两个概念是可能度和满意度，如果某事肯定能够做到，那么从可能度来说，其把握最大，可能度最高，定义可能度为 P（possibility），此时 $P=1$；若某事肯定做不到，则可能度最低，定义 $P=0$，因此，在区间$[0,1]$之间的某个实数便表示不同水平的可能度。如果某事完全令人满意，则满意度为最高，定义满意度为 S(satisfiability)，此时 $S=1$；若某事叫人完全无法接受，则满意度最低，$S=0$，这样在$[0,1]$之间的某个实数便可表示不同水平的满意度。

假设一个事物，某个属性 r 具有可能度曲线 $P(r)$，另一属性 s 具有满意度曲线 $Q(s)$，而 r,s 同另一属性 a 满足某一关系式，即 $f(r,s,a)=0$，则可以通过一定的规则将 $P(r)$ 和 $Q(s)$ 并合成一条相对于属性 a 的可能—满意度曲线，它定量描述了既可能又满意的程度，记为 $W\in[0,1]$。当 $W=1$ 时，表示百分之百的既可能又满意；当 $W=0$ 时，表示或者完全不可能，或者完全不能令人满意。这样在 W 值取值$[0,1]$区间上的实数时，可表示不同的可能—满意度，用数学语言表示如下：

$$w(a) = [p(r) \cdot q(s)] \, s.t. \, f(r,s,a) = 0 \qquad (1)$$
$$r \in R, \quad s \in S, \quad a \in A$$

这里的 R、S、A 分别表示属性 r、s、a 的容许集合（域），如果表示可能又满意的情况，用下式可以定量地描述不同的属性可能—满意度之间的关系：

$$w(a) \leqslant \max\min\{p(r),q(s)\} \, s.t. \, f(r,s,a) = 0 \qquad (2)$$

$$r \in R, \quad s \in S, \quad \alpha \in A$$

在具体运算中,一般有强并合、弱并合两种方式,前者指并合后的可能—满意度是严格存在的,用数学语言表达如下:

$$w(\alpha) \leqslant \max\{p(r), q(s)\} \text{ s.t. } f(r, s, \alpha) = 0 \tag{3}$$
$$r \in R, \quad s \in S, \quad \alpha \in A$$

当 $\alpha = r = s$ 时,有

$$w(\alpha) = p(r) \cdot q(s), \quad \alpha \in A \tag{4}$$

弱并合指并合后得到的可能—满意度最大,用数学语言表达如下:

$$w(\alpha) = \max\min\{p(r) \cdot q(s)\} \text{ s.t. } f(r, s, \alpha) = 0 \tag{5}$$
$$r \in R, \quad s \in S, \quad \alpha \in A$$

当 $\alpha = r = s$ 时,有

$$w(\alpha) = \min\{p(r) \cdot q(s)\}, \quad \alpha \in A \tag{6}$$

通过不同的并合方法可以得出许多条(并合多次后就可能仅剩一条)在不同制约条件下的可能—满意度曲线,这样在同一个坐标下可以一目了然地看出不同制约因素对研究对象的制约强度及走势,以作出最优化的选择。

(二)算法分析

1. 可能度与满意度曲线的数学形式

上面已对可能—满意度方法的基本思路作了说明,对一个事件的可能度和满意度含义也有了明确的定义,但在实际应用中,要用什么样的数学方法来描述可能度和满意度呢?根据可能度和满意度的定义,我们可用三折型曲线、S 型曲线等曲线的数学形式来表示可能度和满意度,如对可能度 P 的描述,我们用三折型曲线表示如下式:

$$p(r) = \begin{cases} 1, & r \leqslant r_A \\ \dfrac{r - r_B}{r - r_A}, & r_A < r < r_B \\ 0, & r \geqslant r_B \end{cases} \tag{7}$$

用图 2-4 表示如下:

这是一种抓两头、插中间的粗略办法,这种方法关键在于定出 A、B 两个转折点。确定 A、B 点的途径有很多,一是凭借长期的实践经验;二是对产品用户进行调查统计;三是根据厂方提出的数据;四是自行试验统计;五

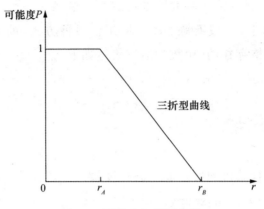

图 2-4　可能度三折型曲线

是进行分解研究。另外,还可向专家、行家们请教。资料掌握得愈详尽准确,讨论得愈全面深入,各方面的观点又较一致,则 A、B 点的横坐标可定得愈准确。在 p(或 q)=1 或 p(或 q)=0 时,常争论较少;在 p(或 q)=(0~1)的区间上,可能有较多争论,反映了把握不大的现状。这种可粗略可精细的方法给类似于人口与能源等复杂问题的讨论带来了较大的方便。

除了三折型曲线,还有 S 型曲线。这也是比较常用的一种曲线。用数学形式表示如下:

$$p(r) = \frac{1}{1+\exp\left(2-4\dfrac{r-r_B}{r_A-r_B}\right)} \tag{8}$$

用图 2-5 描述如下:

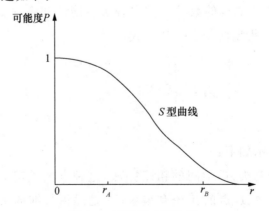

图 2-5　可能度 S 型曲线

当然,如果对某一个具体的问题,如果已经研究得很透彻而能具体作出其更为确切的可能度曲线,则不必拘泥于此类方法。

满意度曲线 $q(s)$ 的数学形式类似于上述的可能度曲线形式,在此不再赘述。

2. 可能度与满意度的并合算法

如上所述,可能度与满意度可以并合为可能—满意度曲线,它分强并合和弱并合两种方法。

如果有 $p(r)$ 和 $q(s)$ 及 $f(r,s,\alpha)$ 等的函数式,则可能—满意度可以获得相应的公式解。

第一,当限制条件为 $r=\alpha \cdot s, \forall r, s \in R^1$(实数集),则可得 $p(r)$ 和 $q(s)$ 为三折型曲线时的弱并合解为:

$$w(\alpha) = \begin{cases} \dfrac{-r_B + \alpha s_B}{(r_A - r_B) - \alpha(s_A - s_B)}, & \text{当} 0 < \text{解} < 1 \\ 1, & \text{当解} \geqslant 1 \\ 0, & \text{当解} \leqslant 0 \end{cases} \tag{9}$$

当 $p(r)$ 和 $q(s)$ 为式(8)S 型曲线时的弱并合解为:

$$w(\alpha) = \dfrac{1}{1 + \exp\left\{2 - 4 \cdot \dfrac{-r_B + \alpha s_B}{(r_A - r_B) - \alpha(s_A - s_B)}\right\}} \tag{10}$$

第二,当限制条件为 $\alpha = r \cdot s, \forall r, s, \alpha \in R^1$,则可得三折型弱并合解为:

$$w(\alpha) = \begin{cases} \dfrac{1}{2}\left\{-\left(\dfrac{r_B}{r_A - r_B} + \dfrac{s_B}{s_A - s_B}\right) + \sqrt{\left(\dfrac{r_B}{r_A - r_B} + \dfrac{s_B}{s_A - s_B}\right)^2} + \sqrt{\dfrac{4\alpha}{(r_A - r_B)(s_A - s_B)}}\right\}, & \text{当} 0 < \text{解} < 1 \\ 1, & \text{当解} \geqslant 1 \\ 0, & \text{当解} \leqslant 0 \end{cases} \tag{11}$$

第三,当限制条件为 $\alpha = r + s, \forall r, s, \alpha \in R^1$,则可得三折型弱并合解为:

$$w(\alpha) = \begin{cases} \dfrac{\alpha - s_B - r_B}{(r_A - s_B) + (s_A - s_B)}, & \text{当} 0 < \text{解} < 1 \\ 1, & \text{当解} \geqslant 1 \\ 0, & \text{当解} \leqslant 0 \end{cases} \tag{12}$$

这些不同的并合算法在不同的规划问题中得到相应的应用,如涉及总产量、人均产量等因素推求人口的问题,都具有 $r=\alpha \cdot s$ 的限制条件类型;而在耕地面积、每亩单产推求产量时就属于第二种算法。

3. 两条以上可能—满意曲线的并合方式

在计算出若干条可能—满意度曲线后,在作决策分析时,要对多条曲线进行并合分析,在并合的算法上,有多种并合的方式,在此主要考虑三种可能—满意度曲线间的并合算法。

设有两条可能—满意度曲线 $w1$、$w2$,它的几种并合算法表示如下:

第一,弱并合

符号为 $<\cdots(Mm)\cdots>$,其特例为 $<\cdots(m)\cdots>$。

$$w1(m)w2 = \min\{w1, w2\} \tag{13}$$

第二,强并合

符号为 $<\cdots(M\cdot)\cdots>$ 或 $<\cdots(\cdot)\cdots>$。

$$w1(M\cdot)w2 = \max\{w1, w2\} \tag{14}$$

$$w1(\cdot)w2 = w1 \cdot w2 \tag{15}$$

第三,变权加和

符号为 $<\cdots(M+)\cdots>$。

$$w1(M+)w2 = \alpha \cdot w1 + \beta \cdot w2 \quad 其中 \alpha + \beta = 1 \tag{16}$$

(三) P-S 可能—满意度多目标决策方法的优点

可能—满意度多目标决策方法(P-S 法)的优越性主要体现在它具有分析和综合相统一上,运用该方法首选需要分解制约人口规模的因素,并分别加以讨论,再通过作出不同因素下的可能—满意度曲线,将之放在同一个以人口为横轴、可能—满意度为纵轴的坐标系加以研究。同时,还可以根据不同的理论假设和前提对不同的可能—满意度曲线加以并合,最后得出不同理论假设前提下的最优解。由于并合方式的多样性,该方法可以灵活地满足人们在作出选择时对不同因素进行综合折中考虑情况下的特殊偏好。当然,决定适度人口规模的偏好性应该是群体性的,而且这种偏好性受制于文化、历史和社会发展程度等多种因素的影响。

P-S 法最大的特色就是提供了一种可以综合考虑多因素制约时决策的工具。传统人口规划的因素分析,其结果的现实有效性往往需要引用"短边原理"(或称"木桶原理",指该条件必须满足但又最难满足,如同最低门槛,其意义相似于 P-S 法中的弱并合)来证明约束条件是瓶颈因素,这一办法常用来估算人口容量的上限而非最优解。当面对人们不同适应性和选择性的时候,单因素分析给出的上限值的实际意义有限。但是,P-S法由于其概念、方法与模糊理论的关系,在面对这一复杂的系统问题时往往能够做到游刃有余。

在运用P-S法作适度人口规划时,对纳入模型的约束因素需要审慎考虑。纳入因素过多,会增加模型的复杂性,增加计算量和为参数赋值搜集资料的难度,而过多约束因素如果有的不重要或与分析对象没必然的约束关系,反而会冲淡主要约束因素的作用。当然,约束条件过少不能全面反映问题,也会失去运用P-S法的本意。因此,抓住主要矛盾,选取主要的、根本性的约束因素纳入模型,便成为决定建模成功与否的重要环节。合适地选择约束因素不仅能减少运算量,而且能有效减少给过多因素的参数赋值过程中所带来的主观上的偏差。因此,在构成模型时必须仔细考虑,取消不必要的约束条件。

P-S法赋值较宽松,并且随可能—满意度的调整和并合方法的不同而给定不同的适度人口规模,有一定的灵活性,因此在短期预测中意义不大。但是,该方法能够反映主要的、带根本性约束的综合作用,能对研究对象的中长期目标规划作一定的决策作用。

该方法已有许多学者用于适度人口的研究中,如上海交通大学王浣尘教授领导的"上海人口合理规模研究报告"课题组,利用该方法对上海市的人口容量作了细致的研究,他们从制约和影响人口规模的各种有关因素出发,采用多目标决策技术和分解综合的办法,在充分考虑各种社会经济因素对人的生活影响的前提下,通过作出这些不同因素制约下的可能—满意度曲线,将之放在同一个以人口为横轴、可能—满意度为纵轴的坐标系下,观察受控于不同因素下描述可能—满意度与人口互动关系的曲线,并据此方便地找出限制可能—满意度提高的"瓶颈"因素。该方法引进了可能—满意度指标时选定影响上海合理人口规模的25项因素,在几种不同的假设下,计算多种方案的可能—满意度数值,提出50年后上海市的合理人口规模。

三、逆系统技术

在逆系统中,输出已知,而输入和状态未知或部分已知,这就要求我们在输出已知的情况下通过逆系统的方法确定出系统的输入和状态,达到我们对未来的预测。[①]

例如,如何建立一个资源、人口、环境、经济协调发展的大系统？有关这方面的预测以前仅仅是根据往年的数据,通过一些统计软件进行比较粗略的预测。由于对数据的完备性和准确性要求比较高,整个预测过程对数据的依赖性很大,它所给出的预测结果的误差往往也比较大。这种通过历史数据直接预测未来的方法属于正向的思维方式,在这里我们采用一种逆处理非线性预测的方法,即系统逆处理预测。因为目前人们对复杂系统的内在机制还缺乏深入细致的了解,直接建立非线性模型尚有困难,按照逆向思维的方式,我们不妨考虑它的逆问题,即从包含着系统大量信息的有限长的时间序列出发,依据一定的规律性和技术方法构造出系统的非线性映射,以此为理论依据,对系统的行为进行预测。[②]

(一) 逆系统技术相关概念

1. 算子

可以将一个系统看作一个由输入映射到输出的算子。记 $\Sigma: u \rightarrow y$ 为一个给定的系统(线性的或者非线性的),对于 $t \geq t_0$,其输入为 $u(t)$,输出为 $y(t)$,并具有一组确定的初始条件或者初始状态,记为 $x(t_0) = x_0$。该系统的输出 $y(t)(t \geq t_0)$ 完全由初值和输入确定,令描述因果关系的算子为 θ,则有:

$$y(t) = \theta[x_0, u(t)] \text{ or } y = \theta u$$

2. 逆系统

首先引入一个与求逆问题中输入 $u(t)$ 的存在性有关的问题。

定义一:设 Π 为另一个系统,具有初始状态为 $x(t_0) = x_0$。(其数值一般由 x_0 确定)表示其传递关系的算子为:$\hat{\theta}: y_d \rightarrow u_d$,其中 $y_d(t)$ 为取值于某个域中任意给的 n 阶可微函数(n 为系统的阶数),并且 $y_d(t)$ 在 t_0 处需满足一定的初始条件(其数值一般由 x_0 确定)。如果算子 θ 满足下式:

$$\hat{\theta}\theta y_d = \hat{\theta} u_d = y_d$$

[①] 参见李春文、冯元琨:《逆系统方法及其应用》,载《清华大学学报(自然科学版)》1986 年第 2 期;李春文、冯元琨:《多变量非线性控制的逆系统方法》,清华大学出版社 1991 年版;米红、张友干:《逆预测方法在 1946~1949 年中国人口重建研究中的应用》,载《陕西师范大学学报(哲学社会科学版)》1996 年 S1 期。

[②] 参见李群、米红、席斌、王晓雪:《区域人口、环境与经济协调发展的逆系统仿真研究》,载《中国人口科学》2005 年 S1 期。

则称系统 Ⅱ 为系统 Σ 的逆系统。相应地,系统 Σ 称为原系统。

3. α 阶积分逆系统

定义二:设 Ⅱα 为又一个系统,具有初始状态为 $x(t_0)=x_0$(其数值一般由 x_0 确定),表示其传递关系的算子为:$\theta_\alpha : \varphi \to u$,其中 φ 为取值于某个域中任意给的连续函数。若取 $\varphi = y_d^{(\alpha)}(t)$,则下式成立:

$$\hat{\theta}\theta\varphi(D^\alpha y_d) = \hat{\theta}u = y_d \quad D @ d/dt$$

则把系统 Ⅱα 称为系统 Σ 的 α-阶积分逆系统。相应地,系统 Σ 称为原系统。

4. 伪线性系统

定义三:由 α-阶积分逆系统与原系统一起构成的满足方程 $\hat{\theta}\theta_\alpha : D^\alpha y = \varphi$ 的复合系统 $\hat{\theta}\theta_\alpha$,被称为伪线性系统。

我们将 $\hat{\theta}\theta_\alpha$ 所表示的系统叫作伪线性系统,是因为一方面这个系统的输入输出是线性的,另一方面系统的内部结构却可能仍然是非线性关系。显然,系统 Σ 变为伪线性系统 $\hat{\theta}\theta_\alpha$ 后,便可按人们熟知的线性控制理论来完成闭环控制系统的设计。

(二)逆系统方法原理

一般可以根据问题的性质设计一个系统的逆系统,确定其设计方法。然而,它们之间具有某些共性,可以把它们抽象出来,用大致相同的方法去设计出一个轮廓。当然,具体问题仍需具体分析,下面归纳出逆系统方法的概括性的设计原理,大致分为四步:

(1)根据原系统 Σ 求出其逆系统 Ⅱ,并同时确定其初值 x_0。

(2)由 Ⅱ 进一步求出相应的 α-阶积分逆系统 Ⅱα,并同时确定其初值 x_0。

(3)由 x_0 与 Σ 一起构成伪线性系统 ΣⅡα,并将其实现为尽可能简化的和采用反馈结构的等价形式。即并非简单地将 Ⅱα 放在 Σ 之前,而是要根据 x_0 和 x_0 之间的关系,将 Ⅱα 中可由 Σ 的状态直接决定的那一部分状态量直接由 Σ 中的状态反馈回来并产生之。

(4)将上述具有反馈结构的伪线性系统作为被控对象,根据设计目标,按线性系统的方法设计出所要求的控制系统。

最后,为了应用逆系统方法进行预测和控制,可以根据社会系统的复杂性和不确定性,选择适当的模型(比如双线形模型、灰色预测模型等)进行建模。

（三）逆系统方法的应用

逆向仿真系统理论在许多工程技术领域都有重要的应用，如卫星姿态控制、宇宙飞船姿态控制和炼钢炉温控制等等。逆系统方法应用的基本过程可用图 2-6 表示：

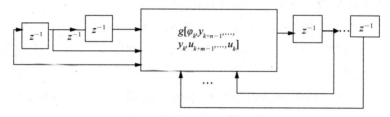

图 2-6　逆系统仿真的基本过程

以我国养老保险体系建设为例说明其应用。第一，基于和谐社会发展的指导思想，若以 2020 年或以 2049 年可持续养老保险体系宏观和中观目标为设定值；第二，根据不同城乡区域经济社会发展水平的指标群特征，结合城乡社会养老保险体系协调的目标要求，构筑具备不同初值的、与城乡不同地区有不同社会养老需求的（如失能失智的不能自理的人口群体或空巢家庭老人或单身老人家庭等）人口群体相对应的"原系统 Σ"；第三，根据"原系统 Σ"求出其"逆系统 Π"，并同时确定其不同的逆向系统发展初值 x_0；第四，由 Π 进一步求出相应的 α-阶积分逆系统 $\Pi\alpha$，并由 $\Pi\alpha$ 与 Σ 一起构成伪线性系统 $\Sigma\Pi\alpha$，将其实现为尽可能简化的和采用反馈结构的等价模型形式；第五，将上述具有反馈结构的伪线性系统作为被控对象，根据养老保险体系的制度顶层设计理念，以及从统筹发展逐步迈向统一、融合、同步、基本协调、完全协调化发展推进中的未来总体目标值和阶段性目标值，按线性系统的方法设计出所要求的逆向控制与仿真系统；第六，根据事先所选定的系统动力学模型或时间序列模型分别进行逆向仿真分析（如从 2020 年往回推或从 2030 年往回推），并结合公共管理、社会保障、人口学等理论对仿真结果集合进行讨论、研究和评估。

四、贝叶斯参数估计方法

贝叶斯参数估计方法是基于贝叶斯定理而发展起来用于解决统计问题的方法。贝叶斯分析包括先验信息的确定、数据及似然函数模型的构造、效用函数的选择、后验分布的确定和贝叶斯决策。贝叶斯推断的思想是将未知参数的先验信息与样本信息综合;然后利用贝叶斯定理,得出参数的后验分布;最后依据后验分布对未知参数进行估计和检验等推断。20世纪90年代,由于高维计算的困难,贝叶斯参数估计方法的应用受到了很大的限制。但随着计算机技术的发展和贝叶斯参数估计方法的改进,特别是马尔可夫链蒙特卡洛(MCMC)方法的发展及 WinBUGS 等软件的开发应用,使原来复杂异常的数值计算问题变得非常简单,参数后验分布的模拟也趋于方便,所以现代贝叶斯理论和应用得到了迅速的发展。有关贝叶斯方面的研究论文越来越多,贝叶斯学派已发展成为一个有影响的统计学派,打破了经典统计一统天下的局面。

经典计量经济学的基本估计方法是最小二乘、广义矩估计和极大似然估计,其基本的理论框架是未知参数(或其函数)的点估计、区间估计、假设检验、变量选择、模型比较和预测等内容;在此框架下,研究各种模型,如线性回归模型、非线性回归模型、联立方程组模型、panel data 模型、状态空间模型、时间序列模型、定性和受限因变量模型、动态模型等。贝叶斯计量经济学则应用全新的贝叶斯参数估计方法,研究各种模型与经典计量经济相对应的一套内容,如估计、检验和模型比较等。贝叶斯分析一般要给出以下重要内容:(1)根据经济理论,对假定的随机模型进行一次详细的讨论;(2)对参数先验假设一个充分的讨论;(3)样本信息;(4)所关注的参数的后验分布的信息。其总体思路见图2-7。

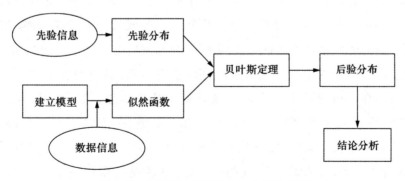

图2-7 贝叶斯参数估计方法的整体思路

第三节　国内公共危机管理理论发展

我国真正的现代危机管理理论研究是自21世纪初以来，在美国"9·11"事件，特别是2003年国内的"非典"危机之后，伴随着我国政府危机管理建设进程的加快而得以发展起来的。这一时期，我国学者关于政府危机管理的研讨大致有以下几种观点：

一、制度论

制度论者认为，机制不全、制度缺陷是影响政府危机管理能力的主要因素。所以，完善危机管理，应该借助制度经济学、组织管理学等学科理论，着眼于制度改良。制度论在具体的政府危机管理研究中，又有以下两种不同的研究视角：

第一，制度建设的角度。中山大学的王乐夫教授认为，有效的政府危机管理机制应该包括以下几个方面的内容：(1) 建立有效的预警机制；(2) 建立有效的内部协调机制；(3) 建立有效的政府间合作机制和国家间合作机制；(4) 发展专业化的组织能力，有效地处理各种危机事件；(5) 建立某种社会支持系统。[①] 南京大学的李泽洲教授认为，政府有必要建立危机管理的四个目标体系：(1) 制度建设；(2) 政策供给；(3) 信息交流；(4) 伦理倡导。

第二，法律的角度。山东大学的肖金明教授认为，"非典"危机对政府能力、法律制度和公共道德直接提出了挑战。为了成功应对危机，他提出了三大主张：(1) 政府能力再造；(2) 紧急状态的法制安排；(3) 公共道德的重建。

毫无疑问，制度论的主张是从纯理性主义出发，强调制度是政府管理的根本保证，在危机管理中制度建设更是处于核心地位。制度论给我们的启示在于：(1) 政府危机管理，制度的建构和扩张是一种治本之道，只有从制度入手，才能纲举目张；(2) 政府危机管理有赖于政府、社会公众、其他社会组织等各方的合力，要求政府制度的完善、公众道德的重构、社会其他公共资

[①] 参见王乐夫、马骏、郭正林：《公共部门危机管理体制：以非典型肺炎事件为例》，载《中国行政管理》2003年第7期。

源的有序结合;(3)在危机管理中,法律和道德都不可忽视,皆是制度安排中不可或缺的内容。

二、公共关系论

公共关系论认为,在政府危机管理中,应当注重科学地运用公共关系学的原理、方法去应对危机。首先,满足民众的知情权,从而获得民众支持;其次,政府有策略地运用公共关系艺术,协调好危机管理的外部环境,形成基于目标中心的合力,达到减少政府"交易成本"的目的。中国社会科学院的高世屹博士认为,危机管理也要采取旨在减少危机损坏程度的沟通信息、树立形象的公关策略。在具体的政府危机管理中,公共关系学与危机管理关系非常密切,它的许多原则、方式、方法和策略被广泛应用。这主要是由政府危机管理非常态管理的特质所决定的。

公共关系论在政府危机管理中非常重视非制度化的管理艺术,它与制度论者刚好相反,认为过分强调制度、机制的作用会忽视政府危机管理实践的艺术性,反之亦然。公共关系论者强调,危机管理的实践意义不容抹杀。

三、经验论

经验论从感性主义出发,强调重视经验的作用,通过对国内外危机管理案例进行全面的精选和分析,帮助政府组织正确地处理危机事件。中国现代国际关系研究所危机管理与对策研究中心编著的《国际危机管理概论》一书,介绍了国际上多个经典案例,如"9·11"事件与美国的危机管理、疯牛病危机与欧洲国家的应对、日本灾害预防、俄罗斯转轨时期的社会危机等。

"前事不忘,后事之师",经验论对于尚未完善的我国政府危机管理具有重要意义。它可以启发我们借鉴外国政府(地区)危机管理的经验和教训,促使我们从两个层面上反思我国的危机管理体系。从理论层面上讲,我国政府应当重视对危机事件的研究,要求研究人员认真搜集、比较国内外政府危机管理方面的经验和教训,与国情相结合,突破传统管理模式,形成一套自己的危机管理理论和模式,用以指导今后的实践。从管理层面上讲,外国政府在危机管理上给我们的启示在于:一是危机管理决策的时效性和科学性,要求危机管理快、准;二是危机管理的艺术性。

四、全面整合论

全面整合论认为,现代危机事件具有多样性和复杂性,政府对于危机事件的解决已经不能依靠某一项资源、模式和策略。简言之,政府危机管理能力的大小取决于各种各样的因素及其相互作用。中国人民大学的张成福教授指出,所谓全面整合的危机管理体系,是指在高层政治领导者的直接领导和参与下,通过法律、制度、政策的作用,在各种资源支持系统的支持下,通过整合的组织和社会协作,通过全程的危机管理,提升政府的危机管理能力,以有效地预防、回应、化解和消弭各种危机,从而保障公共利益以及人民的生命、财产安全,实现社会的正常运转和可持续发展。具体来讲,全面整合的政府危机管理体系的基本特征和主要构成因素包括以下八个方面:(1)政治承诺、政治领导与政治支持;(2)全危机的管理;(3)发展途径的危机管理;(4)全过程的危机管理;(5)全面风险的危机管理;(6)整合的危机管理;(7)建立在充分资源支持基础上的危机管理;(8)以绩效为基础的危机管理。①

全面整合论的启迪表现在:(1)政府管理追求整合效应,体现了现代政府危机管理的科学性诉求,无疑有利于我国政府管理水平的提高;(2)强调政府危机管理要有绩效,面对危机事件的威胁,政府代表人民配置公共资源、应对危机,应该以人民的利益为重,通过整合的方式追求管理的绩效。

当前,在全球化大背景下,政府应急管理理论研究的特点主要集中体现在以下几个方面:(1)在研究范围和内容上,从自然灾害领域和政治领域向社会公共领域扩展;(2)研究目的由原来的政治目标转变为建立整合的公共危机管理体系,实现有效的危机管理,维护稳定,确保经济、社会的正常发展;(3)研究重点由原来只重视危机现场应对到关注危机的全生命周期,尤其重视危机前的预警研究;(4)在研究方法上,立体分层研究体现了当代危机管理研究多元化和全面融合的趋向,从单纯定性研究到定性定量相结合,在个体层面上运用心理学、博弈论,在组织层面上运用组织理论、管理理论,在社会层面上运用社会学、政治学、经济学等学科的理论;(5)研究导向由本

---

① 参见张成福:《公共危机管理:全面整合的模式与中国的战略选择》,载《中国行政管理》2003年第7期。

国情况研究走向跨国比较研究,美国、日本、欧洲诸国危机管理实践各具特色,现代危机理论是在总结各国(地区)危机实践基础上发展起来的,这一点对研究刚刚起步的我国尤为重要。今后我国危机管理理论应该在充分借鉴西方现有理论的基础上,根据我国国情,侧重危机管理立法、危机管理机构、危机预警机制、危机信息沟通、政府与社会的合作协调等方面,结合政治、政府改革和经济、社会发展进行综合研究。

思考题

1. 一般危机形成有哪些理论?
2. 简述逆系统技术原理。
3. 简述适度人口容量测算的 P-S 模型。
4. 简述国内公共危机管理理论。

第三章 公共危机管理国际比较

本章要点

1. 名词概念：突发公共危机、人的安全。
2. 了解联合国等组织或机构有关公共危机管理的规定。
3. 了解美国、英国、印度、日本等国公共危机管理的经验。

导语

"他山之石，可以攻玉。"本章主要对公共危机管理进行国际比较，首先分析了联合国、经济合作与发展组织和世界卫生组织对公共危机管理的规定，然后从管理体制、法律制度等方面介绍了西方发达国家、国外发展中国家和东亚国家公共危机管理的经验。

第一节 国际知名组织对公共危机管理的相关规定

一、联合国

参照联合国的分类，突发公共危机主要包括：(1) 自然灾害，又可分为地质方面，如地震、火山等；水文气象方面，如洪涝等；生物学方面，如瘟疫、流行病等。(2) 技术灾难，主要来自技术或工业事故，如爆炸、火灾、污染、核辐射和泄漏等导致的丧生、受伤、财产受损或环境恶化。(3) 环境恶化，即人类行为导致的环境和生物圈的破坏，如森林大火、生物绝种和资源破坏等。

早在 20 世纪 60 年代，联合国就提出了要重视环境、粮食、人口、贫困等非传统安全问题。70年代联合国进一步强调安全的相互依赖性,发表了《人类环境宣言》,将保护环境与争取和平同经济社会发展的目标协调起来。80年代在联合国的文献中出现了"环境安全"与"经济安全"等词汇。1987年,世界环境与发展委员会向联合国提交了《我们共同的未来》报告,全面阐述了安全与发展和环境之间的关系,并提出了一个全新的概念——"可持续发展"。1994年,联合国的《人类发展报告》提出了"人的安全"概念,并阐述了经济安全、粮食安全、健康安全、环境安全、人身安全、共同体安全和政治安全七大安全问题。[①]

2004年,联合国发布《与风险共存:全球减灾情况回顾》,指出在过去的十年中,虽然世界范围内由于灾难事件导致的死亡数字在下降,但是受影响的人数和造成的经济损失却是前所未有的。该报告就如何减少风险和脆弱性,迎接明天的挑战,提供了指南、政策导向和灵感,以及一些经验教训作为参考;它对有志于风险管理实践和可持续发展的政府、机构和个人具有重要意义,其目标便是通过采取及时有效的行动,在一个灾害频发的环境中实现世界的可持续稳定发展。

该报告的核心内容是关于如何有效地预防灾害风险、降低系统脆弱性以及减灾。报告首先提出了减少灾害风险所涉及的五大领域及其包含的内容;在此基础上,报告进而建立了以政策支持、信息共享和技术运用为基础的风险管理框架,并详细总结了各个国家和地区在不同领域的成功经验和所面临的挑战,以总体指导灾害风险的预防和减缓。[②]

二、经济合作与发展组织

2003年,经济合作与发展组织(OECD)发布题为《21世纪面临的风险:一项行动议程》的报告。该报告以一些重要系统在未来变得更加脆弱的可能性为重点,着重分析未来风险的不确定性,以及如何有效地防范和处理灾难。

报告首先指出,进入21世纪,各种新的、严重的灾害事件仍在不断发生:当前风险变得更加难以预测,灾难事件的覆盖面很广——涉及环境、财

---

① 参见余潇枫:《非传统安全与公共危机治理》,浙江大学出版社2007年版。
② 参见周玲、朱琴、宿洁编著:《公共部门与风险治理》,北京大学出版社2012年版。

产、健康、生命,包括美国"9·11"事件、"非典"等等。

报告进而总结了风险背后的三大驱动因素。第一个驱动因素是人口。据预测,到2050年世界人口将从目前的60亿增加到90亿,实际上额外增加的30亿人将生活在城市中。这绝不仅仅是一个统计数字,这将意味着在未来某一天,一个庞大的世界人口将完全暴露在风险面前。第二个驱动因素是不断变化的环境。这些变化来得很快,可能致使我们的科学知识在处理风险事件时面临严峻的考验,诸如气候变化、水资源短缺等。第三个驱动因素便是技术。技术的创新发展,一方面有助于提升风险防范水平,但另一方面又会带来诸多不可预知的风险。

报告在分析了21世纪世界所面临的风险现状之后,随之提出诸多建议措施和理念以帮助各国有效地应对风险和处理危机事件。[①]

三、世界卫生组织

世界卫生组织(WHO)防范和应对突发事件的理念是,当发生流行病时,每一个国家均应有能力发现、迅速核实并对有流行倾向和出现的疾病威胁作出适当反应,以便尽量缩小它们对全球人口的健康和经济造成的影响。2007年6月15日生效的《国际卫生条例》规定,WHO有义务对全球产生影响的公共卫生紧急情况进行预防、预警、评估和作出迅速反应。

第二节 西方发达国家公共危机管理

西方发达国家的公共危机管理起步较早,无论是管理的理念、管理的体制,还是管理具体操作上,都有值得我国借鉴的地方。

一、管理体制比较

(一)美国

美国已经发展出一套相当完善的危机管理体制,这套危机管理体制构筑在整体治理能力的基础上,通过法制化的手段,将完备的危机应对计划、

---

① 参见周玲、朱琴、宿洁编著:《公共部门与风险治理》,北京大学出版社2012年版。

高效的核心协调机构、全面的危机应对网络和成熟的社会应对能力包容在体系中。

美国建立危机管理体制的历史可以追溯到20世纪初。1908年，美国成立了以联邦调查局为主体的社会危机管理机构，后经历了从专司某个领域危机的部门管理体制发展到成立综合性危机管理体制的逐步完善的过程。1947年，美国成立了以国家安全委员会为主体的综合性危机管理体制，该体制包括国家危机管理体制、美国突发公共卫生事件危机管理体制、美国汛期危机管理体制等。

表 3-1 美国公共危机管理体制的形成与发展

时间	举措
1908 年	成立以联邦调查局为主体的社会危机管理机构
经济危机与两次世界大战期间	先后形成以联邦储备委员会为主体的经济危机管理体制和以国防部、中央情报局为主体的战争危机管理体制
二战结束后	制定适用于战争危机的《国家安全法》
1947 年	成立以国家安全委员会为主体的综合性危机管理体制
1976 年	通过适用于全国各类危机的《全国紧急状态法》
1979 年	成立联邦紧急事态管理局（FEMA）
冷战格局解体后	通过增设机构、强化危机管理职能部门的协调等途径，使综合性危机管理体制进一步完善
2001 年	"9·11"事件后，美国进一步将危机管理的重点放到反对恐怖主义上

以2003年应对"非典"（SARS）危机为例分析美国处理公共卫生危机，特别是对传染病的应急管理始终把握"首先阻止传染病蔓延，再着手找出病因"的原则，构筑了强大的卫生防护网。2003年3月"非典"出现后美国应对举措见图3-1。

在"非典"调查和控制方面，美国注重加强与各州和地方政府卫生官员的网络联系，并利用"传染病监测网络"，对患者和感染者实施检测与主动监测计划，通过"旅游警告机制"，要求近期到过病发区的人员接受测试检验。

到2003年4月7日，疾病控制与预防中心（CDC）共发出50万份疾病防范警告，建议人们一旦出现发烧、干咳现象，应立即与医生联系。在发布公众信息与开展教育方面，CDC通过设立网站、热线咨询电话、散发防范宣传手册等形式，介绍传染病基本知识及防范措施，包括症状、传播途径、可能的

图 3-1 "非典"出现后美国应对举措

致病原因,以及预防措施等,同时要求公民经常查看 CDC 网站以及世界卫生组织的网站,以了解最新的情况。

在有关"非典"的科研方面,美国启动实验室响应网络,加紧对"非典"检测、病因和治疗手段的攻关。4 月 14 日,CDC 完成了新冠状病毒的基因测序,并确定新的冠状病毒是"非典"的病因。

(二)英国

20 世纪 80 年代后期,英联邦遭受了一系列重大灾难。英国内政部为此出版了《灾难处理手册》。该手册为统一的危机管理工作提供了指南,是危机处置部门、地方当局、公共部门、志愿者组织和其他机构应对重大事故的基础。

英国的危机管理非常强调合作。英国政府意识到,合作是成功进行危机风险评估、缓解、规划、应对和恢复工作的关键所在。虽然英国危机管理合作体系已经建立,但在特定领域,仍然需要应对者之间进一步建立更为可靠的直接合作关系,建立稳定的全国多机构合作体系。

英国的国内危机管理规划安排是在各个机构内外进行整合的,这些规划是各个部门和机构相关规划的整体表现,在某些关键地方,机构间应当分工明确并且互相配合。英国政府应对危机体制有明确的中央与地方分工,并且认为危机治理主要依靠地方,因为地方具有可直接掌握的实际资源,具备相关专门技能。危机发生后,一般由所在地方政府负责处理,通过地方政府提供伤者救援、人力和信息资源以及阻止灾害扩大的快捷便利,以及时应对和处置危机。在危机发生初期,地方警察具有总体协调职能,消防队、救护队以及其他地方自治团体组成紧急行动队配合行动。当危机的严重性超过当地政府承受能力时,通常从邻近地区就近调度支援。为了强化对危机的及时处置,地方政府可以申请得到军队的支援。中央政府主要负责应对特定类型的事件(如核事故)或者其影响超过地方范围的重大事件(如重大恐怖袭击)。

整合危机处置工作的基本组成部分包括评估工作、预防工作、准备工作、应对工作和恢复管理,这五项活动统称为"整合危机管理方法"(Integrated Emergency Management Approach)。①

2005年伦敦"7·7"连环爆炸案对伦敦公共危机治理体制进行了考验,伦敦市民也表现出了很好的危机应对素质。在这次危机事件中,政府仅在事件发生后几小时内就发布消息,并频繁举行新闻发布会;通过警察局、地铁公司、医疗等相关机构的新闻发言人发布消息,向社会通报各职能机构的工作进展;同时还通过依法管理记者,避免了报道中出现血腥镜头。这些举措很快稳定了民众情绪,迅速缓解了公众恐慌,保障了社会生活很快转入正常轨道。②

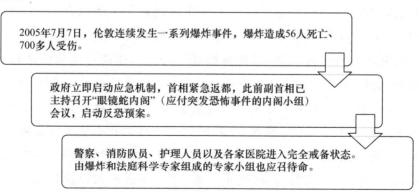

图3-2 伦敦"7·7"连环爆炸案发生后政府的应对措施

---

① 参见张小明:《公共部门危机管理(修订版)》,中国人民大学出版社2013年版。
② 参见余潇枫:《非传统安全与公共危机治理》,浙江大学出版社2007年版。

（三）俄罗斯

20世纪90年代以来，因苏联解体，国内社会制度发生剧变，俄罗斯经历了长期而急剧的政治动荡、经济金融危机、民族冲突和内战，遭受了切尔诺贝利电站核事故所造成的灾难以及北约东扩所带来的巨大外部压力。在处置上述事件所导致的各类危机过程中，俄罗斯逐步建立起了总统直接领导，以联邦安全会议为决策机关，包括联邦安全局、国防部、紧急情况部、外交部、联邦通信与情报署等权力执行部门在内的执行机关，既分工又相互协调的危机管理体制。俄罗斯危机管理体制的具体内容与特点如下[①]：

（1）俄罗斯危机管理体制是以国家元首——总统为核心，并有一个由总统直接领导的、跨部委的危机决策中心（1992年成立的联邦安全会议）。

（2）政府从事危机管理的职能部门比较齐全，涵盖了众多社会领域，并形成了既分工负责又相互协作、有机结合的完整体系。

（3）政府建立了专业化的民防抢险救援职能机构。

（4）危机管理体制强化防范和打击恐怖主义的功能。

（5）政府制定了适用于各类危机的国家紧急状态法和相关的法律法规，危机管理体制法制化水平较高。

就法律制度而言，1991年5月17日，尚未独立的俄罗斯即公布了《俄罗斯苏维埃联邦社会主义共和国紧急状态法》。独立后的俄罗斯联邦在面对和处理各种危机事件过程中，又相继颁布一系列相关法律，不断完善危机管理的法律体系。1994年通过了《关于保护居民和领土免遭自然和人为灾害法》；1995年7月通过了《事故救援机构和救援人员地位法》；1998年2月颁布了《民防法》；1999年颁布了《俄罗斯联邦公共卫生流行病防疫法》。普京执政后着力解决国家面临的各种危机，其中主要方面就是不断完善危机管理的法律体系。2001年5月30日，普京总统签署了《俄罗斯联邦紧急状态法》；2002年1月20日，又签署了《俄罗斯联邦战时状态法》。《俄罗斯联邦紧急状态法》是俄罗斯目前影响最大的应对突发性公共事件的法律，它对紧急状态的宣布程度、实施过程、终止方式、紧急状态期限以及紧急状态期间

---

① 参见张小明：《公共部门危机管理（修订版）》，中国人民大学出版社2013年版。

的权力作了详细规定。至此,俄罗斯危机管理的法律体系基本确立和完善。①

二、法律比较

在法律理论与立法实践中,西方一般使用"紧急状态"这一专业术语来专门指称"公共危机状态",所以公共部门危机管理的法制化程度主要就是指紧急状态立法的情况。欧洲人权法院曾对"公共紧急状态"作出解释,即它是一种特别的、迫在眉睫的危机或危险局势,影响全体公民,并对整个社会的正常生活构成威胁。此解释较好地描述了紧急状态的性质。紧急状态有下列特征:第一,必须是突发性的现实危机或者是预期必然要发生的危机;第二,在较大空间范围或较长时间内威胁到公民生命、健康、财产的安全;第三,减少或限制公民在正常状态下享有的权利和自由;第四,打乱国家公权力正常运作并赋予其更多的权限;第五,不采取特殊的应急或对抗措施就无法恢复正常状态。

通过对西方典型国家进行考察,可以归纳出以下五种有关紧急状态的立法模式(表 3-2):

表 3-2 西方典型国家立法模式

立法模式	举例
在宪法中对紧急状态进行原则性规定,此后根据宪法制定全国统一的紧急状态法,该法是效力位阶低于宪法的实施性法律	法国《紧急状态法》;俄罗斯《联邦紧急状态法》
国家没有成文宪法,或者有成文宪法但宪法未对紧急状态作出规定,而是在宪法性文件中对紧急状态进行了规定,紧急状态法律体系较为完备,发展趋势是对现有法律进行整合,然后颁布统一的紧急状态法	英国《国内紧急状态法案》;美国《全国紧急状态法》
宪法没有对紧急状态作出规定,全国也没有统一的紧急状态法,但各州根据宪法性文件制定了自己的紧急状态法律	澳大利亚各州的紧急状态法律
宪法对紧急权力作出笼统的规定,没有制定统一的紧急状态法	德国现行的紧急状态制度是由《基本法第 17 次修改法》(即所谓"紧急状态宪法")规定设立的

---

① 参见倪芬:《俄罗斯政府危机管理机制的经验与启示》,载《行政论坛》2004 年第 6 期,第 89—90 页。

虽然西方国家紧急状态的立法模式不尽相同,但在现代法治背景下,无论是成文法国家还是不成文法国家,普遍呈现出这样一种立法趋势:在由宪法对紧急状态进行原则性规定的基础之上,对现有的紧急状态法律进行整合,然后制定一部统一的紧急状态法。只有少数国家由于历史和传统上的原因,没有制定统一的紧急状态法。①

三、经验总结

(一)体制方面

西方发达国家一般架构三大平台以建设全国性的危机管理体制,包括机构运作、政策执行、综合管理等方面。三大平台具体包括:

(1) 全国性的机构平台。该平台包括机构设置、跨部门运作、职能协调、员工招聘、人事监管、技能培训等相关方面,是综合性的社会长期工程。

(2) 国家政策平台。该平台针对突发事件要注意三方面的衡量尺度:政府各部的政策口径统一,相互协调补充;形成制度化的政策平台,注意连贯性;既要提升快速反应能力,也要遵循政策的渐进规律。

(3) 社会保障平台。社会保障平台对于绝大多数普通公民而言是抵御危机最有效的防线,主要体现在三方面:医疗保障,针对危机的特征调整医疗救助的优惠方案,减免贫困人员、农村人口的相关医疗费用;救济保障,直接补助急需相应物资、器械的对象;保险保障,增加突发事件的险种,适当放宽理赔的标准。

研究表明,西方发达国家危机管理体制的共同特点和趋势主要有:

(1) 行政首长担任最高领导,全面领导国家的危机管理工作。日常管理委托给直接下属的危机管理机构,重大紧急事件仍然由担任最高指挥官和最终决策者的行政首长来进行决策,并对关键性资源进行指挥调动和处理。

(2) 危机管理委员会或联席会议辅助决策。行政首长对于跨部门的综合性决策和指挥,通常依靠危机管理委员会或联席会议,提供决策的辅助和咨询,危机管理委员会还兼有宏观的信息中心和最高协调中枢的功能。

---

① 参见张小明:《公共部门危机管理(修订版)》,中国人民大学出版社 2013 年版。

（3）常设的危机管理机构处理日常事务。常设的危机管理机构的工作一般可分为两类，一是负责日常的危机管理工作；二是紧急状态下的具体协调工作。概括地讲，就是全面负责对危机事件的管理，包括准备、阻止、回应、重建和缓解。

（4）地方政府为操作主体，实施具体的危机管理任务，强调多方协作。在发达国家，社区、公民团体、志愿者组织等乃至家庭都是危机管理的重要力量。

（5）强调全过程的危机管理，突出预防的重要性。

（6）建立健全危机管理的法律和制度，实施标准化的危机管理。

（二）法律方面

西方各国紧急状态法律体系的构建给我国公共部门危机管理法制化带来的主要经验有：

（1）完善的紧急状态法律体系由宪法、宪法性文件、紧急状态法与相关的法律文件等构成。由于紧急状态法为综合性法律，并且涉及一些新情况和问题，因此，紧急状态法的制定意味着需要对相关法律进行修订和补充，以保持整个法律体系的连贯性和自治性。

（2）基于紧急状态与正常状态的二分法，紧急状态法涉及的内容与日常的紧急处理法规所涉及的内容存在类似之处，但也存在着巨大的差异。因此，应当明确日常的紧急处理工作和紧急状态下的紧急处置工作之间的关系与区别，避免紧急状态法适用的扩大化。

（3）围绕紧急状态的预警、应急处置、恢复重建等工作，紧急状态法和相关法律的具体规定应当配套实施，保证紧急处置工作的衔接。

（4）西方各国都将处置机构和规划视为紧急状态处置工作的两个核心问题，纳入紧急状态法调整的范畴。综观西方各发达国家的紧急状态处置工作状况，不难发现，良好的紧急状态处置工作离不开各层面的紧急状态处置机构，同时也离不开科学合理的紧急状态处置规划。[①]

[①] 参见张小明：《公共部门危机管理（修订版）》，中国人民大学出版社2013年版。

第三节　发展中国家公共危机管理

一、管理体制比较

（一）印度

印度危机管理的最高决策机构是由印度政府高级官员组成的国家危机管理委员会，负责处理印度重大的或产生全国性影响的危机。该机构由内阁秘书担任主席，由危机各主管部及各辅助部的秘书担任成员，并任命内阁的一位官员担当委员会的召集人。主管部中直接负责处理某一特定危机的部门领导也被选派为国家危机管理委员会成员。国家危机管理委员会在处理危机过程中会在必要时向主管部危机管理小组发出指示，主管部秘书负责确保将危机的所有进展情况及时报告委员会。按照印度中央政府和邦政府的职责划分，危机管理属邦政府职责范围，内容包括灾难准备、反应和减除措施。中央政府负责在国家层面上进行协调，经与专家委员会、财政委员会和邦政府协商，制定危机管理的政策和指导方针（图3-3）。

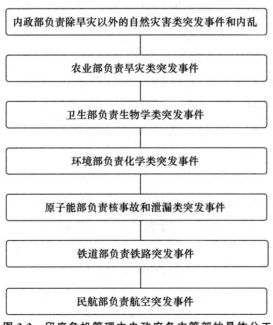

图3-3　印度危机管理中央政府各主管部的具体分工

印度新的灾害管理方针的基本理念是由民政部门对灾害管理负主要责任。基于此,印度正在建立由内政部掌管的国家灾害反应力量(National Disaster Response Force)。这使得印度军队的角色有了一些模糊性。其实,国家并没有规定军队参与灾害管理的责任。不过,在实际上,军队在危机刚发生时就会受到国家的召唤。军队是印度国家灾害管理顶层结构的重要组成部分,综合防务参谋部参谋长和参谋长委员会主席都是国家灾害管理局全国执行委员会(National Executive Committee)的成员。另外,军队还会为非军事人员提供灾害管理方面的训练,并在接到通知后较短时间内部署现有的资源。一些军方人士担心,继续依赖军队进行灾害管理会影响国家和地方民政部门灾害管理能力的发展并削弱军队的核心能力——作战。但是,也有观点认为,军队必须将人道主义援助/救灾作为自己的重要任务之一,检讨并归纳在临时性反应中取得的经验,并在国际舞台上利用这些经验和能力。[①]

(二) 以色列

以色列的危机管理是以紧急状态法规为依据,以政府为核心,动员所有社会资源的全民型军事化管理。即以危机管理决策部门(总理、安全内阁)为核心,以国家安全委员会为国家安全事务最高决策机构,情报系统、军方(国防部、总参谋部及下属机构)等参谋和执行部门既分工负责又相互协作,发挥整体作用的综合性组织体系。以色列的危机管理机制主要由紧急状态法规、决策系统、支援和保障系统以及信息管理系统四部分组成(图3-4)。[②]

二、法律比较

为了防止2004年底印度洋海啸之类的灾难再度发生,印度政府2005年决定制定危机管理法。各邦也都被要求制定危机管理法。危机管理法为协调灾难减除、灾难准备和反应的机构规定了足够的权限,也规定了需要采取的灾难减除或灾难预防措施。古吉拉特邦和中央邦已经制定了这一法律,其他各邦的法律则正在制定之中。各邦也被建议将各自的灾难救助准

---

① 参见知远:《印度国内灾害管理体系衍进:部署作战部队太敏感》,http://mil.sohu.com/20140827/n403833074.shtml,2017年9月12日访问。
② 参见胡税根等:《公共危机管理通论》,浙江大学出版社2009年版。

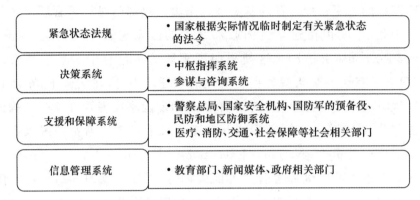

图 3-4　以色列危机管理的组织机构

则转化为危机管理准则,新准则中加入了灾难预防、灾难减除和灾难准备方面的内容。之后,印度一直在努力加强本国的灾害管理体系。2005 年 12 月,印度国会通过了《灾害管理法案》(Disaster Management Act)。2009 年,印度中央政府出台了《灾害管理方针》(Disaster Management Policy)。这标志着印度从过去的强调救援和重建转为一种全面、多维、多学科的灾害管理方式。这种方式涉及各种各样的灾害管理活动,包括预防、减灾、准备、响应、救援和重建等等。具体而言,印度的灾害管理体系由总理掌管的国家灾害管理局、省级的邦灾害管理局以及地区级的地区灾害管理局构成。不过,在加强这一体系方面,印度国内各地做得有好有差,并不是所有的邦都在建立省级和地区级的有效机制。①

以色列没有专门的紧急状态法,但在其基本法中有一些涉及紧急状态的条款,国家根据实际情况可以临时制定有关紧急状态的法令。1948 年 5 月 19 日,以色列宣布建国后的第四天,当时的临时政府——国家临时委员会便制定了《法律与管理条例》。该条例的第 9 条授权临时委员会宣布国家进入紧急状态,并给予委员会中的部长们制定紧急状态法规的权力。1996 年 6 月,修正后的《基本法——政府》取消了 1948 年《法律与管理条例》中的第 9 条,希望通过对宣布紧急状态的权力和期限以及紧急状态法规的内容及运用的限制来更好地保护人权。

---

① 参见知远:《印度国内灾害管理体系衍进:部署作战部队太敏感》,http://mil.sohu.com/20140827/n403833074.shtml,2017 年 9 月 12 日访问。

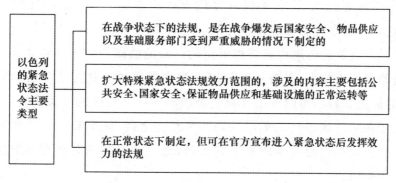

图 3-5　以色列的紧急状态法令主要类型

三、经验总结

总结发展中国家公共危机管理的体制和法律后,可以得到如下启示:

一是加强政府的危机意识和危机应对能力。加强政府的危机意识,提升政府应对突发性公共事件的能力是建立现代公共行政体制的需要。党的十六届四中全会就明确提出,要建立健全社会预警体系,形成统一指挥、功能齐全、反应灵敏、运转高效和应急机制,提高保障公共安全和处置突发事件的能力。

二是建立完善的危机管理体系和强有力的危机指挥系统。建立健全危机应对管理体系和机制,加强政府各部门之间的有效合作,建立统一的政府信息化管理体系,提高政府效率,是从上到下的顶层设计,需要从中央到地方,各部门协调。目前我国的危机管理机制属于分行业、分部门的分散性危机管理机制,涉及地震灾害的,由抗震救灾指挥部统一管理;涉及防洪的,由防洪救灾指挥部来统一指挥;涉及传染病的,由防疫指挥部来处理,这种危机管理机制专业性比较强,有利于调动专业救灾的优势。但是,也存在着各自为政的弊端,政府各部门间在应急应变方面缺乏协调机制,所有事件的处置工作都由行政一把手指挥,特别是这种以部门和专业危机处理模式为基础的危机管理机制难以应付灾害并发的问题。如果同时发生一种以上的危机事件,政府就没有办法依法迅速建立统一的危机处理机构。

三是健全危机处理法律体系,使危机管理有法可依,有效避免管理中的混乱现象。从印度政府危机管理经验看,应对突发公共事件影响最大的法律是《灾害管理法案》。它不仅可以极大地增加危机管理的有序性和有效性，而且可以确立危机管理体制与机制启动实施的合法性，可以同时建立起对国家最高决策者启动危机管理机制的严密的法律约束与监督体系。在现代法治原则的支配下，只有通过制定法律来调整紧急状态下的各种社会关系，才能防止紧急状态的发生导致整个国家和社会秩序的全面失控。因此，制定关于在紧急状态时期如何处理国家权力之间、国家权力与公民权利之间以及公民权利之间关系的紧急状态法，是一个国家紧急状态时期实行法治的法律基础。

四是完善资源共享，加强信息管理系统和预警机制建设。危机的信息管理系统在危机管理体系中承担非常重要的职能，如果说危机中枢指挥系统是人的大脑的话，那么危机信息管理系统就是神经系统，它的主要功能是为决策者提供及时、准确的情报。对决策者而言，来自危机信息管理系统的情报对决策者的正确决策起决定性的作用。

此外，还有强化社会动员机制、增强民众的危机意识，这里不再赘述。

第四节　东亚国家公共危机管理

一、管理体制比较

（一）日本

由于特殊的地理位置所致，日本是世界上自然灾害发生最为频繁的国家之一。长期以来，地震、台风、暴风和火山喷发等自然灾害易发，使得日本公共危机管理的重点以自然灾害为主。20世纪90年代中期以来，各种人为的突发性危机事件伴随上述自然灾害发生，促使日本政府建立起一套从中央到地方的综合性危机管理体系。

日本危机管理体制是一个以法律、制度、功能为依托，以内阁首相为最高指挥官，内阁（负责各省厅间的协调，相当于办公厅）负责整体协调和联络，通过安全保障会议、阁僚会议、内阁会议、中央防灾会议、金融危机对策会议等决策机构制定危机对策，由警察厅、国土厅、气象厅、海上保安厅、防卫厅和消防厅等各省厅、部门根据具体情况进行配合实施的组织体系

(图 3-6)。这一体系还包括日本各都道府县专设的危机管理机构(地方政府的行政"一把手"是危机管理的最高负责人)。①

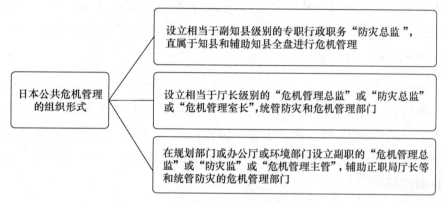

图 3-6　日本公共危机管理的组织形式

1959 年伊势湾台风灾害发生(死亡和失踪 5098 人)以后,日本政府着手建立了综合防灾管理体制。1995 年阪神大地震以及奥姆真理教制造的地铁沙林事件等灾害发生以后,日本的防灾体系上升为首相直接领导的国家危机管理体制。1995 年阪神大地震对日本既有灾害危机应对机制提出了严峻挑战。由于通信网络被毁,日本政府一度不能掌握地震实时状况。直至震后 6 小时,日本国土厅才成立"对策本部",由首相牵头的国家级"对策本部"更是在三天后才得以建立。救灾行动迟缓,遭到了各界的强烈批评。日本政府吸取此次教训,彻底修改了《防灾基本计划》:一是明确中央及地方政府、相关机构甚至居民等相关主体责任;二是防灾计划内容得到大幅充实,如建立广域支援体制、设置现地对策本部、兴建避难场所、接受海外援助、改善志愿者参与条件等;三是厘清危机应对三阶段(预防、应急和灾后重建)的具体对策。与此相应,日本还制定或修改了 7 部相关法律。日本灾害危机应对机制得到大幅完善。②

"9·11"事件发生以后,日本进一步完善危机管理组织结构,采取了预防国际恐怖犯罪的危机管理措施,使危机管理适应国际反恐的形势,从而奠定了日本当今危机管理体制的基本框架。

---

① 参见胡税根等:《公共危机管理通论》,浙江大学出版社 2009 年版。
② 参见张玉来:《日本公共危机治理模式及其演进》,载《人民论坛》2014 年第 5 期。

此外,在完善公共危机管理体系的过程中,日本很重视国民危机意识的培养,日本把每年9月1日定为国民的"防灾日",全国各地方政府、居民区、企业和学校都要举行各种防灾演习,在地震多发的地区,还要举行一次综合性防震训练。日本各地还设有许多防灾体验中心,免费向市民开放,以提高居民防灾意识。

（二）韩国

韩国是一个灾害类型多样化的国家,为防止各种突发性灾害给国家带来大的冲击和损害,韩国建立了有本国特色的"小核心、小范围"的危机管理机制。该机制包括法律法规系统、决策与协调机制、信息管理机制及资金保障机制四部分。①

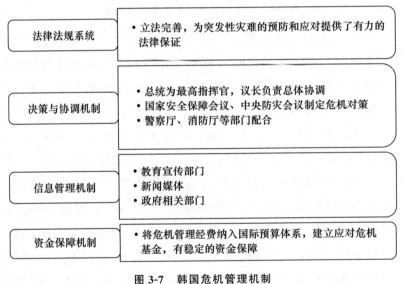

图 3-7 韩国危机管理机制

二、法律比较

日本位于环太平洋火山、地震多发地带,地震、火山活动频繁,风灾、水灾经常发生,使得日本较早就通过制定专门法律的形式对灾害进行管理,建立起了五大类灾害对策相关法律体系,即基本法类、灾害预防和防灾规划法

---

① 参见胡税根等：《公共危机管理通论》,浙江大学出版社2009年版。

类、灾害紧急对策法类、灾后重建和复兴法类、灾害管理组织法类,为灾害危机的治理提供了较完备的法律保障。[①] 自1947年颁布《灾害救助法》以来,迄今为止,日本政府颁布实施的危机应对相关法律达51部,包括7部基本法、18部灾害预防法、3部灾害应急对策法、23部灾后复兴建设法。

表3-3 日本灾害对策相关法律法规

年份	法律法规
1880年	《备荒储备法》是日本最早的防灾法
1947年	1946年南海地震后,日本于1947年颁布了《灾害救助法》
1959年	1959年伊势湾台风灾后,日本于1960年颁布了《治山治水紧急措施法》
1961年	颁布了日本灾害方面的根本法《灾害对策基本法》
1995年	阪神大地震后,日本颁布了《地震防灾对策特别措施法》,并修改了《灾害对策基本法》中的部分内容
1996年	颁布《关于为保护特定非常灾害受害者权益采取特别措施的法律》
1997年	颁布《关于促进密集市区的防灾街区整备的法律》
1998年	颁布《受灾者生活重建支持法》
2011年	颁布《关于海啸对策推进法》《关于创建海啸防灾区域法》
2012年	修改《灾害对策基本法》、颁布《原子力规制委员会设置法》等

韩国涉及危机事态应急管理的法律法规基本可以分为两大类。第一类是以《民防基本法》为基础的防灾减灾法案。韩国政府针对灾害的预防、防灾体系建设、灾情发生后的救援、灾情调查、恢复与补助等制定了一系列的规章细则,从而保证了防灾、减灾、救灾到灾后恢复等工作的正常进行。第二类是以《传染病预防法》为主的应对传染病问题的法律法规。对各类传染病的预防作了详细明确的规定。韩国完善的立法为突发性灾难的预防和应对提供了有力的法律保证,有助于政府及时地把灾难性的后果控制在最低限度。[②]

三、经验总结及对中国的启示

对日本和韩国公共危机管理体制和法律体系进行分析比较后,我们可

---

① 参见余潇枫:《非传统安全与公共危机治理》,浙江大学出版社2007年版。
② 参见胡税根等:《公共危机管理通论》,浙江大学出版社2009年版。

以得到如下启示：

一是应急法律规范专门化、体系化。《灾害救助法》和《灾害对策基本法》等制定后，日本形成了完备的法律体系，可以为有效应对各种突发公共危机事件提供权威依据。我国《突发事件应对法》的颁布实施，标志着我国应急法制体系的初步建成，但还必须出台一系列配套措施和实施细则，且要增强这些措施和规范的可操作性。

二是应急机构人员专门化、专业化，危机管理体系出现多元化、立体化、网络化的发展趋势，危机管理中的政府应急管理行为及程序出现规范化、制度化、法定化，同时危机预警机制、资源储备与调动机制、危机化解机制逐步完备。

三是提高公共危机管理效率的重要因素——民间力量的广泛参与。日本国民危机防范意识和能力的培养、危机防范措施的改善与演习已走向经常化、制度化、法定化，危机意识较强的日本国民不但掌握急救知识、逃生要领，还掌握互救的本领。韩国政府规定，每年的5月25日为"全国防灾日"，在这一天会举行综合防灾训练，让政府官员和市民熟悉防灾业务和能力。

第五节　中外公共危机管理机制比较分析

以西方发达国家为主体对比分析中外公共危机管理体制，可以发现：

第一，在发展阶段上，我国呈现出跨越式发展，从单项防灾跨越到危机管理，但总体呈现出地区之间、领域之间的不公平状态。

第二，在法律制度上，我国公共危机管理的法律体系建立相对较晚，1979年才陆续颁布一系列与处理突发事件有关的法律、法规，各地方则针对性地颁布了一些地方性法律法规。直到2007年颁布《突发事件应对法》，我国才初步建成一个从中央到地方的公共危机管理法律法规体系。

第三，在组织架构或者管理体制上，我国《突发事件应对法》第4条规定："国家建立统一领导、综合协调、分类管理、分级负责、属地管理为主的应急管理体制。"这也是世界各国普遍采用的管理体制。由行政首脑担任最高领导，在我国即是在总理的领导下，由国务院研究、决定和部署特别重大的突发公共事件的应对工作，国务院是统一的协调咨询机构，各职能部门通过统一领导、横向协作、专业分工,实现部门协作。我国各地方政府也成立了直属行政首脑的决策协调机制,即公共危机事件应急管理委员会,对应美国的应急运行中心;应急管理委员会下设公共危机事件应急管理委员会办公室。此外,我国各级政府制定的突发公共危机事件应急预案也将相关职能部门纳入应急主体范围,包括公安、消防、卫生、交通、环保、宣传和民政等部门,如果责任单一,则根据"谁管理,谁负责"的原则确定责任部门。

具体有关中外公共危机管理机制的不同,可以参见表3-4。

表3-4 中外公共危机管理机制比较

	西方发达国家	中国
发展阶段	单项防灾—综合防灾—危机管理—循序渐进—均衡全面发展	单项防灾为主—危机管理—跨越式发展—非均衡发展(不同地区、领域的管理水平不同)
法律法规	部门法规、基本法和综合法	以单向灾种为主的部门法,直到2007年《突发事件应对法》的颁布施行
组织结构	(1)注重协调的国家危机管理机构:综合防灾机构; (2)专业水平相当高的各部门	以管理单项灾种为主的各独立部门协作、属地管理为主的应急管理体制
管理模式	原因型管理、结果型管理、循环型危机管理	原因型管理
规划和计划	(1)发展和防灾兼顾,以人为本; (2)防灾规划与经济发展规划的结合	发展第一,效率第一
参与主体	(1)政府+社区(居民、企业、NGO、社区志愿者等); (2)站在国民角度,以民为本; (3)自救、互救、公救	(1)政府主角,市民和企业参与少; (2)站在政府角度
信息沟通	以政府为主的管制公开和透明	信息透明度低,沟通不畅
部门协调	(1)跨部门协调; (2)一个部门中的内部协调	条块分割,资源配置重复
责任追究/评估	(1)行政长官负责型,财产管理、评估; (2)政府绩效考核	全政府负责型,责任不明
财政预算	(1)法定灾害救助基金支持; (2)财政预算、金融和税收措施规范化; (3)完善的社会保障制度	(1)基金积累少; (2)财政预算、金融和税收措施不规范; (3)社会保障制度不健全

思考题

1. 风险背后的三大驱动因素是什么？
2. 西方发达国家危机管理体制有哪些共同特点和趋势？
3. 简述国外发展中国家公共危机管理的经验总结。
4. 简述东亚国家公共危机管理的经验总结。

第四章 我国公共危机管理体系

本章要点

1. 名词概念:"一案三制"、应急管理、应急预案、公共危机预防、预警机制。
2. 了解当前我国公共危机管理的现状。
3. 掌握我国公共危机管理中的"一案三制"体系。
4. 了解我国公共危机管理过程中存在的问题。

导语

目前我国正处在现代化的关键阶段,经济社会结构转型与体制转轨并行,传统因素、现代因素与后现代因素并存,导致现阶段是社会不和谐因素的活跃期和社会矛盾的多发期,因而也是各种类型公共危机的易发期,而且在未来很长一段时间内,我国都将面临突发公共危机事件所带来的严峻考验。

第一节 我国公共危机管理现状

一、我国公共危机管理现状

我国每年因突发公共事件造成的损失十分巨大。根据资料显示,2003年全国各种自然灾害损失1500亿元、生产事故损失2500亿元、交通事故损失2000亿元、卫生和传染病突发事件损失500亿元,共计6500亿元人民币,相当于我国GDP的6%。2004年全国发生各类突发事件561万起,造成21万人死亡,175万人受伤。全年自然灾害、事故灾难和社会安全事件造成的直接经济损失超过4550亿元。① 2005年发生灾害类突发公共事件540万起,比上年减少21万多起;造成大约20万人死亡,比上年减少了1万多人;直接经济损失约3253亿元,比上年有较大幅度降低。② 2006年民政部国家减灾中心的数据显示,截至2006年8月15日,我国因各类自然灾害造成的受灾人数为3.16亿人,死亡2006人,直接经济损失近1600亿元人民币。③ 2008年5月12日汶川大地震是新中国成立以来影响最大的一次地震,直接严重受灾地区达到10万平方公里。汶川大地震造成的直接经济损失达8451亿元人民币。④ 2011年7月23日发生的甬温线特别重大铁路交通事故造成40人(包括3名外籍人士)死亡、172人受伤,中断行车32小时35分。⑤

总体来说,我国公共危机管理存在不少问题和挑战,其中包括公共危机意识淡薄。建立健全政府危机管理体制的基本前提应该是转变观念。我国危机管理的宏观机制是非常欠缺的,究其原因,就是认识不足。危机管理的核心在平时,在于预防,而不在于出现了危机之后的力挽狂澜。出现了危机之后再去应对是一个方面,但更重要的方面是建立起危机应对机制。

我国公共危机管理起步晚,长期处于单纯以结果为导向的公共危机应对状态,对各类危机的发生过程和治理方式缺乏系统的、综合的研究。2003年"非典"危机在全国的大范围爆发,对政府的公共危机管理提出了前所未有的挑战,党中央、国务院面对"非典"危机果断采取措施,贯彻《传染病防治法》,制定《突发公共卫生事件应急条例》;建立新闻发布制度,如实公布疫

---

① 参见《中国的危机管理机制》,http://www.gov.cn/yjgl/2005-09/23/content_69182.htm,2016年10月15日访问。
② 参见《我国2005年发生灾害突发公共事件540万起》,http://news.xinhuanet.com/newscenter/2006-07/20/content_4861455.htm,2016年10月15日访问。
③ 参见《2006灾情考验中国 中国应对能力不断走向成熟》,http://news.xinhuanet.com/politics/2006-08/24/content_5003071.htm,2016年10月15日访问。
④ 参见《汶川地震造成直接经济损失8451亿元 四川最严重》,http://www.chinanews.com/cj/kong/news/2008/09-04/1370942.shtml,2016年10月15日访问。
⑤ 参见《"7·23"甬温线特别重大铁路交通事故调查报告》,http://www.chinasafety.gov.cn/newpage/Contents/Channel_5498/2011/1228/160577/content_160577.htm,2016年10月15日访问。

情,在全国范围内实行群防群控;国务院和地方政府成立防治"非典"指挥部,统一调度人力、物力、财力,充分发挥城乡基层组织的作用,确保预防、救治工作紧张有序进行;组织科研攻关,在诊断、治疗、防疫等方面取得重要进展;对农民"非典"患者实行免费治疗等措施,严防疫情向农村扩散。这一系列行之有效的措施使得我们最终经受住了"非典"危机的严峻考验,我国政府的努力受到世界卫生组织的充分肯定,国际形象得以提升,向人民交出了一份满意的答卷。

"非典"危机之后中国应急管理体制建设进入了新阶段,公共危机管理取得重大进步。党的十六届三中全会明确提出要"建立健全各种预警和应急机制,提高政府应对突发事件和风险的能力",先后出台了《国家突发公共事件总体应急预案》《重大动物疫情应急条例》等规范性文件,同时将《突发事件与紧急状态处置法》列入十届全国人大常委会立法规划。2005年7月,国务院召开了全国应急管理工作会议,提出要进一步建立健全社会预警体系和应急机制,提高政府应对突发公共事件的能力。这说明我国公共危机管理正在逐步纳入经常化、制度化、法制化的工作轨道。目前我国不少城市已将建立应急联动中心,提高处置紧急突发事件的能力和城市危机管理的水平纳入政府的重要议事日程,很多城市相继规划或已经建成城市应急联动机制,并取得了一定成效。在应对公共突发事件的过程中,很多地方政府积极响应党中央、国务院的号召,结合本地区的实际情况,总结出了很多具有地方特色的危机治理模式,为公共危机管理工作提供了宝贵经验。

二、转型期我国公共危机的特点

当前我国正进入"矛盾凸显时期",即人口、资源、环境、效率、公平等社会矛盾的瓶颈约束较为严重的时期,比较容易造成社会失序、经济失调、心理失衡等问题,形成一些不稳定因素。我国在一段时间内将处于这样一个"非稳定状态"的发展阶段,也是进入公共危机频繁发生的阶段。[①]

（一）政府公共危机发生的频率加快

经济全球化和贸易全球化,导致包括我国在内的各国经济的一体化和

---

① 参见谢志强:《论社会转型期的公共危机管理》,载《科学社会主义》2010年第3期。

跨国人员往来的日益频繁;科学技术日新月异,带来信息传播手段的不断改进、传播速度的不断加快和传播范围的日益广泛;国际政治经济秩序的不合理,造成地区冲突的不断加剧;环境污染的日益严重,致使生态灾难不断发生等等。在这样的社会环境中,各国政府不仅面临着越来越多的各种危机的挑战,而且危机发生的间隔周期越来越短。

(二)政府公共危机的不确定性加剧

危机的发生本来就具有突然性、难以预料的特点,加上经济全球化时代各种环境不确定性因素的增多,使政府公共危机的形态、性质、活动规律等更加难以把握,尤其是一些人为因素造成的危机。

(三)危机发生的形态和危机的种类更加复杂多样

危机的发生既包括有意识、有目的的人为危机,如"9·11"事件、伊拉克战争等,也包括无意识的自然危机,如"非典"疫情、核电事故、洪涝灾害等;危机造成的冲击既可能针对国家和政府,也可能针对社会中的特定群体;危机主要为传统的国家安全危机,但非传统安全危机和跨国危机已越来越多地出现。

(四)危机的波及范围日益广泛

危机不仅会给国家及公民带来经济的损失和身体的伤害,更为严重的是危机将对公民的精神、心理造成伤害,甚至使全社会处于一种群体性的心理危机状态,造成全社会乃至全球的紧张、恐惧和不安。①

第二节 我国公共危机管理体系的核心

应急预案及应急管理体制、机制和法制合称"一案三制",共同构成了我国应急管理体系的基本框架。应急管理的"一案三制"体系是具有中国特色的应急管理体系(表 4-1)。其中,体制是基础,机制是关键,法制是保障,预案是前提,它们具有各自不同的内涵特征和功能定位、是应急管理体系不可

---

① 参见房桂芝、董礼刚:《建立和完善政府危机管理的预防机制》,载《西北农林科技大学学报(社会科学版)》2004 年第 2 期。

分割的核心要素。"一案"为国家突发公共事件应急预案体系,"三制"为应急管理体制、运行机制和法制。应急管理体制主要指建立健全集中统一、坚强有力、政令畅通的指挥机构;运行机制主要指建立健全监测预警机制、应急信息报告机制、应急决策和协调机制;而法制建设方面,主要通过依法行政,努力使突发公共事件的应急处置逐步走上规范化、制度化和法制化轨道。①

表 4-1　中国政府应急管理发展历程的"一案三制"

年份	过程	重要性
2003	全面布置	"非典"事件后,突发公共卫生事件应急预案工作小组成立,开始全面布置政府应急预案编制工作
2004	预案建设	应急管理的重要基础,是中国应急管理体系建设的首要任务
2005	体制建设	国家建立统一领导、综合协调、分类管理、分级负责、属地管理为主的应急管理体制
2006	机制建设	《国家突发公共事件总体应急预案》颁布,规定了突发事件全过程中各种制度化、程序化的应急管理方法与措施
2007	法制建设	在深入总结群众实践经验的基础上,制订各级各类应急预案,形成应急管理体制机制,并且最终上升为一系列的法律、法规和规章,包括制定了第一部应对各类突发事件的综合性法律《突发事件应对法》,使突发事件应对工作基本上做到有章可循、有法可依
2012	法制完善	截至 2012 年 4 月,国家已制定或修订相关法律法规 70 余件,制定各级各类应急预案 240 余万件
2015	专项应急预案	新版《国家突发环境事件应急预案》发布

"一案"与"三制"是一个有机结合的整体,如果把应急管理的"一案三制"体系比喻为一架直升机,那么,"一案"可视为直升机的机体,"三制"则视为直升机的前、后机翼和螺旋桨,即体制是直升机的前机翼(起平稳飞行作用),机制是直升机的后机翼(起平衡、协调作用),法制是直升机的螺旋桨(飞行的动力)。"一案"与"三制"相互依存,共同发展,确保直升机的飞行安全,起到应急救援的作用。②

---

① 参见李美庆、李海江:《浅谈我国应急管理的"一案三制"体系》,载《化工安全与环境》2007 年第 28 期。
② 同上。

一、应急预案

应急预案即预先制定的紧急行动方案,具体是指面对突发事件如自然灾害、重特大事故、环境公害及人为破坏的应急管理、指挥、救援计划等。具体来说,应急预案是针对具体设备、设施、场所和环境,在安全评价的基础上,为降低事故造成的人身、财产与环境损失,就事故发生后的应急救援机构和人员,应急救援的设备、设施、条件和环境,行动的步骤和纲领,控制事故发展的方法和程序等,预先作出的科学而有效的计划和安排。[①]

应急预案要求在辨识和评估潜在的重大危险、事故类型、发生的可能性、发生过程、事故后果及影响严重程度的基础上,对应急管理机构与职责、人员、技术、装备、设施(备)、物资、救援行动及其指挥与协调等预先作出具体安排,用以明确事前、事发、事中、事后各个进程中谁来做、怎样做、何时做以及相应的资源和策略等。[②]

(一)突发公共事件分类

一般来说,突发公共事件可以分为以下几种类型:第一,按照成因分为自然性突发公共事件、社会性突发公共事件;第二,按照危害性分为轻度、中度、重度危害突发公共事件;第三,按照可预测性分为可预测的、不可预测的突发公共事件;第四,按照可防可控性分为可防可控的、不可防不可控的突发公共事件;第五,按照影响范围分为地方性、区域性或国家性、世界性或国际性地方性突发公共事件。

2006年1月,国务院发布《国家突发公共事件总体应急预案》。该预案规定,根据突发公共事件的发生过程、性质和机理,突发公共事件主要分为以下四类:一是自然灾害,主要包括水旱灾害、气象灾害、地震灾害、地质灾害、海洋灾害、生物灾害和森林草原火灾等;二是事故灾难,主要包括工矿商贸等企业的各类安全事故、交通运输事故、公共设施和设备事故、环境污染和生态破坏事件等;三是公共卫生事件,主要包括传染病疫情、群体性不明原因疾病、食品安全和职业危害、动物疫情以及其他严重影响公众健康和生

[①] 参见李美庆、李海江:《浅谈我国应急管理的"一案三制"体系》,载《化工安全与环境》2007年第28期。

[②] 参见刘功智、刘铁民:《重大事故——应急预案编制指南》,载《劳动保护》2004年第4期。

命安全的事件；四是社会安全事件，主要包括恐怖袭击事件、经济安全事件、涉外突发事件等。各类突发公共事件按照其性质、严重程度、可控性和影响范围等因素，一般分为四级：Ⅰ级（特别重大）、Ⅱ级（重大）、Ⅲ级（较大）和Ⅳ级（一般）。

对突发公共事件进行分级，目的是落实应急管理的责任和提高应急处置的效能。Ⅰ级（特别重大）突发公共事件由国务院负责组织处置，如汶川地震、2008年南方雨雪冰冻灾害；Ⅱ级（重大）突发公共事件由省级政府负责组织处置；Ⅲ级（较大）突发公共事件由市级政府负责组织处置；Ⅳ级（一般）突发公共事件由县级政府负责组织处置。我们还制定了专门的分级标准，其中一条共性的、最重要的标准是人员伤亡，死亡30人以上为特别重大，10人至30人为重大，3人至10人为较大，1人至3人为一般。具体确定时要结合不同类别的突发公共事件情况和其他标准具体分析。

（二）应急预案体系

根据责任主体的不同，我国的应急预案体系包括国家总体应急预案（综合应急预案）、专项应急预案、部门应急预案、地方应急预案、企事业单位应急预案以及针对大型聚会活动的预案等。到2009年，我国已完成的国家总体应急预案、专项应急预案、部门应急预案，基本覆盖了经常发生的突发公共事件的主要方面。

1. 总体应急预案

总体应急预案是从总体上阐述事故的应急方针、政策，应急组织结构及相关应急职责，应急行动、措施和保障等基本要求和程序，是应对各类事故的综合性文件。

2001年年初，上海市启动《上海市灾害事故紧急处置总体预案》编制工作，经过两年的努力所完成的《上海市灾害事故紧急处置总体预案》是省级政府中最早编制应对灾害事故的预案。2003年9月，《北京防治传染性非典型肺炎应急预案》公布，使人们进一步认识到突发公共事件管理的重要性。2003年底，国务院办公厅开始进行《国家突发公共事件总体应急预案》的相应研究。

2004年5月，国务院办公厅将《省（区、市）人民政府突发公共事件总体应急预案框架指南》印发各省，要求各省人民政府编制突发公共事件总体应急预案。2005年1月,国务院时任总理温家宝主持召开国务院常务会议,原则通过《国家突发公共事件总体应急预案》和25件专项预案、80件部门预案,共计106件。2005年7月,国务院召开全国应急管理工作会议,标志着中国应急管理纳入了经常化、制度化、法制化的工作轨道。

2006年1月8日,国务院授权新华社全文播发了《国家突发公共事件总体应急预案》。《国家突发公共事件总体应急预案》是全国应急预案体系的总纲,明确了各类突发公共事件分级分类和预案框架体系,规定了国务院应对特别重大突发公共事件的组织体系、工作机制等内容,是指导预防和处置各类突发公共事件的规范性文件。该总体预案的出台使得政府公共事件管理登上了一个新台阶。随后,各省市陆续开始按照该总体预案及其框架指南编制地方应急预案。

从2003年底开始,在国务院应急预案工作组的统一组织指挥下,国家有关部门完成了9个事故灾难类专项应急预案和22个事故灾难类部门应急预案编制工作。31个省(区、市)人民政府和新疆生产建设兵团及部门针对实际情况,制订发布了有关应急预案,大部分市(地)和一些县也已基本完成了应急预案的编制和发布。

2. 专项应急预案

专项应急预案主要是国务院及其有关部门为应对某一类型或某几种类型突发公共事件而制定的应急预案。它一般是针对具体的事故类别(如煤矿瓦斯爆炸、危险化学品泄漏等事故)、危险源和应急保障而制订的计划或方案,是综合应急预案的组成部分,应按照应急预案的程序和要求组织制订,并作为综合应急预案的附件。专项应急预案应制定明确的救援程序和具体的应急救援措施。

截至2017年,我国已发布的国家专项应急预案包括:《国家自然灾害救助应急预案》《国家防汛抗旱应急预案》《国家地震应急预案》《国家突发地质灾害应急预案》《国家森林火灾应急预案》《国家安全生产事故灾难应急预案》《国家处置铁路行车事故应急预案》《国家处置民用航空器飞行事故应急预案》《国家海上搜救应急预案》《国家处置城市地铁事故灾难应急预案》《国家处置电网大面积停电事件应急预案》《国家核应急预案》《国家突发环境事件应急预案》《国家通信保障应急预案》《国家突发公共卫生事件应急预案》

《国家突发公共事件医疗卫生救援应急预案》《国家突发重大动物疫情应急预案》《国家食品安全事故应急预案》。

2006年1月23日新华社发布的《国家安全生产事故灾难应急预案》是《国家突发公共事件总体应急预案》中事故灾难类突发公共事件9项专项应急预案的首项。各级安全监管部门及其他有关安全监管职责的部门要在政府的统一领导下,根据国家安全生产事故有关应急预案,分门别类地制修订本地区、本部门、本行业和领域的各类安全生产应急预案。各生产经营单位要按照《生产经营单位安全生产事故应急预案编制导则》制订应急预案,建立健全包括集团公司(总公司)、子公司或分公司、基层单位以及关键工作岗位在内的应急预案体系,并与政府及有关部门的应急预案相互衔接。

地方政府有关部门制订的有关安全生产事故应急预案要报上一级人民政府有关部门和安全监管部门备案。生产经营单位的安全生产事故应急预案,要报所在地县级以上人民政府安全生产监督管理部门和有关主管部门备案,并告知相关单位。中央管理企业的安全生产事故应急预案,应按属地管理的原则,报所在地的省(区、市)和市(地)人民政府安全生产监督管理部门和有关主管部门备案;中央管理企业总部的安全生产事故应急预案报国家安全监管总局和有关主管部门备案。各级安全监管部门要把安全生产事故应急预案的编制、备案、审查、演练等作为安全生产监督、监察工作的重要内容,通过应急预案的备案、审查和演练,提高应急预案的质量,做到相关预案相互衔接,增强应急预案的科学性、针对性、实效性和可操作性。依据有关法律、法规和国家标准、行业标准的修改变动情况,以及生产经营单位生产条件的变化情况、预案演练过程中发现的问题和预案演练的总结等,及时对应急预案进行修订。

生产经营单位要积极组织应急预案的演练,高危企业每年至少要组织一次应急预案的演练。各级安全监管部门要协调有关部门,每年组织一次高危企业、部门、地方的联合演练。通过演练,检验预案、锻炼队伍、教育公众、提高能力,促进企业应急预案与政府、部门应急预案的衔接,使应急预案不断完善。

为了规范和指导生产经营单位制订和完善应急预案的编制和发布,国务院应急预案工作组制定了《生产经营单位安全事故应急预案编制导则》,

于2006年以安全生产行业标准AQ9002-2006下发。许多地方已将生产经营单位的应急预案编制管理列为安全监管的重要内容，在核发安全生产许可证、经营许可证等证照和建设项目交工验收中将应急预案编制管理情况作为必查项目，有力推动了生产经营单位预案编制工作的开展。

2014年12月，国务院办公厅印发新版《国家突发环境事件应急预案》。2005年《国家突发环境事件应急预案》予以废止。所谓突发环境事件，是指由于污染物排放或自然灾害、生产安全事故等因素，导致污染物或放射性物质等有毒有害物质进入大气、水体、土壤等环境介质，突然造成或可能造成环境质量下降，危及公众身体健康和财产安全，或造成生态环境破坏，或造成重大社会影响，需要采取紧急措施予以应对的事件，主要包括大气污染、水体污染、土壤污染等突发性环境污染事件和辐射污染事件。

目前，一些企业集中时间，投入大量人力、物力，加快了应急预案编制步伐。一些企业在编制总体预案的基础上，其下属的各级企业单位也都编制了相配套的安全生产应急预案，企业内部自下而上，形成了比较完整的应急预案体系。

3. 现场处置方案

现场处置方案是针对具体的装置、场所或设施、岗位所制定的应急处置措施。现场处置方案应具体、简单、针对性强。现场处置方案应根据风险评估及危险性控制措施逐一编制，做到事故相关人员应知应会，熟练掌握，并通过应急演练，做到迅速反应、正确处置。

另外，部门应急预案是国务院有关部门根据总体应急预案、专项应急预案和部门职责为应对突发公共事件制订的预案。突发公共事件地方应急预案具体包括：省级人民政府的突发公共事件总体应急预案、专项应急预案和部门应急预案；各市（地）、县（市）人民政府及其基层政权组织的突发公共事件应急预案。上述预案在省级人民政府的领导下，按照分类管理、分级负责的原则，由地方人民政府及其有关部门分别制订。

（三）评估

当前应急预案评估研究较少，对于如何开展评估工作，认为可以考虑从以下三个方面着手进行。第一，在应急预案实施前，从其编制原则、内容要素等方面进行评估；第二，在应急预案实施后，借鉴项目管理中后评估理论进行评估;第三,借助网络计划,针对突发事件对时间要求较高而资源往往很难在有效时间内到达的情况,提出资源保障率的概念,分析在当前资源布局下对突发事件的控制程度。①

二、应急管理体制

在应急管理体制方面,主要是建立健全集中统一、坚强有力、政令畅通的指挥机构。2003年"非典"发生后,依托各行政部门设立的跨部门、跨单位的专项应急管理议事协调机构迅速建立起来,如国务院防治非典型肺炎指挥部。2006年4月,国务院成立应急管理办公室,各省(区、市)政府也都组建了各自的应急管理办公室,与现有各专业应急指挥机构一起,初步形成分级响应、属地管理、信息共享、分工协作的应急组织管理体系。2008年,国务院应急管理办公室(国务院总值班室)被设为国务院办公厅内设机构,相应各部门、各地方也纷纷设立专门的应急管理机构,完善应急管理体制。国家防汛抗旱、抗震救灾、森林防火、灾害救助、安全生产、公共卫生、通信、公安、反恐怖、反劫机等专业机构的专业应急指挥与协调机构也进一步完善。国务院是突发公共事件应急管理工作的最高行政领导机构,在国务院总理领导下,由国务院常务会议和国家相关突发公共事件应急指挥机构负责突发公共事件的应急管理工作;必要时,派出国务院工作组指导有关工作。国务院办公厅设国务院应急管理办公室,履行值守应急、信息汇总和综合协调职责,发挥运转枢纽作用。全国安全生产应急救援组织体系由领导决策层、管理与协调指挥系统、应急救援队伍三个层次组成。各级安全监管部门都要明确应急管理机构,落实应急管理职责。

三、应急管理运行机制

应急管理运行机制涵盖突发公共事件前、事发、事中和事后全过程,主要是建立健全监测预警机制、应急信息报告机制、应急决策和协调机制。监测预警机制主要包括:建立监测机构和监测网络,由省级、市级行政主管部门设立的监察员对监测机构和监测网络进行检查监督。应急信息报告机制

---

① 参见于瑛英、池宏、高敏刚:《应急预案的综合评估研究》,载《中国科技论坛》2009年第2期。

主要指建立条块结合的应急信息平台。应急决策和协调机制是指建立应急管理工作的协调机制,其作用是理顺各应急救援指挥机构的工作关系,协调《国家突发公共事件总体应急预案》与已有预案之间的关系。同时,积极推进资源整合和信息共享,形成协同应对事故灾难的合力。截至 2012 年 4 月,我国已建立健全覆盖省市县乡四级的全国传染病与突发公共卫生事件网络直报系统,完善了气象、地震等监测网络。[①]

(一) 事故灾难监测预警机制

美国"9·11"事件、韩国大邱地铁火灾以及国内外地震、海啸灾难等的发生,让人们感受到了天灾人祸的不可预知。在这种背景下,人们对建立全国性的突发事件预警反应机制给予了充分的关注。目前,我国已建立的事故灾难监测预警系统如下:

1. 化学品事故预警

科技部、北京 2008 年奥运会组委会在"奥运科技专项"课题中设立了"化学品相关紧急事故处理及决策支持信息系统"项目,该项目为奥运会主要场馆等重要地区周边的化学危险源建立地理信息系统,以保证做到第一时间控制事故现场,将危害降到最低点。该项目主体之一的"危险化学品应急技术中心"依托于北京市劳动保护科学研究所,已经建立了危险化学品数据库、化学品应急 24 小时电话咨询系统、危险化学品运输安全卡系统、北京市危险化学品地理信息系统及快速应急检测实验室等系统和设施。2016 年修订的《北京市危险化学品事故应急预案》规定,各区县危险化学品事故应急预案包括各区县政府专项应急预案和区县相关部门应急预案、街道(乡镇)危险化学品应急预案。各区县政府专项应急预案报市政府备案。

2. 地铁预警

北京地铁有两套自动防火设施:一套为两级自动监控系统,对地铁车站内的情况进行监控,另一套为自动灭火喷淋系统,可以针对不同的火灾原因进行调控。另外,地铁隧道里还设有专门的排烟装置,一旦发生火灾,隧道内的事故风机系统就会启动,在最短时间内将有毒烟雾排到外面,防止乘客窒息。

---

① 参见高悦:《SARS 后的"一案三制"》,载《中国医院院长》2013 年第 5 期。

3. 沙尘暴监测预警

我国从1993年开始通过卫星遥感技术对沙尘暴进行监测,气象部门能在48小时内对大风和沙尘暴天气作出预警。2002年5月15日,我国自行研制的第一代极轨气象卫星顺利发射成功,一套极端天气的预警体系正逐步完善。国家气象局已启动沙尘暴监测预警服务系统的一期工程,提供针对沙尘天气的特种监测资料。2003年2月,环保和气象部门提前启动包括卫星和地面监测站在内的沙尘暴监测系统,我国沙尘暴的发生时间、地点和强度及影响范围等情况将被精确预报和严密监测。2004年,我国完成了沙尘暴监测预警服务系统一期工程建设,开展了沙尘暴大气特性和地表状况等观测项目的建设,国家气候中心首次向公众发布沙尘暴气候趋势展望,沙尘暴数值预报模式投入业务运行。"十二五"期间,沙尘暴监测预警和应急处置能力明显提升,有效应对42次沙尘天气。[①]

(二) 应急信息报告机制

自然灾害、公共卫生和社会安全等方面的突发事件可能引发安全生产事故灾难的信息,有关各级、各类应急指挥机构均应及时通报同级安全生产应急救援指挥机构。安全生产事故灾难应急救援指挥机构应当及时分析处理上述信息,并按照分级管理的程序逐级上报,紧急情况下,可越级报告。

突发安全生产事故灾难发生后,事故现场有关人员应当立即报告单位负责人,单位负责人应当立即报告当地人民政府、上级主管部门和相关部门。

当地人民政府和相关部门应当逐级上报事故情况,并在两小时内报至省政府应急管理办公室,同时抄送省安全生产应急救援指挥中心办公室,紧急情况下,可越级上报。

全国条块结合的应急信息平台由国务院办公厅设国务院应急管理办公室,履行值守应急、信息汇总和综合协调职责,发挥运转枢纽作用;国务院有关部门依据有关法律、行政法规和各自职责,负责相关类别突发公共事件的应急管理工作;地方各级人民政府是本行政区域突发公共事件应急管理工

---

① 参见焦玉海、欧日明:《"十二五"我国生态保护能力显著增强》,载《中国绿色时报》2016年1月11日。

作的行政领导机构。同时,根据实际需要聘请有关专家组成专家组,为应急管理提供决策建议。

第一时间发布信息,是对公众知情权的尊重。《国家突发公共事件总体应急预案》明确,突发公共事件的信息发布应当及时、准确、客观、全面。要在事件发生的第一时间向社会发布简要信息,随后发布初步核实情况、政府应对措施和公众防范措施等,并根据事件处置情况做好后续发布工作。信息发布形式主要包括授权发布、散发新闻稿、组织报道、接受记者采访、举行新闻发布会等。这意味着社会公众有了获得权威信息的渠道。

(三) 应急决策和协调机制

理顺各级安全生产应急管理机构与安全生产应急救援指挥机构、安全生产应急救援指挥机构与各专业应急救援指挥机构的工作关系。对于隶属于省级煤矿安全监察机构的矿山应急救援指挥机构,各省级安全监管部门要与省级煤矿安全监察机构共同协商,完善体制、建立机制、理顺关系,做好工作。

加强各地区、各有关部门安全生产应急管理机构间的协调联动,积极推进资源整合和信息共享,形成统一指挥、相互支持、密切配合、协同应对事故灾难的合力。要发挥各级政府安全生产委员会及其办公室在安全生产应急管理方面的协调作用,建立安全生产应急管理工作的协调机制。

协调总体预案与已有预案之间的关系涉及如何吸纳、涵盖已有预案的问题。比如公共卫生方面,卫生部门日常中已经有一个突发事件应急条例,规定了部门应急时所行使权力的部门、形式等,但如果碰到单个部门无法处理问题需要上升到国务院层级时,就涉及一个指挥权、监督权联动的问题。比如《国家紧急状态法》就要首先考虑到与预案相适应、相协调的问题;其次是落实的问题,如何让它落到实处要依靠分类预案的制定,各地方相关部门也要紧密配合,要抓贯彻,抓落实。

四、应急管理法制

我国应急管理法制体系属条、块结合型,中央人民政府、省、市、县、镇(区)人民政府的纵向应急管理与国务院各部、委、地方管理局的横向管理结合构成具有中国特色的应急管理法制体系。2007年颁布的《突发事件应对法》是我国适用于各类普通突发公共事件全过程的应急管理基本法。就应急管理单行法而言,我国现有如下几类应急法律法规:(1)自然灾害类,包括《水法》《防沙治沙法》《防震减灾法》《森林法》《地质灾害防治条例》等17部;(2)事故灾难类,包括《环境保护法》《建筑法》《海上交通安全法》《大气污染防治法》《海洋环境保护法》《放射性污染防治法》《民用核设施安全监督管理条例》《生产安全事故报告和调查处理条例》《矿山安全法实施条例》等39部;(3)公共卫生事件类,包括《传染病防治法》《动物防疫法》《突发公共卫生事件应急条例》《国境卫生检疫法》等11部;(4)社会安全事件类,包括《民族区域自治法》《戒严法》《人民警察法》《监狱法》《信访条例》《企业劳动争议处理条例》等36部。

2005年7月22至23日,国务院在北京召开全国应急管理工作会议。国务院总理温家宝出席会议,并发表重要讲话,强调全面履行政府职能建设管理好应急体系。强化法治,依靠科技。要加快应急管理的法制建设,形成中国特色的应急管理法制体系,把应急管理工作纳入规范化、制度化、法制化轨道。高度重视运用科技提高应对突发公共事件的能力,加强应急管理科学研究,提高应急装备和技术水平,加快应急管理信息平台建设,形成国家公共安全和应急管理的科技支撑体系。

2006年6月15日发布的《国务院关于全面加强应急管理工作的意见》对应急管理法制体系提出以下要求:健全应急管理法律法规。要加强应急管理的法制建设,逐步形成规范各类突发公共事件预防和处置工作的法律体系。抓紧做好突发事件应对法的立法准备工作和公布后的贯彻实施工作,研究制定配套法规和政策措施。国务院各有关部门要根据预防和处置自然灾害、事故灾难、公共卫生事件、社会安全事件等各类突发公共事件的需要,抓紧做好有关法律法规草案和修订草案的起草工作,以及有关规章、标准的修订工作。各地区要依据有关法律、行政法规,结合实际制定并完善应急管理的地方性法规和规章。

目前,我国安全生产应急管理法制建设有较大程度进展,相关的法规、条例正在加紧制定和出台当中。2007年4月9日国务院发布《生产安全事故报告和调查处理条例》(国务院令第493号),2007年6月1日起施行。《安全生产应急管理条例(草案)》经国家安全生产监督管理总局审议后,上报国务院,经征求意见后,国务院法制办会同国家安全生产监督管理总局对条例内容进行修改,形成《生产安全事故应急条例(征求意见稿)》。另外,公安部、交通部和国家安全生产监督管理总局等部门还下发了《重特大事故信息报送及处置程序》等一些相应的规章、规范性文件。地方性应急救援法规建设也在进一步加强。但总体而言,我国应急管理法制体系的建立任务还是十分艰巨的,涉及很多社会问题。①

第三节 我国公共危机管理存在的问题

一、公共危机预防的思想准备严重不足

现实生活中,由于长期以来人们一直生活在一个相对安全的社会环境之中,导致公众普遍缺乏危机意识,甚至认为安全是理所当然的事,危机不可能降临到自己身上,更没有必要为危机进行各种准备。危机意识的缺失和对危机准备的不足,不可避免地造成民众心理的脆弱,一旦发生突发性危机事件,极易导致危机的扩大化和社会恐慌。

这一方面说明公民自我教育意识不强,另一方面也说明政府在日常工作中,没有把危机预防纳入到政府到政策目标和核心议程之中,更缺乏安全教育和演练,在危机发生后往往只重做好"善后"工作,而不重视从根本上"亡羊补牢"。这是缺乏公共危机预防思想准备的重要表现。

二、公共危机预防的组织机构欠缺

一是缺乏危机管理的常设机构。我国现有的政府危机管理体系,主要依赖于各级政府现有行政机构,经常是遇有危机时就成立一个指挥部或领导小组,具有浓厚的临时色彩,并且这些机构往往是相互独立的,缺乏统一协调性。当公共危机发生后,应对很仓促,效果也不明显。二是缺乏非政府组织的参与。目前我国危机管理不够成熟,其重要表现就是缺乏非政府组织的参与,不能有效发挥非政府组织的作用。

---

① 参见李美庆、李海江:《浅谈我国应急管理的"一案三制"体系》,载《2007年安全、健康和环境经验技术交流会论文集》。

三、公共危机预防的技术和物质准备不足

应对公共危机需要大量的技术和物质准备,技术准备包括应对技术研究、监控和测试技术、危机评估指标等;物质准备主要指援救设施和各种物资储备、资金准备等。例如,松花江苯污染事件的技术物质准备主要是依靠外援,如国家质检总局紧急调拨 300 万元检验资金、国家发改委紧急安排应急供水投资 2000 万元、科技部紧急设立 3000 万元经费支持科学治理水污染等,而吉林省、黑龙江省作为省级单位,对松花江水污染的技术人员、技术设备准备不足,缺乏必要的公共危机预防的技术和物质准备,这值得我们深思。[①]

四、公共危机预防缺乏相应的政策和法律

汶川大地震的发生暴露了我国缺乏应对最高级别公共危机的法律,这次地震灾害中政府响应所依据的是政府文件,如 1995 年国务院颁布施行的《破坏性地震应急条例》等。当然,我国也制定了一些相应的法律。但是,它们都或多或少存在一些缺陷或不足。例如,1997 年全国人大审议通过、1998 年 3 月实施的《防震减灾法》是侧重于防范性的法律,2008 年修订后扩展到地震监测预报、地震灾害预防、地震应急救援、地震灾后过渡性安置和恢复重建等防震减灾活动。防震减灾工作,实行预防为主、防御与救助相结合的方针。又如,2007 年全国人大审议通过并实施的《突发事件应对法》无法应对像汶川大地震这样的重大自然灾害。因此,在面对汶川大地震这样重大的危机时,国家在社会人力、物力动员以及控制并最终消除危机方面难以有效开展工作。

另外,在危机事件发生后,各地区、各部门之间应当依法做好协调工作,相关危机处置工作做到有法可依。然而,实践中,许多工作的衔接、责任的明确,是依靠行政命令的方式来保障和实现的,紧急情况下的指挥也缺乏必要的法律授权。这既不利于工作效率的提高,也为一些危机事件的善后处

[①] 参见魏志荣:《论公共危机预防机制建设——关于松花江 11·13 苯污染事件若干问题的思考》,载《法制与经济》2006 年第 6 期。

理工作埋下了许多隐患。①

思考题

1. 简述转型期我国公共危机的特点。
2. 我国公共危机管理体系的核心是什么？
3. 突发公共事件有哪些分类？
4. 我国公共危机管理中存在哪些问题？

---

① 参见谭卫国、但锐:《公共危机预防机制的构建:以政府有效应对汶川大地震为研究主体》,载《湖北社会科学》2009年第7期。

第五章 风险统计模型及应用

本章要点

1. 名词概念：事件史分析、生命表、Cox 比例风险模型、生存时间、生存分析、马尔可夫模型、马尔可夫链、半马尔可夫模型。
2. 了解事件史分析方法的概念、特点及模型。
3. 了解 Cox 比例风险模型的相关概念、类别及应用领域。
4. 了解马尔可夫模型的概念、数学表达及应用领域。
5. 了解风险统计模型的应用领域。

导语

本章选择性介绍了公共危机管理核心中的一些风险统计模型，如事件史分析方法、Cox 比例风险模型和马尔可夫模型，并通过案例具体介绍了风险统计模型在实际中的应用。

第一节 事件史分析方法

事件史分析，是研究社会现象动态过程的一类统计模式。

事件发生的方式可以用很多形式表达，比如风险函数、生存函数、概率密度函数、累计分布函数。它们都是事件发生方式的时间函数。其实，从数学上说，这四个概念是等价的。也就是说，如果我们知道这四个函数中的一个，就可以推导出其他所有函数。然而，所有的事件史分析的统计模型都倾向于使用风险函数,而不用其他函数,这是因为其使用方便和易于解释。

一、生命表

人口学中发展起来的生命表,可能是历时研究中最古老而又相对复杂并完备的事件发生时间分布的分析方法。生命表中的死亡概率 qx 便是一种风险函数。而生存函数则反映死亡事件发生于某一时点之后的概率,即为各时点的尚存人口占原有人口的比例,用公式表示为:

$$S_x = l_x/l_0 = \sum_{i=x}^{\omega-1} d_i/l_0$$

至于累计分布函数则相反,反映了人口中死亡事件发生于某一时点之前的概率,即:

$$F_x = 1 - S_x = (l_0 - l_x)/l_0 = \sum_{i=0}^{x-1} d_i/l_0$$

注意:生命表是以时间分布形式描述群体死亡事件的发生方式。然而,对每一个个体而言,只有死亡的发生时间问题,更确切地说是其出生至死亡的时间间隔问题。事件史分析方法定义这种间隔为持续期,只要我们换用另外一对起点和终点,便可以将这种方法推广到更广阔的研究领域,比如从结婚到初育、从参加工作到初次晋升等。事件史分析的另一个基本概念是风险集,它表示一批在不同时点上经历某一事件风险的对象,与生命表中的尚存人口相对应。

然而,生命表采用汇总形式统计,损失了个体的其他特征信息与死亡年龄之间的联系。如果我们要研究死亡与其他影响因素的关系,只能先将人口进行分类(如按性别)后,分别计算生命表并比较相应的统计值。这种方法效率很低,需要很大样本规模才行。比如,当我们只考虑性别和城乡两个最简单的分类变量时,便需要计算四个生命表来加以对比。当变量为收入或受教育年限等连续变量时,便先要将其转换为只含少数类别的分类变量,否则根本不可能再用生命表比较的方法了。

二、回归分析的局限性

像回归分析这样的常规多元统计方法不能应用于事件发生时间的研究,这是因为事件史数据有两个基本特征:(1)风险或生存在时间上都属于倾斜分布。这样一来,便违反了回归方法要求变量是正态分布的假设条件。
(2)事件史数据存在大量删截现象。所谓删截,是指调查时大量案例尚未发生死亡(或其他研究事件),即生存尚在继续,其死亡时间未知。常规的回归模型不能处理删截案例。同时,将删截案例排除于分析之外也不行。一方面,这样做便浪费了信息,因为删截案例虽然没有提供确切的死亡发生时间,但并不是没有提供信息,它们提供的信息是到调查时它们已经生存了多少年。另一方面,要是删截案例与未删截案例之间存在系统性差别,如删截案例普遍教育水平较高,那么排除删截案例后的教育水平影响的回归结果便会产生系统性偏差。

此外,常规回归不能容纳动态自变量(也称"时变变量",指随时间而变的自变量)。在历时研究中,一类自变量只因人而异,但是不随时间而变(如性别、种族);另一类自变量不仅因人而异,而且随时间变化。这种动态信息并不能通过在模型中纳入多个代表不同时点的自变量来解决。例如,婚前不久的收入对于是否结婚有特殊重要意义,即这时的收入与结婚有具体时序间隔要求,在模型中纳入任何确定年龄的收入都不解决问题,因为每个人的结婚年龄不同。如果确定了较小的收入参照年龄会导致部分对象在这个年龄离结婚还很远,而确定较大的参照年龄则会使另一部分对象是在用婚后的收入来解释是否结婚,违反了前因后果的原则。

三、事件史分析

事件史分析可以令人满意地解决变量的偏态分布、删截及动态自变量等历时数据中特有的问题,因而可以充分利用其中所包含的相关事件明确的时间顺序,将因果关系定量地揭示出来。虽然我们经常形象地比喻事件史分析是"生命表+回归分析",但其实它并不是这两种方法的简单相加。

事件史分析模型分为两类,即离散时间模型与连续时间模型。这涉及持续期的时间单位,隐含着事件发生时间的测量准确性问题。时间本来是连续变量,但如果时间单位取得很大(如以一年或更长的时间),通常将其作为离散时间对待。

(一)离散时间事件史分析模型

对于离散时间单位,主要采用离散时间 Logit 模型。其思路是:$P(t)$代表某人在时间 t 上发生某事的概率。我们可以运用下列 Logit 模型方程简化式拟合观察数据：

$$\ln \frac{P(t)}{1-P(t)} = a(t) + b_1 x_1 + b_2 x_2(t)$$

其中，x 代表一般自变量，$x(t)$ 代表动态自变量。$a(t)$ 是截距，只要模型中还有代表不同时期的虚拟变量，它便会随时期变化。这样，我们就可以应用常规 logistic 回归进行系数估计和检验，解释各自变量对事件的影响。

在分析连续时间单位的事件史数据时，又有非参数模型和参数模型之分。非参数模型用不着对事件发生分布作任何假设，而参数模型则需要假设事件发生分布服从某种数学函数。当理论上已知事件发生时间分布时，非参数模型不如参数模型有效，因为数据所包含的信息不能得到充分利用。然而，在事件发生时间分布未知时，非参数模型却更有效。在这种情况下，由于非参数模型更为稳健，因而可以避免由于错误设定事件分布可能造成的误差。

在很多情况下，事件发生时间的参数形式是未知的，需要对此加以估计。在大样本时通常采用生命表估计，将持续期的时间长度划分为所需的间隔分组来计算事件发生的时间分布。在小样本时通常采用 Kaplan-Meier 估计，它实际上是生命表的一个特例。这两种方法都属于非参数估计方法，即用不着对理论分布作任何假设。另外，还可以通过参数方法来进行估计。

（二）连续时间事件史分析模型

连续时间模型有很多，但使用最广的是 Cox 比例风险模型。用 $h(t)$ 来代表风险率，Cox(1972)提出可以估算下列比例风险模型：

$$\ln h(t) = a(t) + b_1 x_1 + b_2 x_2$$

这里，$a(t)$ 是基准风险函数，可以任何形式出现。由于 $a(t)$ 并未规定，从这个意义而言，Cox 模型是一种半参数模型，根据对 $a(t)$ 的不同规定，它可以转化为非参数模型或不同的参数模型。同时，由于对任意两个事件 i 和 j，两者的风险之比是一个常数，只取决于个人特征而与时间 t 无关。从这个意义上讲，Cox 模型又是成比例的。然而，一旦引入动态自变量（比如将"x_i"换为"$x_i(t)$"），这个模型就不再是成比例的了。Cox 的巨大贡献在于对这一模型的估计提出了很好的方法。

四、事件风险的时间分布

在某些研究场合中,还需要对事件风险的时间分布提出假设,如指数分布模型、Gompertz 分布模型、Weibull 分布模型。这三种模型都属于比例风险模型的大类,并且都可以通过最大似然估计方法来估计参数。但是,这三种模型的一个缺陷是,在加上动态协变量以后模型估计就变得很难。此外,还有一种加速失效时间模型。

至于哪一种模型最好,取决于不同的研究需要。另外,在考虑拟合模型的类型时,还需要知道所用的计算机软件能够拟合哪些模型。社会科学研究经常应用的估计生存模型的常用软件有:SPSS、SAS、STATA 等。其中 SPSS 菜单化程度很高,利用其 logistic 回归功能,可以估计离散时间 logit 模型。在其生存分析部分,包括:生命表估计、Kaplan-Meier 估计、Cox 比例风险模型(分为不带动态协变量的和带有动态协变量的两种)。但它还不能估计其他参数模型。SAS 软件和 STATA 软件的统计功能比 SPSS 软件强大,如 SAS 在其 PROC LIFEREG 程序还可以作加速失效时间模型分析,STATA 可以进行许多关于生存模型的统计检验,还可以估计 Weibull 和指数模型。

五、事件史分析方法的数据要求

事件史分析方法对于数据有特殊的要求。它必须采用固定样本的历时数据。通过追踪调查得到的固定样本数据是最理想的,但这种调查要求事先有极为细致的研究设计,一旦开始调查项目便不能更改。另外,通过在一次性调查中加入回顾性问题也可以得到事件史数据,如我国多次生育率调查中都包括生育史的信息。但严格地讲,这种数据并不是事件史分析最理想的数据,因为虽然生育变量具有历时动态,但作为解释变量的其他特征(如受教育、城乡等状况)则是调查实施时的截面状况,而不是事件发生时的状况。在使用这些解释变量时实际上要假设其值从研究事件发生前至调查时间没有改变过。这种假设有时比较合理,有时则不一定合理。明艳等[1]的

---

[1] 参见明艳、丁志宏、段成荣:《2000 年中国人口流迁研究综述》,载《西北人口》2001 年第 4 期。

研究表明,在是否迁移的常规 logistic 回归中,尽量根据调查提供的信息将解释变量值"倒推"回迁移之前的状况,能够显著提高模型的解释能力和各解释变量作用的显著程度。另外,还需要注意回顾性调查往往会发生遗忘性、隐瞒性误差,并且还可能产生死亡选择性带来的系统偏差。

此外,事件史分析有比较特殊的数据格式要求,在正式开展分析之前往往需要对事件史数据进行预先处理。①

第二节 Cox 比例风险模型

Cox 模型是生存分析的一种半参数模型,最早由 Cox 于 1972 年提出②,也称作 Cox 比例风险模型(Cox Proportional Hazards Model)。Cox 模型允许包括删失数据(在观测时间内没有特定事件发生的数据)的存在,可以同时分析众多因素对生存时间的影响。

随着经济的增长、卫生保健事业的发展、疾病谱的变化和平均寿命的提高,有关肿瘤、慢性病、老年疾病的临床试验和流行病学方面的随访研究日益增多和重要,这些临床试验和随访研究的资料都可以整理为生存资料。目前对生存资料的多因素分析最常用的方法是 Cox 比例风险模型。

一、概念综述

(一)生存时间(survival time)

生存时间是指从某种起始事件到达某终止事件所经历的时间跨度。对于追踪研究,生存时间就是追踪观察持续的时间。生存时间常用符号 t 表示。举例来说,临床上冠心病病人在两次发作之间的时间间隔为生存时间;流行病学中,生存时间为从开始接触危险因素(如饮用了含有病菌的饮料)到发病所经历的时间;动物实验中,生存时间则为从开始给药到动物死亡所经历的时间等。

生存时间包括了完全数据(complete data)与截尾数据(censored data)

---

① 参见郭志刚:《历时研究与事件史分析》,载《中国人口科学》2001 年第 1 期。
② See Cox, D. R. Regression models and life-tables. Journal of the Royal Statistical Society, 1972, 34(2):187—220.

两种数据。

（1）在追踪观察中，当观察到了某观察对象的明确结局时，该观察对象所提供的关于生存时间的信息是完整的，这种生存时间数据称为"完全数据"。

（2）在实际追踪观察中，由于某种原因无法知道观察对象的确切生存时间，这种生存时间数据称为"截尾数据"。

（二）生存分析（survival analysis）

所谓生存分析，就是推断非负随机变量 T（如 T 是"人的寿命"）的分布规律，即研究 $S(t)=\Pr(T>t)$ 的分布规律。此处的"人的寿命"是一个广义的概念，可以是"某种疾病复发的间隔时间"，可以是"某种机器的寿命"，或者任何感兴趣的对象的事件时间（event-time）。生存分析数据有自己的特点，如数据有被删失的可能，以及跟踪（follow-up）时间可以不相同等等。所以，生存分析的目的就是在假设 $T\sim S(t)$ 的情况下，如何根据含有删失的观测值去推断 $S(t)$。生存分析一般可以通过三种方式建模。

（1）非参数模型：假设 $T\sim F(t)$，但由于有删失的观测出现，一般的经验分布函数再无法用于估计 $F(t)$ 的分布，它的替代版本是 Kaplan-Meier（KM）估计，KM 估计相当于含有删失情形的数据的"经验分布"函数。事实上，当没有删失数据的时候，KM 估计就退化为通常的经验分布函数。

（2）完全参数化模型：假设 $T\sim F(t,\theta)$，如指数分布、Weibull 分布等等。此时可以采用通常的最大似然估计方法。当然，这里的参数 θ 可以进一步参数化为带有协变量 Z 的情形，如 $\theta=\exp(Z^T\beta)$。

（3）半参数模型：最著名的半参数模型就是比例危险率模型（proportional hazard model），或者叫 Cox 模型（因为 $\frac{h_i(t)}{h_0(t)}=\exp[(Z_i^T-Z_j^T)\beta]$，与 $h_0(t)$ 无关，所以称为"成比例"）。即生存时间变量 T 的死亡力度函数定义为 $h(t)=h_0(t)\exp(Z^T\beta)$。这里，$h_0(t)$ 称为"baseline"，可以是完全未知的函数，z 是协变量。

二、Cox 比例风险模型

影响生存时间的长短不仅与治疗措施有关，还可能与病人的体质、年龄、病情的轻重等多种因素有关。如何找出它们之间的关系呢？对生存资料不能用多元线性回归分析。1972年，英国统计学家Cox提出了一种能处理多因素生存分析数据的比例危险模型。

（一）数据结构

设含有 p 个变量 $X_1, X_2, \cdots, X_P$ 及时间 t 和结局 C 的 n 个观察对象。其数据结构见表5-1。

表 5-1 Cox 模型数据结构

实验对象	t	C	X_1	X_2	X_3	$\cdots$	X_P
1	t_1	1	a_{11}	a_{12}	a_{13}	$\cdots$	a_{1p}
2	t_2	0	a_{21}	a_{22}	a_{23}	$\cdots$	a_{2p}
3	t_3	0	a_{31}	a_{32}	a_{33}	$\cdots$	a_{3p}
$\cdots$	$\cdots$	$\cdots$	$\cdots$	$\cdots$	$\cdots$	$\cdots$	$\cdots$
n	t_n	1	a_{n1}	a_{n2}	a_{n3}	$\cdots$	a_{np}

（二）Cox回归模型相关概念

1. 风险率（hazard rate）

患者在 t 时刻仍存活，在时间 t 后的瞬间死亡率，以 $h(t)$ 表示。

$$h(t) = \frac{死于区间(t+\Delta t)的病人数}{在 t 时刻尚存的人数 * \Delta t}$$

2. Cox回归模型的构造

多元线性回归模型：

$$\hat{y}_i = b_0 + b_1 x_{1i} + b_2 x_{2i} + \cdots + b_p x_{pi}$$

Logistic 回归模型：

$$\ln[p/(1-p)] = \beta_0 + \beta_1 X_1 + \cdots + \beta_p X_p$$

（三）Cox比例风险回归模型

仅考虑连续随机变量的情形。危险率函数（也称为"死亡力度"）定义为：

$$h(t) = \lim_{\Delta t \to 0^+} \Pr(T \leqslant t + \Delta t \mid T > t)/\Delta t$$

而累计危险率则为：

$$H(t) = \int_0^t h(u)\,du$$

容易证明

$$h(t) = dF(t)/[1-F(t)] = -\frac{\partial}{\partial t}\log S(t)$$

从而

$$S(t) = \exp(-H(t))$$

下面得到一般情形下的似然函数：

当 $t_i = s_i$ 的时候，提供的信息是：一方面观测到真实的寿命 s_i；另外一方面告知，删失时间 c_i 是大于 t_i 的，所有似然是 $f(t_i)[1-G(t_i)]$。

同理，在 $t_i = c_i$ 的时候，得到似然为 $g(t_i)[1-F(t_i)]$。

于是有

$$L = \prod_{i=1}^{n} \{f(t_i) * [1-G(t_i)]\}^{\delta_i} * \{g(t_i)[1-F(t_i)]\}^{1-\delta_i}$$

抛开与待估参数无关的因素，则有

$$L = \prod_{i=1}^{n} \{f(t_i)\}^{\delta_i} [1-F(t_i)]^{1-\delta_i} = \prod_{i=1}^{n} \left[\frac{f(t_i)}{1-F(t_i)}\right]^{\delta_i} [1-F(t_i)]$$

$$= \prod_{i=1}^{n} [h(t_i)]^{\delta_i} [1-F(t_i)]$$

满足 $h_i(t) = h_0(t)\exp(z_i^T\beta)$ 的模型称为"Cox 模型"，也叫"proportional hazards model"，简称"PH 模型"。它的等价形式是：

$$S_i(t) = [1-F_0(t)]^{exp(z_i^T\beta)}$$

一般可以对此模型作如下处理：

（1）可以全参数化 $h_0(t)$ 后，用通常的 MLE 估计参数；

（2）更常用的方法是让 $h_0(t)$ 完全未知，用部分似然（partial likelihood）去估计。

$$L(\beta) = \prod_{i=1}^{n} \left[\frac{\exp(z_i^T\beta)}{\sum_{j\in R(t_i)} \exp(z_j^T\beta)}\right]$$

此处

$$R(t_i) = \sum_{j=1}^{n} I(t_j \geq t_i)$$

为 t_i 处的风险集。

累积危险率函数的估计为：
$$\hat{H}_0(t) = \sum_{T_i \leqslant t} \frac{\delta_i}{\sum_{j \in R(t_i)} \exp(z_j^T \beta)}$$

称为"Breslow-Nelson 估计"。

有大量文献从各种途径去证明上述估计的大样本性质，尤其是 Andersen 等（2012）基于计数过程（counting processes）和鞅（martingale）中心极限定理，证明部分似然估计的大样本性质。

关于 Cox 模型，有很多延伸模型，如 Fan 等（2002）将 Cox 模型延伸到下列形式：
$$h(t) = h_0(t)\varphi(z^T\beta)$$

然后将 $\varphi(x)$ 展开成局部多项式，给出了一个"local partial likelihood"估计含有纵向数据（包括度量误差）的 Cox 模型，文献中也有很多讨论，主要是将协变量 z_i 重新化为 z_{ij}。

（四）Cox 模型表达式

在 Cox 模型中，第 i 个被观测个体的风险（即发生特定事件的概率）为：
$$h(t_{ij}) = h_0(t_j) e^{[\beta_1 X_{1ij} + \beta_2 X_{2ij} + \cdots + \beta_m X_{mij}]}$$
或
$$\log h(t_{ij}) = \log h_0(t_j) + [\beta_1 X_{1ij} + \beta_2 X_{2ij} + \cdots + \beta_m X_{mij}]$$

其中，

$h(t)$ 为在时间 t 处与 X 有关的风险函数（hazard function）；

$h_0(t)$ 为基准（baseline）函数，表示所有预测变量取值为 0 时的风险值，基准函数的形状没有任何限定，仅要求是连续函数；

X 是预测变量（协变量）；

β 是相应协变量的系数；

$\beta_1 X_{1ij} + \beta_2 X_{2ij} + \cdots + \beta_m X_{mij}$ 称为"预后指数"（prognostic index）；

Cox 模型中有参数 β，但基准风险函数没有定义，所以称之为"半参数模型"。

（五）Cox 模型的最大似然估计

Cox 在 1972 年的论文中，不仅提出了一个极具吸引力的模型，而且提供了一种创新的估计方法——偏最大似然估计（partial maximum likelihood stimate）。Cox 模型不能直接提供基准函数的估计，但它的估计具有其他最大似然估计的渐进性特征——一致性、有效性、正态性。一般而言，似然函数基于结果变量的分布，而 Cox 模型对于结果变量的分布没有假定任何分布，不可能建立基于结果分布的似然函数。Cox 似然函数的构建基于事件发生的秩序而不是事件的联合分布，其仅考虑了发生事件观测个体的概率，而没有明确地考察删失个体的概率，故称之为"偏似然"。但是删失个体在删失前的持续生存时间，在似然函数中仍有所体现，即用于计算风险集（在某时间 t 处于风险（事件发生）的个体数量）。

对于 Cox 模型，观测个体的协变量模式会影响有序事件的似然函数。由此就引出了 Cox 模型存在的一个重要问题——打结事件（ties，即至少有两个未删失个体发生事件的时间相同）。在打结事件存在的情况下，在同一时间内有两个或多个被观测个体发生事件，不能断定哪个先发生事件，从而不能精确判断发生事件时刻的风险集的构成。对于这种情况，最常用的方法是 Breslow 法和 Efron 法。Breslow 法在使用上比较简单，而 Efron 法比较精确。

综上，我们可以归纳出 Cox 模型的几点特征：

(1) Cox 模型与基准风险函数的形状无关，不需要定义基准风险函数的函数形式。Cox 模型是一个稳健的模型，其所得到的结果与正确的参数模型所得到的结果非常相似。虽然我们有各种方法来评价模型的拟合优度，但很多情况下仍不能完全确认所用的参数模型是否正确，这时使用 Cox 模型将是安全的选择，它可以给出足够可靠的结果，而不用担心所选参数是否合适。它的不足之处在于，拟合的模型不能提供风险的预测值。

(2) Cox 模型与精确的事件时间无关，仅与事件发生的次序有关。只需要知道事件发生的先后次序，以及删失事件在哪里，而不管评价的时间是日、月、年，都可获得相同的参数估计、标准误以及拟合优度的统计量。

(3) Cox 模型对打结事件敏感，使得分析困难。

(六) Cox 模型的回归系数及解释

$$\log h(t_{ij}) = \log h_0(t_j) + [\beta_1 X_{1ij} + \beta_2 X_{2ij} + \cdots + \beta_m X_{mij}]$$

其中，参数估计 β_m 描述的是协变量 X_m 变化一单位对风险对数值的影响；

$\exp(\beta_m)$ 描述的是协变量 X_m 变化一单位对事件发生风险的影响。

Cox 模型得到的是相对风险而不是绝对值,这里用相对风险率(hazard ratio)来评价一个协变量对风险率增加或减少的影响:

$$\%\Delta h(t) = \frac{e^{\beta(x_i = X_1)} - e^{\beta(x_i = X_2)}}{e^{\beta(x_i = X_2)}}$$

其中,x_i 是协变量;X_1 与 X_2 是该协变量的两个具体取值。

除了风险率,在给定风险函数 $h(t,x) = h_0(t) e^{\sum_{i=1}^{p}\beta_i x_i}$ 后,可得到生存函数及其估计值:

$$S(t,x) = [S_0(t)]^{e^{\sum_{i=1}^{p}\beta_i x_i}}$$

$$\hat{S}(t,X) = [\hat{S}_0(t)]^{e^{\sum_{i=1}^{p}\beta_i x_i}}$$

其中,$\hat{S}_0(t)$、β_i 由计算机程序提供,而 x_i 需要分析者给出。

此外,为判断 Cox 模型的使用是否合适,还需要作比例风险假设的检验。一般的检验方法包括 Log-Log 图形评估方法和 Schoenfeld 残差法。

三、Cox 模型的应用

在利用 Cox 模型对社会问题进行研究过程中,通常会结合生存模型和概率密度模型一起进行解释。Cox 模型的应用不仅数量较多,而且应用的领域也非常广泛——涵盖医疗、社会现象解释、企业管理、金融风险等等领域。

(1) Maria Gutiérrez-Domènech[①] 运用 Cox 模型研究了教育程度、劳动力市场稳定程度、工作状态、社会因素、人口因素对西班牙男女在结婚和生育时间的选择的影响。Maria Gutiérrez-Domènech 在文章里所用的数据来源于 CIS(the Centro de Investigaciones Sociológicas,即社会调研中心)在 1995 年 6 月到 11 月间进行的"家庭和生育调查"。该调查的调查对象为全国范围内 18 岁到 49 岁的个人。有效问卷数量为女性 4021 份,男性 1991 份,分别占收回问卷总数的 83.6% 和 77%。数据被分成男女两组,并且分成 1945—1960 同生群及 1961—1977 同生群两组。与时间有关的变量包括:

---

① See Gutiérrez-Domènech, M. The impact of the labour market on the timing of marriage and births in Spain. Journal of Population Economics,2008,21(1):83—110.

特定状态发生改变时,被观测个体的工作状况和受教育状况。与时间无关的恒定变量包括:兄弟姐妹的数量、父母是否离婚、宗教状况、工作偏好(假设毕业后一年内从事工作就有工作偏好)、地区间迁移。

文章用生存函数表示个体处于特定状态的持续时间,用风险函数表示个体改变特定状态(包括从单身到结婚、从没有孩子到有第一个孩子、从有一个孩子到有两个孩子、从有两个孩子到有三个孩子)的概率。模型形式为:$h(t\mid x)=\phi_1(x)*h_0(t)$。

结果显示,工作对 1945—1960 女性同生群的结婚生子有负面影响,而对 1961—1977 女性同生群有正面影响。不论哪个同生群的男性,工作者都有更大的概率结婚。受过高等教育的女性会延迟第一胎的时间,尤其在 1961—1977 同生群。宗教信仰同时延迟了男性和女性的结婚时间。作者由此找出了西班牙人口出生率和家庭数量下降的原因,并据此提出了相应的政策意见。

(2) Evelyn L. Lehrer[①] 应用 Cox 模型研究了结婚年龄与婚姻关系出现破裂的关系。Lehrer 在文章里所用的数据为"国家家庭增长调查"(National Survey of Family Growth)第五轮及第六轮的数据。第五轮调查于 1995 年进行,第六轮调查于 2002—2003 年进行。调查对象为全国范围内 15—44 岁的个人。第五轮调查只有女性的数据,第六轮调查包括男性和女性的数据。该文将数据限定为在接受调查时至少结婚一次的非西班牙裔白人女性。由此,最后所用数据为第五轮 4413 份,第六轮 2437 份。变量包括:家庭背景特征(包括父母的婚姻状况和是否有信仰)、婚前行为(包括同居、离过婚、有前夫或前妻的孩子)、配偶在结婚时的状态(包括配偶的收入和教育状况)、夫妻差异(包括年龄差异、信仰差异、种族差异、教育水平差距)和结婚时间。

文章用 Cox 模型来评价结婚年龄及其他因素对婚姻破裂的影响。状态持续时间(survival time)为从被调查者第一次结婚到离婚之间的时间。风险函数表达式为:$h(t,z)=h_0(t)\exp(\beta'z)$。其中,$h_0(t)$ 为与时间无关的不限形式的基准风险函数,z 是协变量的向量,β 是协变量的未知系数。

实证结果显示,在 30 岁以前,女性的离婚概率随结婚年龄的增加而降

---

① See Lehrer, E. L. Age at marriage and marital instability: Revisiting the Becker-Landes-Michael hypothesis. Journal of Population Economics,2008,21(2):463—484.

低,到 30 岁以后,女性的离婚概率趋于稳定。

（3）吴冰和王重鸣[①]运用 Cox 模型分析了创业者的教育水平、性格、年龄等因素对创业企业生存率的影响。吴冰等人所写文章里的数据为从华东某市随机抽取的 146 家创业企业。他们对这些企业的生存情况作了跟踪调查,研究截止日期为 2005 年 7 月 31 日,涉及行业包括餐饮、副食、五金、土产、装饰、服装等,得到关于创业者性别、年龄、教育程度、以前职业、政治面貌等相关的个人变量,以及创业的创办时间、注销时间、注销原因、企业收入和行业等企业信息。其中,男性 126 人,女性 20 人,删失数据 31 家。在除去了不显著变量后,模型中所用变量包括创业者的性别、年龄、教育程度等。

经过 Cox 模型分析得到的结果为,创业者的教育水平对小企业的生存有显著影响,教育程度越高的创业者,企业的生存率越高,且不同教育水平之间差异显著。通过 Cox(分层)模型的分析,结果显示在同等教育水平下,各年龄、各性别创业者创办的小企业的生存情况基本一致,不存在显著的差异。

Cox 模型作为一种重要的半参数模型,可以在不限定风险函数的函数形式的情况下对风险进行相对的评估,而且可以处理删失数据。Cox 模型的这种特性使其在各个领域都具有广泛的应用。随着学者们的不断探究、修正和改善,Cox 模型可以更加完善、更有针对性的形式被用来对各种现象和问题进行解释。

第三节　马尔可夫模型

一、马尔可夫模型概述

马尔可夫模型(Markov Model)由苏联数学家安德烈·马尔可夫(Andrey Markov,1856—1922)提出,目前在语音识别领域以及对人力资源供给、市场需求、土地格局变化情况等变量的预测领域有着极为重要的应用。概括来讲,马尔可夫模型的预测是通过将时间序列看作一个随机过程进行

---

① 参见吴冰、王重鸣:《小型创业企业生存分析》,载《科研管理》2007 年第 5 期。

的,它通过对事物不同状态的初始概率与状态之间转移概率的研究,确定状态变化趋势,预测事物的未来。该模型是一种无后效性的随机过程,不需要连续不断的历史数据,只需要近期的资料,这使得它在数据可得性较差的复杂问题中有极大的用武之地。

二、马尔可夫模型的数学表达及应用条件

(一) 马尔可夫过程

马尔可夫模型是马尔可夫过程的模型化,因而应先讨论马尔可夫过程。若随机过程$\{x(t),t\in T\}$对任意有限时序$t_1<t_2<\cdots<t_n\in T$上$x(t_1)$,$x(t_2),\cdots,x(t_n)$相应的状态$a_1,a_2,\cdots,a_n\in A$(状态空间)有:

$$p\{x(t_n)\leqslant a_n\leqslant x(t_{n-1}),\cdots,x(t_1)\}=p\{x(t_n)\leqslant a_n\leqslant x(t_{n-1})\} \quad (1.1)$$

就称具有此性质的随机过程为马尔可夫过程。对于马尔可夫过程,在时刻t_0所处状态已知时,过程在$t>t_0$时刻所处的状态只与t_0时刻的状态有关,而与时刻以前的状态无关。

(二) 马尔可夫链

设有随机过程$\{x(t),t\in T\}$,若对于任意的整数和任意的$a_1,a_2,\cdots,a_n\in A$,条件概率满足:

$$p\{x_n=a_n\mid x_1=a_1,x_2=a_2,\cdots,x_{n-1}=a_{n-1}\}=p\{x_n=a_n\mid x_{n-1}=a_{n-1}\}$$
(1.2)

则称$\{x_n,n\in T\}$为马尔可夫链,它是马尔可夫过程的一种特殊情况。可以看出,马尔可夫链的统计特性决定了条件概率:$p\{x_n=a_n|x_{n-1}=a_{n-1}\}$。确定这个条件概率,是马尔可夫链理论中的重要问题之一。在条件概率$p\{x_n=j|x_{n-1}=i\}$中,$x_n=j$表示在n时刻系统(或过程)处于状态j,故条件概率$p\{x_n=j|x_{n-1}=i\}$表示系统在时刻$n-1$处于状态条件i下,在时刻n系统转移到状态j的概率。称此条件概率为马尔可夫链的转移概率,记为$p_{ij}(n)$。

一般地,转移概率$p_{ij}(n)$构成的转移矩阵为$p=[p_{ij}]=\begin{bmatrix} p_{11}\cdots p_{1n} \\ \cdots \\ p_{n1}\cdots p_{nn} \end{bmatrix}$,$p(k)=\begin{bmatrix} p_{11}(k)\cdots p_{1n}(k) \\ \cdots \\ p_{n1}(k)\cdots p_{nn}(k) \end{bmatrix}$。式中$p_{ij}\geqslant 0$,$\sum_{j=1}^{n}p_{ij}=1$,$p(k)$表示$k$次转移概率矩阵。

显然，$p(k) = p^k$。

(三) 马尔可夫模型

设 X_t 是 t 时刻事物所处的状态，

$$p\{X_{n+1} = j \mid X_n = i_n, X_{n-1} = i_{n-1}, \cdots, X_0 = i_0\} = p\{X_{n+1} = j \mid X_n = i\}$$
(1.3)

对于任意的整数 n 以及 $i, j, i_k (k=0,1,2,\cdots,n-1)$，上式中的条件概率与 n 无关，即 $p(t)_{ij}$ 表示由状态 i 经过一步转移到状态 j 的概率，具有下列性质：

$$0 \leqslant p_{ij} \leqslant 1, \quad i,j = 1,2,\cdots,n$$

事物有几种状态，从某一状态开始，相应有几个状态转移概率，将事物 n 个状态的转移概率依次排列，得到一个状态转移概率矩阵：$P = [p_{ij}]_{n \cdot n}$。设事物有 n 个互不相容的状态，其初始概率向量为 $S^{(0)} = [S_1^{(0)} S_2^{(0)} \cdots S_i^{(0)}]$，其中 $S_i^{(0)} (i=1,2,\cdots,n)$ 为处于初始状态的初始概率，且有 $\sum S_i^{(0)} = 1$，若经过 $t+1$ 步转移后处于状态的概率向量为 $S = [S_i \mid i=1,2,\cdots,n]$，则由切普曼-柯尔莫哥洛夫方程可知：

$$S^{(t+1)} = \sum S_i^{(t)} P_{ij} (j=1,2,\cdots,n)$$
(1.4)

写成矩阵形式，即有：

$$[S_1^{(t+1)} S_2^{(t+1)} \cdots S_n^{(t+1)}] = [S_1^{(t)} S_2^{(t)} \cdots S_n^{(t)}]$$
(1.5)

由递推关系则：

$$S^{(1)} = S^{(0)} P$$

$$S^{(2)} = S^{(1)} P$$

$$\cdots$$

$$S^{(t)} = S^{(t-1)} P$$

从而获得了马尔可夫模型的具体数学表达形式。

三、马尔可夫模型应用

马尔可夫模型在实际应用中用途极为广泛，可以用于动态聚类分析、web 网页预取、网络日志审计、语音识别、人力资源供给预测、市场需求预测、土地格局变化情况预测以及传染病发病情况预测等方面。

在传统领域,邢永康和马少平[①]将马尔可夫模型用于聚类,提出了一种新的基于马尔可夫模型的动态聚类方法,该方法首先对每一个时间序列建立一个描述其动态特征的马尔可夫模型,从而把对时间序列的聚类问题转化为对马尔可夫模型的聚类问题,然后通过定义各个马尔可夫过程之间的"距离",采用动态聚类算法完成对这些马尔可夫模型的聚类。许欢庆、王永成等[②]将马尔可夫模型用于web网页预取。该方法借助隐马尔可夫模型,挖掘蕴涵在用户访问路径中的信息需求概念,以此进行预取页面的评价,最终实现基于语义的网页预取。吕栋和李建华[③]将隐马尔可夫模型应用于网络日志审计,他们认为随着网络的飞速发展,互联网存在着各种各样涉及网络安全和信息安全的问题。通过对各种网络日志的分析,可以发现用户访问网络的行为特征,检测到一些未被发现的入侵行为模式。他们提出了一种基于隐马尔可夫模型的日志审计技术去阻止网络入侵时间的发生,此种方法代价较小,并有较好的识别准确率。孙红丽、何永贵等[④]基于马尔可夫过程,建立了企业人力资源供给预测模型,通过对具体历史数据的收集,找出组织过去人事变动的规律,由此推断未来的人事变动趋势。在文章中他们还以某电厂为研究对象进行实际应用,对算法作了验证。彭月、魏虹等[⑤]在遥感和地理信息技术支持下,利用马尔可夫模型模拟和预测重庆永川的土地景观变化,得出在现有的干扰不变情况下,研究区景观将达到一个稳定状态的结论。袁以美[⑥]基于马尔可夫过程,应用数理统计、系统工程等有效的数学方法,就有关样本进行解析,建立马尔可夫转移矩阵,构建预测模型,进行计算分析,并以某市汽车市场为例,进行了实证研究。该文利用马尔可夫预测方法对动态系统进行预测,克服了传统预测方法的不足。

---

① 参见邢永康、马少平:《一种基于Markov链模型的动态聚类方法》,载《计算机研究与发展》2003年第2期。

② 参见许欢庆、王永成、孙强:《基于隐马尔可夫模型的web网页预取》,载《上海交通大学学报》2003年第3期。

③ 参见吕栋、李建华:《基于隐马尔可夫模型的网络日志审计技术的研究》,载《信息安全与通信保密》2004年第3期。

④ 参见孙红丽、何永贵、张文建、韩月娥:《马尔科夫模型在企业人力资源供给预测中的应用》,载《华北电力大学学报》2004年第5期。

⑤ 参见彭月、魏虹、朱韦:《基于马尔科夫模型的土地景观动态模拟预测研究:以重庆永川市为例》,载《安徽农业科学》2006年第23期。

⑥ 参见袁以美:《马尔科夫模型在汽车市场预测中的应用》,载《企业经济》2008年第3期。

在非传统安全领域,彭荣[①]通过建立马尔可夫多状态转移模型,测算中国65岁及以上老年人口护理费用的精算现值,讨论影响测算结果的主要因素,对如何满足老年人口的护理需求提出意见和建议,实现了对护理需求的预测。彭志行、鲍昌俊等[②]通过加权马尔可夫链模型对伤寒、副伤寒发病情况进行研究,并作出预测。他们利用1991年1月至2000年10月江苏省伤寒、副伤寒发病资料建立模型,以2000年11月和12月的发病资料作为模型预测效果的考核样本,最后针对发病人数序列为相依随机变量的特点,以规范化的各阶自相关系数为权重,用加权的马尔可夫链模型预测和分析发病人数的变化状况,使预测结论的长期效果趋于最优。

四、半马尔可夫模型及应用

马尔可夫链是状态和时间参数都离散的马尔可夫过程,是马尔可夫随机过程的特殊情况。半马尔可夫模型可以看作马尔可夫模型的推广。其中心思想是针对不具有马尔可夫性的过程,根据其不同特征划分为不同的状态,将对整个系统的研究转化为对不同状态的研究及对各状态之间转换性质的研究。半马尔可夫模型与马尔可夫模型的主要不同在于其状态之间的转移概率不是常数,而与状态保持时间分布有关。在半马尔可夫模型中,状态间的转移是一个马尔可夫过程,按照状态转移概率矩阵为 A 进行。状态转移概率矩阵 A 描述了状态间转移的条件概率 $A_{ij}=P(st+1=j/st=i)$,$1\leqslant i,j\leqslant M$,并且对所有 $1\leqslant i\leqslant M$ 来说都有 $\sum_{j}A_{ij}=1$。

黄晓璐、闵应骅等[③]引入半马尔可夫模型描述网络流量特性,通过忙阈值和闲阈值的设定将网络流量划分为四种状态:忙、空闲、上升和下降,研究各状态下的网络流量特性及各状态间的相互转换关系。每个状态下的流量特性,分别服从不同的随机分布,网络流速率在忙状态下服从几何布朗运动,在空闲状态下服从正态分布,在上升状态或下降状态下则服从指数分布。不同状态之间的转移是一个马尔可夫链。网络流量半马尔可夫模型具

[①] 参见彭荣:《基于马尔科夫模型的老年人口护理需求分析》,载《统计与信息论坛》2009年第3期。

[②] 参见彭志行、鲍昌俊、赵杨、于浩、陈峰:《加权马尔可夫链在伤寒副伤寒发病情况预测分析中的应用》,载《中国卫生统计》2008年第3期。

[③] 参见黄晓璐、闵应骅、吴起:《网络流量的半马尔可夫模型》,载《计算机学报》2005年第10期。

有状态集 $S=\{S_1=\text{idle}, S_2=\text{falling}, S_3=\text{ring}, S_4=\text{busy}\}$。若以 Z_n 记第 n 次转换到达的状态,则 $\{Z_n, n\geqslant 0\}$ 是一个马尔可夫链,其转移概率设为 P_{kh}。

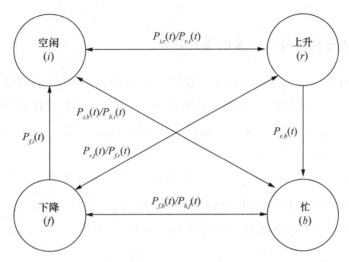

图 5-1　网络流量半马尔可夫模型示意图

该马尔可夫链称为"网络流量半马尔可夫模型的嵌入马尔可夫链"。若 F_{kh} 为已知下一个进入的状态是 S_k 的条件开始,直到发生从 S_k 到 S_h 转移为止的时间分布;H_k 为网络流速率 $Y(t)$ 的半马尔可夫模型在转移之前保持在状态 S_k 的时间分布,则对下一个所有可能的状态有:

$$H_k = \sum_{h=1}^{4} P_{kh} \cdot F_{kh}$$

网络流量半马尔可夫模型中,如果说各状态间的相互转换关系主要由 P_{kh} 和 F_{kh} 刻画,P_k 则描述了当网络趋于稳定时,系统处于各状态的概率。

随后,黄晓璐等在文章中对局域网和广域网的 Trace 数据分别进行了基于网络流量半马尔可夫模型的分析,得出 95% 的数据均服从相应状态下的随机分布,同时根据此模型计算的系统平均利用率与实际统计结果之间的相对误差小于 5%,说明引入的模型能真实反映网络流量特性。从这个模型可以看出的一个直接应用就是,在网络设计中,根据用户的情况和要求,可设定忙阈值和闲阈值、大数据量系数和小数据量系数,从而确定所需的链路带宽。无限制地追求最大链路带宽是对资源的浪费。

第四节 风险统计模型应用

一、瑞士社会风险决策的实证研究

Abrahamsson 和 Johansson[①] 通过一个风险偏好的社会科学实验得出下文结论,并提出结论可以用于对于有产生意外造成人员伤亡的活动的决策制定,或者是对社会性风险忍耐性规则制定的输入部分,并对其在各个领域的潜在应用进行了讨论。

Abrahamsson 等选取了 87 个人参加上述社会科学实验。他们在文章里介绍了这个社会科学实验进行的步骤、运用了哪些模型以及为什么运用这些模型,随后对实验得出的结论进行了分析及应用。

(一)模型

定量风险评估描述社会风险时,会使用一种特殊的活动或工具作为潜在事故发生率的一个函数,这样得出的结果涉及死亡人数,所以叫 F-N 曲线。N 为死亡人数,N^β 为一个事故的社会成本或者说负效用(风险中性 $\beta=1$,风险厌恶 $\beta>1$,风险偏好 $\beta<1$)。不同的人对于最佳 β 值的认定不同,没有强有力的证据可以证明为什么 β 值会随着效用的不同而不同。F-N 曲线的模型仅仅提到,β 值应该与评估给定风险的可接受性与忍耐性的标准线的渐变有关。

根据冯·诺依曼-摩根斯特恩效用函数,进行进一步 F-N 曲线的模型的扩展,使用权衡法(The Trade Off(TO) Method)进行的社会科学实验。在此种方法下的基本模型如图 5-2 所示:

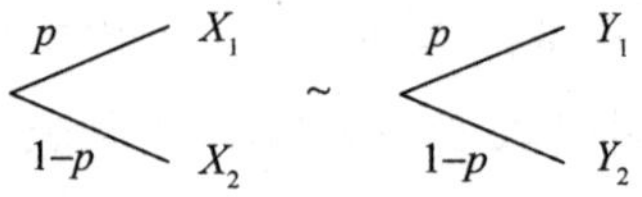

$$\begin{array}{cc} p \diagup X_1 & p \diagup Y_1 \\ \diagdown \sim \diagdown \\ 1-p \diagdown X_2 & 1-p \diagdown Y_2 \end{array}$$

图 5-2 使用权衡模型的选择情况

[①] See Abrahamsson,M., & Johansson,H. Risk preferences regarding multiple fatalities and some implications for societal risk decision making—An empirical study Journal of Risk Research,2006,9(7): 703—715.

在文章后半部分，Abrahamsson 等还根据参与者的效用函数曲线提出了一个简化的模型，规定最好的结果的效用是 1，最差的是 0，效用随着死亡人数的递增而递减，而且死亡范围规定为 0—1000。可以获得以下模型：

$$u(n) = 1 - \frac{n^\beta}{1000^\beta}$$

参与者属于哪种风险类型取决于 β 的值（风险中性 $\beta=1$，风险厌恶 $\beta>1$，风险偏好 $\beta<1$）。

（二）数据

这里的数据收集是来自对瑞士 87 个人的实验结果，这 87 个人分为 A、B 两组进行实验，A 组是机构组织的风险管理者，B 组是相关专业的学生。实验分为面对面交流和网上回答问题两种。在选择认为可以让两种选择的效用一样的中立的 Y_2 时，可以通过电脑系统多次做题最后缩小范围并确定，也可以自己手动输入一个自己认为合适的值。实验的初始设定数据见图 5-3。outward TO 完成后再做 inward TO，以确定 X_2 的中立值。事后，每个人都要对自己作出的选择作出评论。

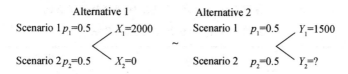

图 5-3 研究的初始设定

整个实验的电脑系统精确的数理推导过程是（以 outward TO 为例）：

开始的时候，分析者应该确定 X_1 和 Y_1 的合适的参考值，这个参考值为常数，并将贯穿于整个实验中，并且要为 X_2 设定一个合适的初始值。X_1、X_2 和 Y_1 应该能够覆盖有关利益值的范围。然后，主体被要求提出一个 Y_2 的合适值，让自己能够在两个选择之间保持中立。本研究的初始设定见图 5-3。当第一轮中立的价值确定后，主体会被要求在两个新的选择项中选择，新的选择中，X_1 和 Y_1 保持不变，X_2 变为第一轮保证中立的那个 Y_2 的值，$X_{2,i}$ 代表第 i 轮中 X_2 的值，$X_{2,i}=Y_{2,i-1}$，实验会一直进行下去，直到 X_1 和 $Y_{2,i}$ 之间的差距足以覆盖所有的利益范围。Abrahamsson 等在文章中将 TO 方法结合预期效用理论一起使用。

如果主体在两种选择中中立，那么根据预期效用理论，我们可以说两个选择具有相同的预期效益。u 是效用函数，主体回答第一个问题时：

$$p \cdot u(X_1) + (1-p) \cdot u(X_{2,1}) = p \cdot u(Y_1) + (1-p) \cdot u(Y_{2,1}) \quad (1)$$

后面继续回答，也是同样的：

$$p \cdot u(X_1) + (1-p) \cdot u(X_{2,i}) = p \cdot u(Y_1) + (1-p) \cdot u(Y_{2,i}) \quad (2)$$

公式(1)整理如下：

$$p \cdot (u(X_1) - u(Y_1)) = (1-p) \cdot (u(Y_{2,1}) - u(X_{2,1})) \quad (3)$$

公式(2)整理如下：

$$p \cdot (u(X_1) - u(Y_1)) = (1-p) \cdot (u(Y_{2,i}) - u(X_{2,i})) \quad (4)$$

综合公式(3)和公式(4)，消去重复项后可得：

$$u(Y_{2,1}) - u(X_{2,1}) = u(Y_{2,i}) - u(X_{2,i}) \quad (5)$$

X_1 和 $Y_{2,i}$ 之间的差距足以覆盖所有的利益范围之后，实验停止。inward TO 则是相反，参与者被要求每一轮选择一个合适的 X_2 的值，直到 Y_1 和 $X_{2,i}$ 之间的差距足以覆盖所有的利益范围为止。

获得的数据结果如表 5-2：

表 5-2 按照凸集、凹集和线性三种划分效用函数的受访对象数量(使用参数分类系统)

	Group A		Group B(Student group)	
	Outward	Inward	Outward	Inward
Convex(risk-seeking)	25	22	34	36
Concave(risk-averse)	5	7	9	1
Linear(risk-neutral)	7	—	7	5

根据模型，获得的 β 的平均值的结果如表 5-3：

表 5-3 β 的中位数

	Group A		Group B(Student group)	
	Outward	Inward	Outward	Inward
Median value for β	0.74	0.32	0.76	0.41

根据 β 的平均值结合文中的模型获得的效用函数，如图 5-4、5-5 所示，两条虚线分别代表有 5%、95% 的人包括在此区域。

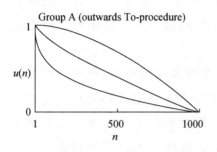 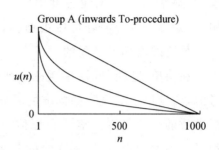

图 5-4　A 组外向过程和内向过程的效用曲线

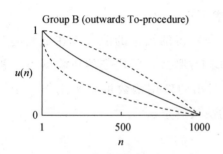 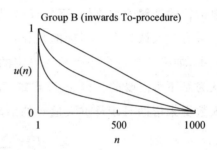

图 5-5　B 组外向过程和内向过程的效用曲线

（三）结论及讨论

实验中,当死亡人数达到一个特定值之后,再增加时将不会引起 Abrahamsson 等对此方案认知的变化,一个灾难已经是灾难了,再多一个人死亡,它还是一个灾难而已。对于那些风险中立的人,对于死亡人数是以一个理性的态度去面对的,即这个事故预期死亡的人数就这么多,只要没超过预期,都可以理性看待。

（四）应用

Abrahamsson 等人的文章的结论可以用于对于有产生意外造成人员伤亡的活动的决策制定,或者是对社会性风险忍耐性规则制定的输入部分。下面将就此讨论其在各个领域的潜在运用,同时也揭示当前研究的一些不足和一些需要深入研究的地方。

目前,大部分国家都将可承受社会风险的标准作为决策指导的输入部分(比如土地)来规划潜在性风险,这种方式的设计反映了涉及高人口死亡的事故的很明显的厌恶。这可以通过使用一条标准的 F-N 倾斜曲线来表现,其斜率比－1(风险态度中立)还要陡,通常斜率为－2。现有的研究表明,只要参与者的偏好可以被概括,在实验中,这种厌恶并不是在所有的死亡人数范围内都是必需的。

在简单"惩罚"低发生频率——严重后果的事故的时候,还有一些其他的考虑,当设计承受风险的标准的时候,仅仅是死亡人数还不足以讨论潜在大型事故的风险如何被察觉和评估。但是,既然死亡人数是唯一能够被完全衡量与评估的指标,一条陡峭的斜率为负的标准 F-N 曲线可以弥补这些不足。这强调了在涉及严重的社会风险以及有可能评估的指标的情况下对其他指标的理解的重要性(不仅仅是只考虑死亡人数)。

有的人认为多重指标的差异将引起所获得的结论的混乱。在下面的公式中,如果 d 超过了一个预先设定的门槛 D,那么 d 所代表的风险就可以被认为是不可忍受的。根据上下文,经验得出的效用函数可以被用作一个输入数据来帮助对涉及重大危险的活动的决策制定。

$$d = \sum_n d(n) f(n)$$

另一个问题是,找出一个人们对于涉及多人死亡事故的偏好的通用代表是否可行、是否值得。Abrahamsson 等人文章中的受访者并不能代表他们所在领域的所有人。什么样的风险决策应该包括公众或者应该排除,也就是我们所说的只考虑专家意见?这个范围的确定,一直是过去二十多年大家讨论的一个问题。让更广泛的民众参与,似乎是一个发展趋势,特别是在重要认知模糊和不确定的情况下。Abrahamsson 等人在文章里所使用的方法可以被用来确定对于某些具体项目,或者是与死亡人数相联系的可能在严重或灾难性状况下发生的活动感兴趣的各方的偏好。虽然考虑到了死亡人数这个指标,但是其他的因素也应该被考虑到。

二、日本公众对于食品相关风险的看法

Ohtsubo 和 Yamada[①]的文章主要是对于总体风险认知状况的一个实证研究,对日本公众对于食品相关危害的认知作了表面性描述。

---

① See Ohtsubo, H., & Yamada, Y. Japanese public perceptions of food-related hazards. Journal of Risk Research, 2007, 10(6):805—819.

(一) 模型

"心理范式"理论风险是由受到广泛的心理、社会、体制和文化因素影响的个人主观定义的。[①] Covello 等[②]发现,公众对风险的认知是在多种因素影响下形成的,他们从中分出了三类主要的因素,即害怕的风险因素、未知的风险因素、面对风险的人数。"心理范式"理论是 Ohtsubo 等人文章中十分重要的理论模型。除了理论模型,文章也使用了 MDS 多维尺度的数理模型,MDS 是一种多变量分析方法。同时,在分组时文章还使用了聚类分析的方法。

(二) 数据及描述

在研究中,Ohtsubo 等人发放了 3000 份问卷,回收了 878 份,调整后回收率为 29.5%。其中,373 名(占 42.5%)为男性,488 名(占 55.6%)为女性,17 人(占 1.9%)没有表明性别;12.1% 的人在 20 多岁,19.1% 在 30 多岁,16.7% 在 40 多岁,21.0% 在 50 多岁,23.0% 在 60 多岁,6.9% 在 70 多岁,1.3% 不知道年龄。受访者平均年龄是 49.4($SD=14.7$)。为了简便,问卷问题设置为"是""否"两个选择项。

用 SPSS 软件对问卷所包含的数据进行分析。表 5-4 表明了受访者中认为给定的风险特征适合给定的食品相关风险的百分比,表 5-5 则表明了不同风险特征之间的显著相关性。

超过 70% 的受访者认为杀虫剂残留和二噁英对他们的健康有害,有机蔬菜对他们的健康有好处,O157 型大肠杆菌将会影响很多人。这表明这些食品和食品危害的特征为人们所熟知。35% 的人认为杀虫剂残留这个问题早已为人所知,差不多相同比例的人认为它是可怕的($r=0.20, p<0.001$)。对于辐照食品,40% 的人认为人们并不熟悉这一类食品,并且被认为是人力不可避免的($r=0.28, p<0.001$),而且是有些可怕的($r=0.19, p<0.001$)。这与 Fife-Schaw 和 Rowe(1996)的发现是符合的。Ohtsubo 等人的研究显

[①] See Renn, O., Burns, W. J., Kasperson, J. X., et al. The social amplification of risk: Theoretical foundations and empirical applications. Journal of Social Issues, 1992, 48(4):137—160.

[②] See Covello, V. T., Sandman, P. M., & Slovic, P. Risk communication, risk statistics, and risk comparisons: A manual for plant managers. Washington, DC: Chemical Manufactures Association, 1988.

示,对于那些知之甚少的危害他们会想得特别严重,尽管他们所做的实验用的是弯曲杆菌属,而不是辐照食品。

对于转基因食品,超过40%的人认为它会影响下一代,虽然目前没有明确的科学证明($r=0.12, p<0.001$)。与此同时,还有一些为数不多的人持相反的意见。那些认为转基因食品的安全性已经被科学证明的人认为,这种食品在将来的需求会不断增加($r=0.16, p<0.001$)。

表5-4 受访者中认为给定的风险特征适合给定的食品相关风险的百分比

风险特征(Risk characteristics)	疯牛病(BSE)	O157型大肠杆菌(E. coli O157)	沙门氏菌(Salmonella)	食品添加剂(Food additives)	农药残留(Pesticide residues)	有机种植的蔬菜(Organically grown vegetables)	补养品/营养品(Supplements)	二噁英(Dioxins)	辐照食品(Irradiated foods)	转基因食品(GMOs)
1. 有害健康	56.3	69.0	68.0	62.2	77.7	2.7	3.4	78.5	44.3	34.3
2. 造成严重损害	60.3	67.7	55.4	22.9	48.1	1.7	3.0	61.8	31.4	23.1
3. 影响很多人	26.4	72.4	48.6	16.3	32.5	1.7	2.4	46.7	21.3	17.1
4. 影响下一代	21.9	5.5	5.0	42.0	52.3	2.6	3.4	60.9	41.6	44.4
5. 不被人们所熟悉	6.9	0.7	3.5	5.4	3.9	3.2	5.2	3.9	40.4	19.4
6. 科学无法清晰解释	22.3	4.3	2.8	14.9	9.5	4.4	14.0	12.9	28.5	48.4
7. 不可避免的	38.7	25.9	17.3	28.5	41.8	2.5	1.8	48.3	30.3	30.8
8. 有些可怕的	44.9	34.5	30.0	25.2	33.9	2.4	6.4	43.1	45.2	44.1
9. 被科学证实是安全的	1.3	0.5	0.3	8.4	2.3	27.1	16.1	1.3	2.2	3.8
10. 一直很知名	0.7	4.0	26.7	25.5	36.6	22.9	8.1	8.1	1.8	0.9
11. 造成轻微损伤	0.8	0.9	4.4	8.9	2.6	11.6	9.5	0.7	1.4	3.1
12. 使消费者感觉要对损伤/问题的发生负责	2.8	6.8	11.3	4.2	5.6	3.1	14.8	2.5	2.8	4.6
13. 未来需要更多	1.4	1.1	1.1	2.5	3.1	51.6	33.6	1.7	2.5	8.1
14. 对健康有好处	0.0	0.0	0.0	0.0	0.2	70.4	38.5	0.0	0.2	0.6

对得到的关于风险特征、食品相关危害与食品的数据进行描述性分析

后，Ohtsubo 等运用 MDS① 数理模型进行绘图。绘图主要包括两个部分，即 14 种风险特征的 MDS 点（图 5-6）、10 种食品风险和食品的 MDS 点（图 5-7）；在将公众分为四类之后，对照四组人每组做一个单独的食品相关危害与食品的绘图（图 5-8 到图 5-11）。

表 5-5　不同同险特征之间的显著相关性（仅给出显著相关）

风险特征 (Risk Characteristics)	相关性 (Correlation with)	疯牛病 (BSE)	O157型大肠杆菌 (E.coli O157)	沙门氏菌 (Salmonella)	食品添加剂 (Food additives)	农药残留 (Pesticide residues)	有机种植的蔬菜 (Organically grown vegetables)	补养品/营养品 (Supplements)	二噁英 (Dioxins)	辐照食品 (Irradiated foods)	转基因食品 (GMOs)
1. 有害健康	2	0.43	0.31	0.22	0.27	0.31	0.52	0.45	0.29	0.52	0.46
	3	0.33				0.24	0.30	0.30	0.38	0.40	0.35
	4				0.23	0.27	0.32	0.21	0.25	0.43	0.36
	7	0.22							0.24	0.28	
	8	0.25	0.24	0.23	0.22	0.21	0.25	0.21	0.22	0.29	0.24
	14						−0.23				
2. 造成严重损害	3	0.35	0.27	0.35	0.44	0.49	0.46	0.50	0.47	0.60	0.57
	4	0.23			0.32	0.33	0.53	0.26	0.30	0.53	0.37
	6						0.23				
	7	0.30			0.20	0.29	0.20		0.30	0.34	0.26
	8		0.28	0.29	0.28	0.32	0.38	0.20	0.27	0.29	0.26
	14						−0.20				
3. 影响很多人	4	0.29			0.29	0.36	0.36	0.30	0.34	0.44	0.39
	6					0.20	0.23	0.20			
	7	0.24	0.21	0.25	0.21	0.32			0.32	0.35	0.28
	8	0.20	0.24			0.21	0.32	0.33	0.30	0.29	0.25	0.21
4. 影响下一代	5			0.22							
	6			0.24	0.34						
	7						0.30		0.22	0.38	0.28
	8	0.20		0.20	0.26	0.25	0.25		0.23	0.27	0.25
	13		0.21								
5. 不被人们所熟悉	6		0.32	0.30	0.21				0.24	0.29	
	7					0.22	0.24		0.28		
	9	0.20									

---

①　MDS 的全称为"Multidimensional Scaling"，即多维标度分析。

(续表)

风险特征(Risk Characteristics)	相关性(Correlation with)	疯牛病(BSE)	O157型大肠杆菌(E. coli O157)	沙门氏菌(Salmonella)	食品添加剂(Food additives)	农药残留(Pesticide residues)	有机种植的蔬菜(Organically grown vegetables)	补养品/营养品(Supplements)	二噁英(Dioxins)	辐照食品(Irradiated foods)	转基因食品(GMOs)
6. 科学无法清晰解释	7					0.22	0.25		0.23	0.24	0.25
	8					0.25	0.26		0.23		
7. 不可避免的	8	0.29	0.25	0.24	0.20	0.31	0.26		0.36	0.36	0.25
8. 有些可怕的	10					0.20					
9. 被科学证实是安全的	10						0.24				
	11	0.22									
	13						0.28	0.25			
	14						0.23	0.23			0.22
10. 一直很知名	11						0.23				
	13						0.20				
11. 造成轻微损伤	12								0.26		
	13	0.21									
12. 使消费者感觉要对损伤/问题的发生负责											
13. 未来需要更多	14						0.32	0.29			0.20
14. 对健康有好处											

表 5-6 风险特征分组

风险特征
1. 有害健康
2. 造成严重损害
3. 影响很多人

(续表)

风险特征
9. 被科学证实是安全的 13. 未来需要更多 14. 对健康有好处
11. 造成轻微损伤 12. 使消费者感觉要对损伤/问题的发生负责
8. 有些可怕的 7. 不可避免的
5. 不被人们所熟悉 6. 科学无法清晰解释
4. 影响下一代 10. 一直很知名

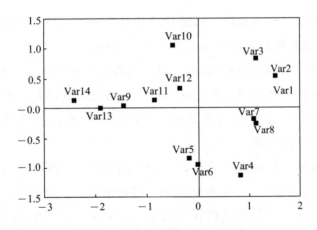

图 5-6　14 种风险特征的 MDS 点

注：Var1：有害健康；Var2：造成严重损害；Var3：影响很多人；Var4：影响下一代；Var 5：不被人们所熟悉；Var 6：科学无法清晰解释；Var 7：不可避免的；Var8：有些可怕的；Var 9：被科学证实是安全的；Var 10：一直很知名；Var11：造成轻微损伤；Var 12：使消费者感觉要对损伤/问题的发生负责；Var13：未来需要更多；Var14：对健康有好处。

图 5-7 表示了食品相关危害和食品之间的相似与不同,横轴的意义可以被解释为危害(严重性),纵轴代表知名度。二噁英和疯牛病被认为是最具有伤害性的。杀虫剂残留被认为与这两个一样严重,但是它的知名度更高。食品添加剂被认为比杀虫剂残留的危害要小,但是知名度更大。O157 型大肠杆菌和沙门氏菌都是会引起食物中毒的细菌,其中前者被认为是既具有

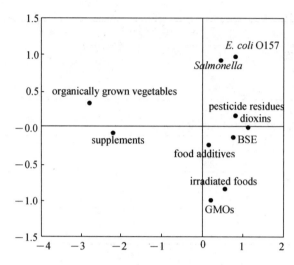

图 5-7　10 种食品风险和食品的 MDS 点

危害性又被大众广为熟知的。辐照食品和转基因食品被认为是不为人所熟悉的，且仍然没有被科学证实是否会影响下一代。

这个部分的绘图与当初 Sparks 和 Shepherd、Fife-Schaw 和 Rowe 两组人绘出的图很像。这表明日本公众和英国公众在对食品危害的认识上几乎是持同种态度的。但是，在对待某些具体食品的危害上，日本公众认为的危害程度要高于英国公众。

在文章数据分析的第二部分，作者将受访者分为四组，主要是以兴趣、关心程度等为指标作了一个聚类分析。通过聚类分析的方法，可以将受访者分为四类。第一类是低兴趣和低关心（$n=109$）；第二类是高兴趣和高关心（$n=384$）；第三类是中等程度的兴趣和更低程度的关心（$n=182$）；第四类是中等程度的兴趣和更高程度的关心。性别、年龄的不同也会存在显著差异（$p<0.01$）。在关于食品相关危害与食品安全自我意识到的了解水平上，也存在显著差异（$p<0.01$），第二组最高，第四组、第三组紧随其后，第一组最低。

通过对图 5-8、5-9、5-10、5-11 的对比可以发现，第一组的部分食品危害在图中的位置与其他三张图不太一致，Ohtsubo 等认为，不同组的人对于食品相关危害和食品安全的认识十分相似，但第一组例外，这可能是由于第一组中的人对前面提到的食品相关危害与食品安全了解得比较少，很难根据它们概念的异同来判断食品的相关风险。但是否真的是这样,还需要进一步深入研究。

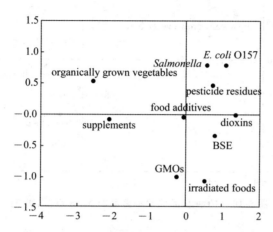

图 5-8 10 种食品风险和食品的 MDS 点(聚类 1)

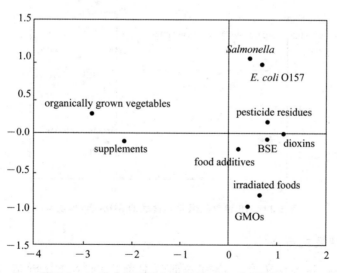

图 5-9 10 种食品风险和食品的 MDS 点(聚类 2)

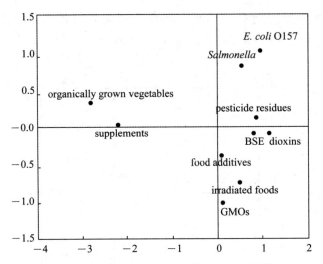

图 5-10　10 种食品风险和食品的 MDS 点(聚类 3)

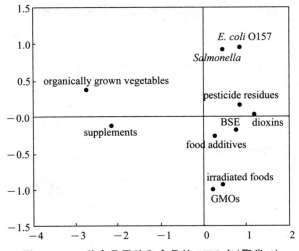

图 5-11　10 种食品风险和食品的 MDS 点(聚类 4)

（三）结果及结论

Ohtsubo 等人在文章的最后一部分对前面的数据分析结果进行了总结，在心理范式的基础上得出日本公众对食品相关危害的认识。通过画图的方式，可以将日本公众的上述图和其他国家的图相比较，也可以将这张图进行过去与未来的比较。通过分析可以发现，由于认识不够，现在日本公众对一些食品的危害存在过高的估计。因此，未来这个图会发生变化，严重性的部分可能会有降低的趋势。更为深入的分析，还需要相关数据作进一步研究。

三、加纳农民对于健康风险的认知

Keraita、Drechsel 和 Konradsen[①] 分析了加纳农民关于废水灌溉城市蔬菜种植的健康风险的认知和风险减少措施。

（一）数据收集

Keraita 等人在文章里分析了抽样调查的阿克拉和库马西两个城市的地理分布及条件，这些都作为他们解释调查结果出现的可能原因的依据。

鉴于文章没有模型，Keraita 等在数据分析方面分为两个阶段，试图使其获得的结论更为准确。数据是从 2005 年 1 月到 2006 年 2 月期间收集的。

1. 第一阶段，问题收集和识别风险减少措施

（1）接受调查的人员情况。通过在两个城市进行调查，Keraita 等收集了农民们对废水灌溉和城市蔬菜种植的一般看法。238 个农民接受访问，其中 138 人来自阿克拉，100 人来自库马西。另外，他们也调查了那些用废水浇灌要生吃的蔬菜的农民，总共 60 人（28 人来自阿克拉，32 人来自库马西）。在更具体的这项调查里，参与的农民是从研究的两个城市的各个主要农业区域的农民协会中选定的，每个农业区域至少有四个代表。被调查的来自各个地区，教育程度、年龄等等都不相同。

（2）农民们的认知情况。根据从事行业时间的长短，Keraita 等对农民进行了分组：有经验的农民，从事这个行业有两年或两年以上；新农民，多为年轻人，他们在这个行业的经验还不足两年，通常是暂时从事这个工作并且期待找到更好的工作。对于风险意识的个人评价采取打分的方式，分为 0—5 六档，其中 0=没风险，1=风险最低，5=风险最高。

（3）因果分析。从一个问题开始（比如此处的研究就以灌溉水和蔬菜的污染作为起始问题），参与者被要求从两个层面上识别影响（包括直接影响和长期影响）及产生这些影响的原因。这有助于理解比如水和蔬菜的微生物污染两者之间的关系。考虑到有些人不识字，这样的方式有助于受访者理解、想象问题。

[①] See Keraita, B., Drechsel, P., & Konradsen, F. Perceptions of farmers on health risks and risk reduction measures in wastewater-irrigated urban vegetable farming in Ghana. Journal of Risk Research, 2008, 11(8):1047—1061.

(4) 识别风险减少措施。采用可视化的参与性方案(VIPP)的方式,收集农民自己意识得到的能用来减少健康风险的措施,这个方式结合了可视化交互式学习技术与方法。① 采取卡片技术,农民把自己满意的风险减少措施写在足够大的、大小不一、颜色不同,但足以让整组都能看出来的卡片上,不识字的农民可以让同在调查中的人帮忙填写,但必须有人在旁边确保其所作出的回答没受干扰。在卡片展示后,大家开始讨论是什么原因导致排除了其他的措施。这些初级的措施都被农民们了解并采用。刚开始时,调查小组并没有参与到这次的讨论中。之后,调查小组再加入,于是讨论中出现了一些新的风险减少措施,可称为"二级措施"。最后,对于风险减少措施的认知被集中提交至世界卫生组织(WHO)。② 个人对于所提供的 WHO 风险减少措施的评价,采取打分的方式,分为 0—5 六档,其中 0＝完全不合适,1＝最不合适,5＝最合适。

　　2. 第二阶段,关于风险减少措施的试点地区试验

　　在这个阶段,Keraita 等对于那些尝试采用经讨论得出的风险减少措施的农民进行了认识理解的收集。认知主要是通过个人深入讨论收集的。这个只对来自库马西三个试验农村区域的八位农民进行了收集。这八人参加了第一阶段的见面并且愿意在自己的农场进行第二阶段的试验,这些试验都是在他们的农田里进行的,大概用了六个月的时间。

　　(二) 风险认知

　　表 5-7 反映了"与蔬菜种植相关的健康危害认识"的调查情况。职业性的危害如肌肉疼痛、头疼被认为是最影响健康的因素,这与身体劳损有关,很多有经验的农民在这项上打了高分,当然他们的年龄也更大(与那些没什么经验的新农民相比)。这主要是因为手动取水与用浇水灌溉需要用很多力气。职业健康风险在阿克拉的打分高于在库马西的,这主要是由于取水的地点与农田的距离更远。考虑到灌溉占据了农民务农时间的 40%—75%,③ 步行的

---

① See Rifkin, S. B., & Pridmore, P. Partners in planning: Information, participation and empowerment. Health Promotion International, 2002, 17(3):285—286.
② See WHO. WHO guidelines for the safe use of wastewater, excreta and grey water. In Wastewater use in agriculture, 2006, 2.
③ See Drechsel, P., Graefe, S., Sonou, M., & Cofie, O. 2006. Informal irrigation in urban West Africa: An overview. Colombo: International Water Management Institute. IWMI Research Report No. 102.

距离确实是一个关键的问题。事实上,与库马西相比,在阿克拉,更多的农民使用溪流和排水沟收集所有污水,所以在不良气味一项上,阿克拉的得分比库马西的高出很多。

表 5-7　加纳阿克拉和库马西两地与污水灌溉相关的农民的健康风险

Perceived health risk	Accra		Kumasi	
	New farmers[a] ($n=16$)	Established farmers ($n=12$)	New farmers ($n=18$)	Established farmers ($n=14$)
Occupational				
Skin infections	$3.13^b \pm 0.7^c$	1.91 ± 0.8	2.06 ± 0.9	1.43 ± 1.1
Sore feet	2.06 ± 1.1	1.25 ± 0.8	3.17 ± 0.7	2.02 ± 1.0
Bad odor	4.25 ± 0.7	1.08 ± 0.9	1.22 ± 0.9	1.14 ± 0.9
Bilharzias	1.19 ± 1.0	0.33 ± 0.5	1.08 ± 0.8	1.01 ± 1.0
Muscular pains	3.38 ± 0.8	3.17 ± 1.0	2.89 ± 1.1	3.43 ± 0.9
Headaches	2.06 ± 0.9	2.33 ± 0.9	1.28 ± 1.0	0.93 ± 0.7
Consumption				
Diarrhea[d]	2.04 ± 0.9	1.25 ± 1.1	1.06 ± 0.9	1.21 ± 0.4
Abdominal pains	1.31 ± 0.7	2.33 ± 0.9	1.22 ± 0.9	0.29 ± 0.5
Cholera	0.88 ± 0.8	0.83 ± 0.7	0.22 ± 0.4	0.43 ± 0.5
Typhoid	1.19 ± 0.8	1.00 ± 0.6	0.44 ± 0.7	0.43 ± 0.6
Other risks				
Pesticides: impotency	4.31 ± 0.7	3.17 ± 1.3	4.78 ± 0.4	4.21 ± 0.7
Skin burns	3.25 ± 0.9	2.33 ± 1.0	3.33 ± 0.9	2.36 ± 1.0
Fertilizers: skin burns	3.38 ± 0.9	2.08 ± 0.8	1.17 ± 0.9	0.36 ± 0.5
Manure: bad odor	1.94 ± 0.9	0.92 ± 0.8	3.39 ± 1.2	1.93 ± 0.9

[a] New farmers: had been farming for less than 2 years and established farmers for more than 2 years.
[b] Risk range: lowest risk=1, highest risk=5 and 0 means risk was not mentioned.
[c] Standard deviation.
[d] As mentioned by farmers, although they are symptoms of diseases mentioned like cholera and typhoid.

因为农民一般都不吃他们自己种植的蔬菜,所以根据谣言所列出的消费相关的风险并没有得出调查者本来认为的结果(很低的得分代表这一项没什么风险)。那些偶尔吃过自己种植的蔬菜的为数不多的农民说,他们从来没有出现过健康问题。调查结果显示,大部分农民(约 70%)认为,无论对自己还是对消费者都没有实际的风险。其中,有 20% 的人指出,他们没有遇到或者听说到任何实际问题,但是同意废水可能与某些疾病有关的观点。只有10%的受访者提到了皮肤感染和难闻的气味。与此相同,Keraita等人[1]指出,在库马西,虽然很多人已经意识到废水带来了一些不健康问题,但只有几个农民抱怨自己由于灌溉水的使用而患了皮疹。

阿克拉的农民认为其遭遇消费相关风险的可能性要高于库马西的农民。虽然如此,两个城市的农民们都认为和职业风险相比,消费相关的风险远没有那么重要。但是,与废水相关的职业风险,特别是来自于使用农药的风险被认为是一种更高的风险。这可以归因于阿克拉的非政府组织提倡综合害虫管理造成的高层次认知。来自库马西附近的Akumadan灌溉计划的报告表明,当地农民种植番茄时使用的大量农药可能造成性无能。这也许可以解释为什么那些比较年轻的未婚的农民把这当作一个非常重要的风险。

表5-8 农民在风险管理措施方面的认知(WHO 2006 国际指导原则)

Health risk	Accra ($n=28$)	Kumasi ($n=32$)
Human exposure control		
Protective clothing: gloves, boots	$2.07^a \pm 0.9^b$	2.88 ± 1.0
Safe sanitation and drinking water	2.43 ± 1.0	1.78 ± 0.9
Deworming	0.96 ± 0.7	1.16 ± 1.0
Immunization	1.04 ± 0.8	1.00 ± 0.8
Health promotion programs for farmers, e.g. creating awareness, hygiene education	4.54 ± 0.9	4.88 ± 0.5
Crop restriction measures		
Planting non-food crops	0.38 ± 0.8	0.06 ± 0.2
Planting foods cooked before eating	0.93 ± 0.8	1.13 ± 0.9
Water application techniques		
Safer irrigation methods	3.11 ± 1.1	2.84 ± 0.9
Cessation of irrigation before harvesting	2.21 ± 1.0	2.03 ± 1.2
Wastewater treatment		
Conventional	0.29 ± 0.7	0.03 ± 0.2
Low-cost	2.93 ± 0.3	1.94 ± 0.6

a Suitability range: least suitable=1, most suitable=5 and (0) means not suitable.
b Standard deviation.

---

[1] See Keraita, B., Drechsel, P., Huibers F., & Raschid-Sally, L. Wastewater use in informal irrigation in urban and periurban areas of Kumasi, Ghana. Urban Agriculture Magazine, 2002, 8:11—13.

1. 对 WHO 的健康保护措施的认识

WHO 列出的健康保护措施也向农民作了部分解释。表格 5-8 表现了农民们对这些措施的认识以及他们认为的合适的打分。没有给农作物限制这一项打分,表明农民们并没有准备对他们种植的具有明显市场目的的蔬菜进行改变。比如,农民在改种非粮食作物上看不到潜力,因为这一改变意味着他们会失去在蔬菜种植上得到的快速经济回报。健康促进项目,比如科学家与农民之间分享更安全的生产实践知识,被评为最适合的(most suitable 分最高为 5 分)。与那些需要更多改变或者更大投资的措施相比,以管理为基础的措施比如灌溉方法、水申请制度和穿防护衣的措施被认为更适合。

除此之外,免疫接种、安全饮用水和卫生设施的提供被认为是可行的措施,但是有家庭背景的农民,认为自己更容易受到来自供水不足和不良的卫生设施的健康风险。阿克拉和库马西两地的农民都不看好传统的废水处理这个措施,他们都认为这是当地政府的责任,且政府近期很难解决。然而,他们看到了运用简单的技术如沉淀和过滤进行农场灌溉用水处理这个措施的发展潜力,特别是这些简单的技术将会给农民带来直接的经济回报。

表 5-9 农民减少健康风险的措施

Contamination source	Primary measures[a]	Secondary measures[b]
Irrigation water	Provision of safer irrigation water like groundwater	Leaving water in irrigation sources to settle and not stepping inside
	Protection of water sources	Applying water to roots not on leaves
	Treating water with chemicals	Using right amounts of water
	Filtration of irrigation water	Stopping irrigation days before harvesting
	Using boots when stepping in water sources	
Soil	Treat soils	Reducing splashing of soils on vegetables
		Better timing of manure application and using right amounts
		Using well-composted manures
		Using gloves when applying manure

[a]Measures identified by farmers only.
[b]Measures identified following discussions with researchers.

农民确定的风险减少措施是在对污染来源的认知的基础上进行分组的。比如灌溉水和土壤（表 5-9）。一些措施完全是由农民提出的（根本措施），二级措施是在根本措施的基础上和科学家进行讨论后获得的。两个城市确定的措施基本上是相同的，库马西主要集中于对农民在农场池塘的建设和丰富的肥料供应的情况下家禽粪便的使用，以及更多农民对库马西周围内陆山谷的池塘等方面相关措施的使用。这里提出的大部分的根本措施和二级措施都要根据农民的实践、行为和劳动力的投入而进行改变。农民们也会认同一些低资本投资的措施，比如低成本的水处理和可选择的更安全的水源。总体上说，两个城市的农民普遍认同的措施都是更简单的、执行成本低的。他们在相当大的程度上与世界卫生组织指导手册上建议的不同，比如传统的废水处理、农作物限制和人体暴露限制，这些需要更多的成本而且在务农实践中有很大的变数。

2. 参与农田试点实验的农民的认知

对于这八位农民的认知的收集涉及他们个人务农实践的一些具体问题，对他们的观察和讨论使我们在风险减少措施和可能影响措施选择因素的方面有了更多的认识。

四位使用家庭污水和被污染的溪水作为灌溉水的农民，很清楚地知道灌溉水是可能给他们自己、食用蔬菜的消费者以及蔬菜带来疾病的一种来源。但是，他们仍然选用这种水，因为他们没有选择，因而只能转向指责那些污染者。另外四位农民使用浅井水，他们认为自己并无风险，因为使用的水是相对干净的。不像第一阶段，这些农民中没人将土壤和肥料与健康风险联系起来。不仅如此，他们的健康风险意识相对薄弱，没有人提到血吸虫的职业健康风险、霍乱和伤寒的消费风险、杀虫剂带来的阳痿和化肥带来的皮肤灼伤。总的来说，这些农民主要是根据自己的务农经验来识别风险，这同部分风险是他们在听到的谣言的基础上识别的，他们的打分受到了群体动力学的部分影响的第一阶段的研究不同。

3. 对一些风险管理措施的观察

Keraita 等在六个月内对风险管理措施进行观察，对农民的有为和无为的根本因素进行讨论（表 5-10）。以下是一些必须提到的关键因素，有助于加强被认为是安全的实践的选择（以下顺序不代表排名）：

- 农民对(可见)风险的认知水平
- 了解在池塘、浅水井、灌溉方法与安排的设计上的技术诀窍
- 在缺水的情况下执行这些措施的挑战
- 需要那些不用增加农民劳力输入的措施
- 不愿意或者不能在这风险管理措施上进行大规模的投资
- 被其他农民影响
- 缺少获得更安全作物的市场渠道
- 不知道购买者对于更安全的产品愿意支付多少价格

看上去在未来相当长的一段时间内,市场动机是未来提供农民采用更好的实践的最有效的动力。

表 5-10 自测风险管理措施的认知和观察

Risk management measure	Observation	Underlying factors
Use of protective clothing: gloves, boots	No farmer used gloves Only two farmers who were using household effluents consistently used boots while farming The six others occasionally used boots, especially when cool	Protection associated with perceived risk level and walking distance Farmers using polluted streams walked longer distances, making wearing of boots uncomfortable, especially when hot
Protection of water sources	Only one farmer occasionally did, especially during the weekends when effluents from households were soapy	This farmer always had excess water Farmers using shallow wells experienced water scarcity and left wells unprotected to collect polluted surface runoff.
Leaving water to settle and careful collection	All farmers did not consciously leave water to settle Only two farmers using household effluents never stepped in irrigation water No care was taken by all farmers when collecting irrigation water	Ponds and shallow wells not well designed Only feasible when there is enough water, i.e. rainy season for farmers using shallow wells and all seasons for those using household effluents
Alternative sources of irrigation water	Asked by farmers experiencing water scarcity and those walking long distances No farmer was ready to invest in safer water sources	Farmers were not only interested in safer sources, but also reliable and where they could use minimum labor while irrigating Costs known by farmers to be highly prohibitive
Stop irrigation days before harvesting	Depends on crop. For lettuce, irrigation done until harvesting day Stopped only if the crop is mature and buyers delay	Irrigation until last day makes lettuce look fresh and attractive Continued irrigation after maturation made lettuce leaves making 'balls' Arrival date of trader is a key external factor
Irrigation methods and amounts of water used	All farmers were using watering cans Farmers had fixed times and amounts of water applied Watering done after heavy rains	Farmers largely influenced each other in knowing irrigation amounts, times and even methods to use Watering done after heavy rainfall to wash soils away from lettuce leaves so that they do not make permanent brown spots.

(三)讨论

在废水灌溉的农业里,一些研究表明,最大的风险是农民的肠道线虫感

染和产品消费者的细菌感染。在 Keraita 等人的研究中,这些农民并没有把肠道线虫感染与废水灌溉联系起来,甚至连细菌疾病都被农民认为是最小的风险。造成这样的原因,一方面是因为农民们自己并不吃他们自己种植的蔬菜,因此可能没有经历过由此带来的影响。另一方面是因为人对能看见的危害警觉性不高,这点在食品供应商的研究中有被证明,因此农民没有意识到废水与腹泻和其他感染症状之间的联系。媒体关于市区灌溉的扩大负面报道会影响到农民的反应,给他们压力,否认和防御性战略可以大大阻碍风险沟通。[①] 另外,农民的这些反应也从非农业的角度暴露了他们较低的卫生标准以及缺乏经过改善的水的供应,而这些都是比蔬菜种植本身与风险的关联更大。对于农民来说,拥有相关知识和理解是很重要的,这是改变他们的看法和做法所必需的。

农民认为土壤和水是造成健康风险的来源。但是,农民和专家在判断污染的指标上是不同的。农民判断灌溉水的污染程度是以颜色、气味以及其对产量的影响为指标的。农民的估计会和实验室的估计相符,尤其是污染可见的时候。然而,对于那些浅井水等一类,表面上看很干净,农民也认为水源很好,但在实验室化验后,却发现其含有严重超标的微生物,这样的污染是不可见的。因此,在农民判断的基础上补充实验室的评估是十分必要的,特别是在微生物参数方面。

根据 Keraita 等人的研究可知,农民可能会过高或过低地估计自己的风险。如果有获益的可能性,农民可能会高估风险以显示他们十分需要帮助。相反地,如果他们认为自己的农业实践是不能被社会接受的,他们在与地方当局、媒体、卫生局交流的时候会倾向于低估风险,这些交流的主体都有可能影响他们的生意。

然而,第一阶段和第二阶段我们可以看到不同情况下很明显的不同。群体动力学聚集了更多的讨论与观点,但很容易受到部分积极爱发言的农民的影响,而这些人通常是那些所谓的官方代表。虽然如此,得到高分的如头痛、肌肉痛和职业健康风险——在其他研究中很难被提到的——确实也

---

① See Peres, F., Moreira, J. C., Rodrigues, K. M., & Claudio, L. 2006. Risk perception and communication regarding pesticide use in rural work: A case study of Rio de Janeiro State, Brazil. International Journal of Occupational Environmental Health, 2006, 12(4): 400—407.

反映了农民最关心的与他们的劳动投入、产量和收入息息相关的问题。研究也很明显地表明,那些长期不容易治愈的疾病的风险的得分要高于那些短期容易治愈的。

事实上,收入损失、所需资产水平、市场动机是限制或驱动城市蔬菜灌溉农业技术改变的关键因素。农民对专家建议的风险管理措施的认可状况更进一步说明了这个问题。

媒体的力量和关于这个问题的调查研究的文章,毫无疑问让更多加纳的农民对这些问题有了进一步理解。这些可以成为缓解风险所要依赖的坚固的基础。但是,有时媒体也会不理性,其有些报道会误导大家,从而造成农民和媒体之间的误会甚至仇恨。在加纳,建立专家与农民之间的信任是十分重要的。

最后,Keraita 等人认为,为了加强对风险管理措施的选择,加纳的农民需要被激励。

思考题

1. 简述事件史分析方法的数据要求。
2. 简述 Cox 模型的概念与特征。
3. 简述马尔可夫模型的应用条件。

第二篇
案例分析

第六章 自然灾害事件

案例一 2004年印度洋海啸灾害预警体系探析[①]

2004年12月26日,印度洋发生大地震(即苏门答腊-安达曼地震),震中位于印尼苏门答腊岛西160千米、水下30千米深处,矩震级达到9.3。印度洋大地震是继1960年智利大地震(9.5级)以及1964年阿拉斯加耶稣受难日地震(9.2级)之后的又一次强震,也是1900年以来规模第二大的地震。它引发了高达30多米的海啸,波及范围远至波斯湾的阿曼、非洲东岸索马里及毛里求斯、留尼旺等国,地震及震后海啸对东南亚及南亚地区造成巨大的人员伤亡和财产损失,死亡和失踪人数超过29万余人。

一、案例背景

印度洋大地震引发的海啸灾难先后殃及10余个国家,受到世界各国的广泛关注。海啸灾难发生后,国际社会开展了史无前例的紧急人道主义救援行动,表现出空前的团结和人道主义精神。海啸带来的巨大灾难向世界再次敲响警钟,呼唤进一步加强国际合作,尽快建立全球特大灾害预警应急体系,有效地预防和应对跨国家、跨地区的重大自然灾害,降低灾害带来的损失。

[①] 资料来源:陈福今、唐铁汉主编:《公共危机管理》,人民出版社、党建读物出版社2006年版;宋会平:《海啸灾害的预警信息传播机制研究——以印度洋地震海啸之灾为个案》,华中师范大学2008年硕士论文;黄顺康:《强化公共危机管理的根本途径——对印度洋海啸灾难的反思》,载《广州大学学报(社会科学版)》2005年第5期;王昂生:《印度洋海啸呼唤建立全球特大灾害预警应急体系》,载《前线》2005年第3期。

二、海啸灾难的演变过程

(一)地震引发海啸灾难的防范意识匮乏,让灾难变为现实

2004年12月26日早8时,在印尼苏门答腊岛西北部海域,大洋深处突发强烈地震,使几乎整个苏门答腊岛、马来半岛都震颤起来。谁也没想到,一场灾难就要降临。斯里兰卡的一名灾民说,当时他们刚干完早晨的活,正在休息。不知不觉间,海水逼近了他们的房子,随后又很快退去,一切都很平静。村民们从没有见过这种情况,都感到莫名其妙。然而,没过多久,海浪又咆哮着扑来,把成年大象大小的石头卷了起来,还将成吨的海鱼抛到岸上。几分钟后,海面又趋于平静。很多渔民跑去看自己的渔船,有的人则在海滩上抓鱼。就在此时,更大的海浪冲了过来,"房屋眨眼间变成了垃圾"。

印度内政部负责人说,从苏门答腊岛附近发生强烈地震到海啸抵达印度海岸,需要一个半小时的时间。如果在这段时间内政府能够通知人们海潮可能抵达的地区,很多生命就可以获救。

印尼官员坦白说,他们根本不知道大地震会引发海啸,也不知道这种自然灾害到底有多恐怖。

据泰国《国家报》消息,泰国气象局曾有45分钟时间对苏门答腊岛附近的地震进行分析并决定是否发出海啸警告,但担心如果发出警报而未发生海啸可能影响国内旅游业,因而没有发出。一名泰国气象局官员称,印度洋地区已经数十年没有发生海啸,因此他们不愿意发出海啸警告。事实上,就在地震发生的30个小时前,一份包含14条减小海啸危害措施的报告就张贴在泰国气象部门。报告明确指出,在安达曼海发生海下地震后,泰国气象部应当立即准备应对海啸。

斯里兰卡负责灾后救援工作的一位高级官员说,斯里兰卡没能认真对待地震预警警告,应对破坏性海啸来袭的准备工作也没有做好。"我们一直很自满。人们一直在发布地震和海啸的警报,我们自己也捕捉到了地壳的数次震动,但很明显,我们对此并没有给予足够的重视。"

(二)预警机制缺失,信息沟通不力,使灾难不断升级

地震的震波猛烈地撞击着海水,并迅速形成一圈圈的惊涛骇浪,向远处狂奔而去——一场可怕的大海啸形成了。向东、东南方向涌去的巨浪首先

袭击了苏门答腊岛。上午9时前后,袭击了马来西亚和泰国的一些地方。9时30分左右,巨浪又登陆斯里兰卡、马尔代夫和印度东南沿海地区。遭受地震和海啸袭击的印度洋沿岸各国官员事后承认,他们没能在苏门答腊岛附近海域发生地震后及时向国民发出海啸预警,若非如此,定将挽救成千上万人的生命。

印尼气象和地质部门的一位官员承认,该国在监控灾害性天气工作上一直存在薄弱之处。他说:"很不幸,我们没有能预警海啸来袭的设备。这些设备都太贵了,我们没有钱来买。"泰国官员称,该国没有在受海啸袭击的泰南部地区西部海岸部署海浪监控传感器,因此当地民众和游客无法得知海啸预警。《曼谷邮报》援引泰国气象局前预报专家他玛萨罗·史密斯的话说,虽然地震很难预测,但地震引发的海啸却具有可预测性。气象局有一个小时的时间发布紧急预报,从而疏散人群,但他们没有做到。气象局官员说由于缺乏卫星技术,气象厅无法发布实时预报。

目前国际社会建立的海啸预警机制主要针对的是太平洋沿岸国家,在印度洋沿岸却没有一个海啸预警中心。26日发生的强烈地震虽然被地震台网测到,但是由于有关地区没有海啸波监测装置,根本无法及时发现海啸和确定海啸的运行方向,因而也无法及时预警。由于经常受到海啸的威胁,日本特别注意对海啸的研究,有严密的预警机制。一般认为,如果这次是日本遭遇海啸,伤亡会大大减少。这次海啸的传播速度达每小时800公里,从震中到达斯里兰卡也用了两小时。因此,如果有有效的预警机制,只要不是离震源太近,就可以伺机逃避。

另外,印度洋沿岸国家在分享相关信息时渠道不畅。美国地质调查局在监测到大地震之后本来试图通知印度洋沿岸各国准备防范海啸,但始终没有和这些国家的相关部门联系上。原因是,这些国家没有正式的警报传送渠道。

三、救灾工作的进展过程——史无前例的全球救援大合作

(一)救灾合作无国界,全球齐动员

印度洋海啸灾难一出现,联合国马上作出反应。当天联合国有关部门就在雅加达紧急召开专家会议,讨论灾难对东南亚和南亚地区造成的损失和所需救援物资情况。时任联合国秘书长安南通过其发言人发表声明,表示联合国正在向遭地震和海啸袭击的印尼等亚洲国家派遣灾害评估和救灾协调工作组,以帮助各国开展救援工作。

作为受灾国家的友好邻邦,中国迅速展开历史上最大规模的对外救援行动,在灾害发生次日就宣布援助 260 万美元(约合 2163 万人民币)。此后,中国政府根据灾情发展承诺向受灾国增加 6050 万美元(约合 5 亿人民币)援助,并积极减免有关受灾国家到期政府债务。中国政府免除了斯里兰卡全部到期政府债务。中国社会各界也自发为灾区捐款超过 1210 万美元(约合 1 亿人民币)。中国香港特别行政区捐款逾 6250 万美元(约合 5 亿港元),中国澳门特别行政区向灾区派出了救援队。截至 2005 年 1 月 7 日,中国政府和民间援助已累计逾 1.33 亿美元(约合 11 亿人民币),数批救灾物资运抵有关国家。此外,中国政府以最快速度向受灾地区派出了医疗队与救援队。同时,中国政府积极参与重大自然灾害预警机制国际和地区合作,并倡议在北京组织召开了东盟—中国地震海啸预警研讨会。

欧盟对印尼海啸救灾也给予了充分关注。欧盟于海啸发生当天批准 300 万欧元的援助。英国、德国、法国、比利时等国均向班达亚齐派遣了救援人员或军队。其中,德国军队实力雄厚,他们将重型卡车、铲车等大型设备直接空运到灾区,甚至设置了专门的直升机空投点,大大提高了救灾物资的运送速度。

美国在海啸发生后也作出反应。布什政府表示,希望通过参与救援行动,努力改善美国在伊斯兰世界受到损害的形象。美国时任国务卿鲍威尔在海啸发生后,代表美国政府宣布,向遭受海啸灾难地区提供 1500 万美元的一揽子援助计划。2004 年 12 月 28 日,美国国务院副发言人向媒体表示,美国将向遭受海啸灾难的东南亚和南亚地区再追加 2000 万美元的援助。

新加坡虽然是一个小国,但也是倾囊相助。只有四艘登陆舰的新加坡,除一艘在波斯湾执行任务外,其余三艘全部开赴印尼,充当搜索和救援直升机的平台。

此外,南非、墨西哥、巴基斯坦、澳大利亚、新西兰、马来西亚等国也都向灾区派遣了救援队伍。每个国家的救援队都发挥各自的特长和优势,形成优势互补,共同推进救治工作。"合作"成为在救灾工作中使用最频繁的词汇。

(二)灾难反思意义深,共谋安全

印度洋地震和海啸灾难发生后,国际社会召开了一系列关于预防、救灾、重建、合作等会议,共商国际抗灾预警应急大体系的构建。从雅加达东盟领导人特别会议到毛里求斯的小岛屿发展中国家会议,从日本神户的世界减灾大会到北京的东盟—中国地震海啸预警研讨会,再到泰国的普吉岛部长会议,国际社会对灾难已有清醒认识,并提出了一系列建立区域预警机制的重要倡议。

2005年1月6日,时任联合国秘书长安南参加雅加达亚洲海啸灾难国际峰会,并以联合国的名义呼吁全世界对受灾国家提供援助,正式担负起全球性救灾行动的指挥和领导责任。时任中国总理温家宝出席了地震和海啸灾后问题领导人特别会议,并就救灾和重建工作代表中国政府提出了七点建议。这些建议包括:提供紧急救助;加快重建工作进程;重振受灾国家旅游业;建立灾害预警机制;加强信息共享和交流;充分发挥现有机制的作用;积极参与以联合国等国际组织和东盟为主导的援助计划。

2005年1月14日,联合国小岛屿发展中国家可持续发展会议在毛里求斯闭幕,会议通过了《毛里求斯宣言》。宣言特别指出,应该尽快在印度洋建立灾害预警系统,以防止类似印度洋地震和海啸给人类带来巨大灾难的事情重演。此次会议共有114个国家的代表参加,其中18个国家的元首和政府首脑与会,60多个国家的部长出席,共有各国代表2000多人,此外还有许多社会团体代表和记者与会。

2005年1月24日,在日本神户举行的世界减灾大会决定建立全球性灾难早期预警系统,以减轻各种自然灾难给人类造成的损失。这个国际早期预警将由联合国主导实施,建成后将整合世界气象组织和世界粮食计划署等诸多机构的相关功能,为各种自然灾害作出预警,加强各国及各国际组织之间的信息交流,以便及早作好抵御自然灾害的准备。在大会上,一些发达国家代表表示,愿意为国际早期预警项目提供资金和技术支持。

2005年1月16日,东盟—中国地震海啸预警研讨会在北京闭幕。中国和东盟签署了《建立地震海啸预警系统技术平台的行动计划》。会议总结了印度洋地震海啸灾难的经验、教训,重点围绕进一步加强国际协调与合作,提高东南亚地区地震监测能力,加强信息共享,通过建立亚洲区域地震合同,为地震海啸提供早期预警等问题进行了深入研讨,并就下一步的联合行动方案达成共识。

四、总结

(一) 灾难本来可以减轻,甚至可以避免

灾难之所以如此巨大,一个原因是人们灾难意识的缺乏。在突如其来的海啸面前,沿岸各国普遍缺乏防范意识,也缺少应对突发灾难的经验。美国地质调查局信息中心的专家韦弗利·帕森认为,这显然是因为印度洋很少出现海啸,规模如此巨大的海啸更是凤毛麟角。这让印度洋沿岸国家降低了防范意识。

同时,政府也没有给予国民相应的指导。政府本应该指导居住在海边的国民在发生地震后离开海边。由于地震震中在海底,波动传递到海岸一般需要20分钟到两个小时,如果当地居民组织得力,这段时间足够人们逃生了。帕森说:"居住在日本沿海的人、居住在加利福尼亚沿岸的人都受到相关指导,而这次海啸侵袭的许多地方的居民根本没有任何海啸知识。"

另一个原因则是海啸预警机制的缺失。以今日的技术,地震的发生虽还不能准确预报,但地震一旦发生就能测出,海啸的发生也可察知。科学家指出,如果印度洋沿岸国家建立了海啸预警机制,很多伤亡将可以避免。媒体也尖锐地指出,在印度洋海域,没有完善的海洋安全预警机制尤其是海洋地震预警系统和减灾系统,令印度洋沿岸各国疏于防范,灾难发生后手足无措,这才是造成悲剧的根本原因。

(二) 此次应对灾难的成功之处

国家间的合作与协调是此次救灾工作的重要成功经验。在经济全球化和相互依存不断深化的今天,印度洋海啸已不是某一国或几国的灾祸,而是完全意义上的全人类的浩劫。灾难的国际性直接引起了国际社会的全面关注,与之相对应,国际经济救援机制迅速启动。联合国启动了有史以来最大的救援活动,在国际救灾工作中发挥了重要的领导和协调作用。世界各国的救援也体现了空前的团结。

此次海啸之难,不论是海啸破坏与影响的范围之广,还是国际传媒报道

的空前密集；不论是各国对此反应的迅速与广泛，还是世界各国政府与人民在救灾中所体现出的天下一家、有难同当的精神，来自数十个国家的军人和医护人员奋战在灾区，都证明国际合作与协调至关重要。面临共同的威胁，合作的需要显而易见。同时，在处理问题中不可避免地会产生利益和矛盾，协调利益、化解矛盾也是国际合作的作用所在。通过国家间的取长补短，借鉴经验、援助技术，不仅有利于解决问题，而且促进了国家间关系的发展。

（三）应对危机的启示

1. 危机的预警预防以及救援，国际合作非常重要

危机预警系统的建立与完善，离不开合作与协调。现在全球还不能真正做到早预警、早防范，有效减轻各种自然灾害的损失，国际联合危机处理能力亟待提高。因此，应尽快联合各个国家、地区和国际组织形成一个全天候、多领域的合作机制。一是加强全球范围内的规划和协调，支持联合国在建立健全预警机制进程中发挥领导和协调作用。二是支持尽快建立全球统一的预警系统，在充分协商与合作的基础上共同建立本地区的预警机制，充分吸收、借鉴成功经验，尽早发挥减灾实效。三是支持不发达国家与地区的预警能力建设，国际社会应加强扶贫、基础设施建设、教育培训、人力资源开发等合作，从根本上提高发展中国家的能力。

2. 应加快建立全球特大灾害预警应急体系

预警应急体系建设是一项具有战略性和全局性的重大工程。完善的预警应急体系应当包括统一的协调机构、全面的信息平台、灵敏的应急机制以及专业的科研队伍。

第一，建立一个"国际灾害预警应急协调管理机构"。有专家建议，可以成立"联合国全球特大灾害预警应急中心"，作为世界级防灾减灾工作的"最高司令部"和"神经中枢"，由其负责应对特大自然灾害的国际预警体系的建设和运作，协调世界各国联合监控、防治自然灾害。

第二，建设一个覆盖全球的灾害预警及信息传递平台。要在全球范围内进行危机信息管理，就应充分调动国际上现有的大量防灾减灾机构和研究人员的力量，利用各种现代化的技术手段，建立一个实时共享的灾害信息管理和发布系统，及时捕捉全球各个国家和地区所有自然灾害的先兆信息，

做到科学分析、及时预警。

第三,建设一个功能齐全、反应灵敏、运转高效的应急机制,提高全球处置突发自然灾害的能力。建立起科学可靠、高效运转的预警应急机制,可以在发生重大灾害时以最短的时间,通过多种传播手段,将信息传递到千家万户,并组织人们迅速撤离。

第四,联合世界各国的科学研究力量,集中攻克灾害监控防治工作中的科学难题。

3. 应加强全民防灾意识教育

防灾意识是人类必须长期树立的非常重要的安全意识之一。有了防灾意识,人们才会积极地去研究自然灾害,未雨绸缪。防灾意识的产生方式有两种:一种是灾害发生后以教训的方式产生;一种是借前车之鉴加强教育宣传。这次海啸之所以伤亡惨重,与当地居民缺乏对海啸的了解和防灾避险知识有关。我们必须借鉴发达国家的经验,高度重视全民防灾减灾指导,在各级学校、村镇、社区,将防灾减灾知识列入教育内容,提高广大群众在发生灾害时的自救和施救能力。

案例二 2008年汶川"5·12"地震中的应急管理[1]

2008年5月12日14点28分,四川省汶川地区发生8.0级强烈地震。地震严重破坏地区超过10万平方千米,其中,极重灾区共10个县(市),包括汶川县(震中)、茂县、北川县、安县、平武县、绵竹市、什邡市、都江堰市、彭州市、青川县等;较重灾区共41个县(市),一般灾区共186个县(市)。截至2008年9月18日12时,汶川地震共造成69227人死亡、374643人受伤、17923人失踪,是中华人民共和国成立以来破坏力最大的地震,也是唐山大地震后伤亡最严重的一次地震。

一、灾情及应急管理回顾

汶川地震是2008年我国最为重大的突发事件。与新中国成立后的历

---

[1] 参见董克用、王宏伟:《对于汶川地震应急管理的建议》,载《中国应急管理》2008年第6期;王宏伟:《重大突发事件应急机制研究》,中国人民大学出版社2010年版。

次大地震相比,汶川地震的主要特点在于:一是震前没有明显预兆。二是地震发生在地形、交通条件复杂的西部山区。地震主要灾区四川北部、甘肃南部均为高山地带,地形地貌复杂,地震发生后震区交通受到严重破坏,疏通难度极大,为救援工作带来巨大困难。三是灾区的抗震能力较差,发生衍生灾害的风险很高。四是此次抗震救灾工作是在我国的公共应急管理制度建设取得长足进步的条件下进行的。自2003年"非典"危机之后,我国的公共应急管理体系向规范化、制度化方向快速发展。汶川地震发生时,我国的应急预案体系已经粗具规模。地震发生后,党中央、国务院高度重视,胡锦涛总书记在第一时间作出重要批示,温家宝总理迅速赶往灾区指导救灾工作。在党中央和国务院的统一领导下,全国人民万众一心,和衷共济,抗震救灾工作有力、有序、有效,恢复重建工作全面展开。[①] 经国务院批准,自2009年起,每年5月12日为全国"防灾减灾日"。

在汶川地震的救援中,《突发事件应对法》发挥了重要作用,保障了抗震救灾工作的高效运行,具体应急管理过程梳理如表6-1。

表6-1 汶川地震中的应急管理

时间点	事件、应急管理	备注
5月12日14点28分	四川汶川县发生7.8级地震	
5月12日下午	胡锦涛主席立即作出重要指示:尽快抢救伤员,保证灾区人民生命安全。总理温家宝乘飞机离开北京,赶赴四川指导抗震救灾	
5月12日晚	中共中央政治局常务委员会召开会议,全面部署抗震救灾工作。会议决定成立抗震救灾总指挥部,全面负责抗震救灾工作。温家宝任总指挥,李克强、回良玉任副总指挥,全面负责抗震救灾工作,下设总值班室、交通、卫生、救援等七个组(后增设了国际救援协调组)	抗震救灾总指挥部
5月14日	温家宝总理抵达四川灾区	
5月16日	胡锦涛主席抵达四川灾区	
5月18日	修订地震为8.0级	
5月19日至21日	全国哀悼日	

---

① 参见王宏伟:《重大突发事件应急机制研究》,中国人民大学出版社2010年版。

(续表)

时间点	事件、应急管理	备注
5月20日下午	温家宝总理主持召开国务院抗震救灾总指挥部第11次会议,研究受灾群众生活安排、防范次生灾害等工作	灾后重建开始
5月21日下午	国家汶川地震专家委员会在国务院抗震救灾指挥部的领导下开展工作,开展灾害评估工作,组织地震科学考察和研究,为抗震救灾和灾区恢复重建提供科学依据	国家汶川地震专家委员会成立
5月22日	温家宝总理重返四川重灾区北川考察	
5月27日	国务院提出"一省帮一重灾县,几省帮一重灾市(州)"的救援方案,举全国之力帮助灾区重建,由此建立了全国对灾区各地的对口支援机制	
6月8日	国务院公布《汶川地震灾后恢复重建条例》。这是我国首个专门针对一个地方地震灾后恢复重建的条例,为灾后过渡性安置、调查评估、恢复重建规划、恢复重建等不同阶段提供了行动指南和法律依据。这也是我国历史上从起草到颁布实施历时最短的一部行政法规,创造了立法史上的一个纪录	灾后恢复重建工作全面纳入法制轨道
7月3日	国务院发布《关于做好汶川地震灾后恢复重建工作的指导意见》	
8月12日	《国家汶川地震灾后恢复重建总体规划(公开征求意见稿)》公布,面向国内外各界人士征求意见和建议	

汶川地震发生后,军队总动员。地震发生14分钟之后,军方第一支救援队——中国国家地震灾害紧急救援队就完成了出动准备。军队系统按照党中央、中央军委的要求,成立了军队抗震救灾指挥组,并在军委主席胡锦涛的领导下展开工作。同时,各部委机构也启动了应急预案:国家地震局立即启动国家地震一级应急预案;民政部先是启动了自然灾害救助二级应急预案,5月12日当晚10点15分,改为最高级别的一级响应;国土资源部启动了突发地质灾害应急预案,严防灾区因地震造成的滑坡、崩塌和泥石流等;武警总部紧急启动应急预案等。另外,地震发生后,在四川省委、省政府的领导下,大规模的抢险救援迅速展开。28支医疗队紧急赶往汶川、绵竹、德阳等地。

二、汶川地震救援的成功经验

在汶川地震救援中,我国政府响应迅速,处置得当,效率极高,赢得了国际社会的高度评价和广泛赞誉,也为我国处置特大突发事件积累了宝贵的

经验。总体来看,汶川地震救援的"亮点"包括以下几个方面:

(一)统一指挥,各部门协调联动

地震发生后第一时间,中共中央总书记、国家主席、中央军委主席胡锦涛立即作出重要指示,要求灾区驻军和武警部队迅速组织出动,协助地方抗震救灾,保证灾区人民生命安全。地震发生两小时后,温家宝总理的专机从北京起飞。

对于地震灾害,我们已有一整套应急准备与响应预案。在2003年"非典"发生之前,我国没有总体应急预案和《突发事件应对法》,那时候的应急管理主要是众多部门各自为战,一些部门甚至不重视应急管理,各部门间更没有形成协同应对的网络体系。不过,那时有一些系统还是比较先进的,如防汛抗旱和抗震救灾。由于有唐山大地震的经验教训,因此我国早就开始重视抗震救灾方面的应急管理工作,并加强了对地震灾害的准备,该系统应急管理在我国各部门应急管理当中是走在前列的。唐山大地震以后,我国各级政府纷纷成立地震局,它们负责日常地震的监测、分析、准备和救援等等。这一套系统还是相对比较完善的。

汶川地震发生后,国务院抗震救灾指挥部开始运转。同时,解放军总参谋部启动应急预案,立即发出指示,要求成都军区空军和武警部队迅速组织灾区驻军全力投入抗震救灾,保证灾区人民生命安全,最大限度减少损失;总政治部发出政治工作指示;总后勤部、总装备部也作好支援抗震救灾的应急准备;卫生部组织十余支卫生应急队启程赶赴灾区;交通运输部启动应急预案,要求迅速抢修毁损公路,确保物资畅通;公安部要求各地全警动员、全力以赴投入抗震抢险救灾;外交部紧急启动应对地震灾情涉外工作应急机制,并向有关国家驻华使馆通报外交部24小时值班电话,以及时处理相关涉外工作。

(二)信息透明,发布及时

汶川地震的消息在灾害发生后的几分钟内就被公布。信息的透明、公开稳定了全国各地社会公众的情绪。本次地震震情、灾情、救灾行动等一切相关信息都高度透明。国务院新闻办每天都有一场新闻发布会,四川省政府也举行多场新闻发布会,中央及地方的广播电台、电视台都全天候直播抗震救灾的最新进展,其他平面媒体、网络媒体等也都高度关注并及时报道有关的灾害和救灾信息,特别是我国还开放境外媒体及时赴灾区参与报道。信息的充分透明共享既把灾后的各种谣言传播限制在最小的范围内,也起到在全社会和全世界范围内自发的信息动员作用,调动各方共同参与救灾行动。

2008年5月12日下午,一些网站曾爆出"北京市将在晚上10:00—12:00之间发生2—6级地震"的虚假消息,政府权威部门快速反应,及时辟谣。不仅如此,在灾害应对的过程中,主流媒体对灾区救援情况进行了实时、动态的报道,使得社会公众能够及时了解灾情,如中央人民广播电台推出了特别直播节目《汶川紧急救援》,中央电视台综合频道与新闻频道联合推出了直播节目《抗震救灾,众志成城》等,24小时不间断滚动播出。这不仅在最大程度上满足了社会公众知情的需要,而且使有关地震的谣言、流言无立足之地;不但没有引起过度的社会恐慌,反而激发了全国人民同心同德、共赴国难的爱国热情,增强了民族凝聚力。

(三) 军民结合,平战结合

汶川地震发生后,陆路交通受阻,空军紧急出动大型运输机、直升机等装备,向灾区机降和伞降应急救援力量和物资。在陆路交通不畅的情况下,解放军、武警和民兵凭借过硬的军事素质,强行军火速赶往重灾区。野战运血车、野战流动医院、野战沐浴车等大批先进的军事装备在突发事件的处置过程中展现出巨大的威力。从国内外巨灾应对的实践来看,武装力量执行抢险救灾等非战斗军事任务具有得天独厚的优势,因为他们具有顽强的意志、良好的体力、严密的组织和超常的快速反应能力、应急机动能力及远程投送能力。同时,汶川应急救援对于武装力量来说也是一次难得的实战演练机会,其中体现了军民结合、平战结合的精神。

(四) 以人为本,心理干预

汶川地震使数以万计的民众丧生,重创了灾区社会公众的心理。许多劫后余生的灾区公众或惊魂不定,或沉浸在丧失亲友的痛苦之中。在汶川地震救援中,我国政府本着"以人为本"的原则,对于社会公众的心理干预介入时间早、力度大。例如,中国心理协会及时启动"阳光在行动"工程,派出心理专家赶往灾区,对灾民进行心理疏导;中科院在成都的科研基地也将青少年心理干预的手册发放给灾区的孩子等。这些都对我国今后处置重大突发事件具有重要的借鉴意义。

(五)社会动员,全民参与

在汶川地震救援的过程中,社会动员发挥了突出的作用,全国人民踊跃参加为灾区献血、募捐等活动,政府、企业与第三部门之间有效地组合力量,形成了政府主导、全社会共同参与的局面。

在汶川地震中,中国企业勇于承担社会责任,向灾区慷慨捐款捐物,提供挖掘机、柴油发电机、方便面、瓶装水、帐篷、衣服、药品等设备和物品,派出专业维修队伍和应急救援队伍,携带先进装备,抢修灾区的水、电、交通、通信等"生命线"系统,救助灾区被困人员。为了支援灾区的抗震救灾工作,许多企业开足马力,夜以继日地生产抗震救灾物资,为最终夺取抗震救灾斗争的胜利提供了有力的物质保障。在汶川地震救援中,志愿者云集,车友、无线电爱好者等自发组织起来,赶赴灾区,参与抢险救灾。众多的非政府组织以其灵活的形式自下而上地对震灾作出了迅速的反应,与政府自上而下的应急模式形成互补之势。

与此同时,灾区社会公众积极开展自救与互助,如受灾较轻地区的民众为重灾区免费送水送饭,有的人甚至刚走出废墟就又加入了志愿者的行列。

(六)心态开放,广纳外援

在经济全球化背景下,特大自然灾害的影响往往具有较强的跨国扩散性。防灾、减灾、抗灾方面的国际合作至关重要。特别是面临全球气候变化的挑战,世界各国更需要携手并肩、同舟共济。汶川地震发生之后,我国政府接纳了许多国家的国际援助,并同意日本、俄罗斯、韩国、新加坡等国向四川灾区派出地震救援队,这充分展示出了我国开放、自信的大国心态。

三、汶川地震应急救援中存在的问题

(一)突发事件预警制度有待成文

国家减灾委灾害救助的先期响应级别是二级响应,级别不够到位,不过当天夜里就改为一级。这反映了我们在自然灾害救助应急预案的分级标准

及其灾害风险评估标准方面还存在一定的缺陷。《突发事件应对法》第42条规定:"国家建立健全突发事件预警制度。可以预警的自然灾害、事故灾难和公共卫生事件的预警级别,按照突发事件发生的紧急程度、发展势态和可能造成的危害程度分为一级、二级、三级和四级,分别用红色、橙色、黄色和蓝色标示,一级为最高级别。预警级别的划分标准由国务院或者国务院确定的部门制定。"然而,直至今日尚未有成文的预警级别的划分标准出台。

其实,这个问题在2008年年初南方冰冻雨雪灾害时就已经暴露。2008年1月下旬,在灾害情况已经非常严重的情况下,国家层面启动的自然灾害救助应急预案只是四级,因为它的标准所关注的是一个省范围内的人员和财产损失状况,而没有站在跨区域甚至全国范围的角度来设定标准。如果单看各个省,可能问题还不是很严重,但如果已经威胁到一个更大的范围了,那么再遵循这一套标准就不行了。这反映出我们必须尽快修正自然灾害应急救助预案中的预警与响应分级标准。

(二)特别重大突发事件紧急状态有待明确

汶川地震发生后,我们已经是全国动员、全党动员,《人民日报》发表社论文章《紧急行动起来!》,并且有军事力量的大规模介入,但在这种情况下,我们并没有宣布进入紧急状态。虽然《突发事件应对法》规定[①],当一般的应急预案不能解决问题时,可以宣布进入紧急状态,《宪法》也规定了紧急状态的相关条款,但到目前为止,我们在适用紧急状态方面并没有具体的法律规定。规范化的应对是,在特大灾害即将来临或已经来临时,当一般的国家突发事件应对法和应急预案都不能或可能不足于解决问题时,由国务院或全国人大常委会宣布某些地区、行业或者全国范围进入紧急状态。政府如果不宣布,后期的许多法律和跟进措施就不容易及时到位或者没有法律根据。及时宣布则既能起到法律动员的作用,也能为随后及时跟进有关特别强制措施提供充分的法律根据,同时还能规范有关强制措施的运用,保护公民和

---

① 《突发事件应对法》第69条规定:"发生特别重大突发事件,对人民生命财产安全、国家安全、公共安全、环境安全或者社会秩序构成重大威胁,采取本法和其他有关法律、法规、规章规定的应急处置措施不能消除或者有效控制、减轻其严重社会危害,需要进入紧急状态的,由全国人民代表大会常务委员会或者国务院依照宪法和其他有关法律规定的权限和程序决定。紧急状态期间采取的非常措施,依照有关法律规定执行或者由全国人民代表大会常务委员会另行规定。"

有关法人的合法权益,避免对社会造成不必要的过当伤害。

(三)专业应急决策机制有待完善

汶川地震的初期应对过程中,发挥抗震救灾及其他有关领域专家作用的应急决策咨询机制启动滞后。一般来说,灾害一发生,我们就应该启动有关的专家咨询机制,但直到5月21日,国家汶川地震专家委员会才宣告正式成立。这对我们初期科学应对有关灾害是不利的。

(四)公共财政应急机制有待改进

第一,公共财政应急法律制度不健全。与日本相比,我国地震灾害救灾资金方面的法律法规还不健全,如没有对下拨资金在各恢复重建项目中的划分原则作出明确规定,致使地方政府重基础项目恢复轻普通民房的重建;虽然对中央特大救灾资金多长时间内下拨到灾民手中有了明确规定,但没有对地方政府财政专户的一般自然灾害救助资金下拨作出明文规定,致使地方政府的救助资金长期滞留财政、民政部门。另外,企事业单位捐赠的善款可否税前列支、可否冲抵税款等,也没有明确规定。

第二,公共财政应急流程设计不规范。首先,地震救灾款申报中的问题。我国地震救灾款的申报由民政部门和财政部门会商后向上级部门申报,这就导致地方民政、财政存在合谋套利的可能,如轻灾重报、无灾有报等。另外还存在"搭便车"行为,地方政府随意挪用救灾和恢复重建资金解决城建、交通、教育等其他历史遗留问题。其次,地震救灾款的接收、分配过程中的问题。目前我国的救灾物资主要通过财政、民政、社会捐助等方式获得,而对救灾物资的接收则存在多头接收问题,缺乏统一的汇集管理。救灾款的分配没有统一、精确的分配标准,随意性较大。分配过程中还存在以权谋私等不法行为。

四、总结

快速处置和应对公共危机是现代政府行政管理的一个重要的方面,也反映出一个国家在应对各种突发事件时的快速反应能力和一国的综合国力。

在此次汶川地震中,党中央、国务院反应迅速,指挥有力,处置得当,以人为本的执政理念得到了充分体现,人民军队在救灾中发挥了中流砥柱的作用,应对危机的意识和行动受到了广大人民群众的普遍赞扬。灾后重建涉及许多法律和政策,也涉及利益的重新分配和调整。如何更好地发挥好灾区行政组织的作用、如何使灾后资金的使用和管理更加有效、如何制定好以工代赈等办法,是灾后得以快速重建的重要保证,也是公共危机处理中最重要的一环。

我国是一个自然灾害多发的国家,进一步提高应对自然灾害的能力将会成为未来的一项长期任务。

(1) 建议成立全国统一的、专门的应对自然灾害的部门,统一协调全国救灾的指挥和控制,提高应对公共危机的快速反应能力和效率。设置应对各种自然灾害的必要的专门机构,研究应对各种危机的措施和办法,加强应对自然灾害紧急预案的制订。同时,加强地方与军队之间在应对自然灾害时的快速反应和沟通协调机制的建设。

(2) 加大应对自然灾害预警机制的建设。按照公共危机管理中的原则,事先的预防,使灾害影响降低到最小程度是应对公共危机的最佳方案。因此,加强和加大公共危机预警机制建设刻不容缓。我们应加大和加强对全国各类自然灾害的研究、预报和预防,加强对重点大陆架板块断层地震带的研究、监测和预报,提高和增强应对自然灾害的预警、预报和预防能力。

(3) 加大对我国各种自然环境、地理环境以及各种复杂气候条件下的特种情况的研究和了解,并努力掌握其规律性,提高预见性,增强可控性。加强对我国各种地理环境、地形、地貌的研究和情况的掌握,研究应对各种自然灾害发生时紧急有效处置的科学方法。同时,更应加大国家在数字地理领域的研究和探索,使其在应对自然灾害和战争时,以及在和平时期的建设中发挥更大的作用。

(4) 增强城市应对公共危机的能力。充分考虑并加强应对自然灾害和应对战争的各种设施的规划和建设。城市规划中应设置必要的直升机抢险紧急降落场,设置紧急避险的公共设施,设置必要的紧急水源,储备供电、照明的紧急设备;抢险救灾的专用设备、专用药品,以及必要的食品、野外生存的必要设备等,并设置专门的仓库予以储备。

(5) 加强应对公共危机的法律法规的研究和制定,提高依法应对公共危机的能力。加强对自然灾害出现后,包括战争出现后,以及灾后重建的相关政策、法律法规的研究与制定,使和平时期和非和平时期应对抢险和灾后重建按照法定的程序有序而紧张地进行,使灾后重建能既经济又合理、既快速又合法地高效率运行。

(6)加强人们应对公共危机的意识、能力培养。对和平时期和非和平时期出现的紧急情况能及时、科学、有效地快速处置,提高人们在危机出现时如何应对的组织、动员、协调、自救等能力,加强民兵、预备役地方武装在处置公共危机时应对能力的具有区域性特点的、针对性强的专业化训练。增强人们在平时的生活、学习、工作中时刻保持应对危机的警惕性,并形成为人们的一种自觉的习惯。

(7)提高军队在和平时期应对自然灾害的紧急处置能力。注意平时军队与地方政府之间在应对紧急情况下的统一协调能力的训练,加强军队在和平时期应对自然灾害时日常的专业化技能和熟练运用专业化设备的训练,加强对各地、各种气候、各种复杂情况下保持军队战斗力的研究和针对性训练。军队不仅要革命化、现代化,而且要具有应对自然灾害的科学化、专业化的抢险能力。

(8)加大军队应对自然灾害的专业技术人员和装备投入。就汶川地震救灾的实际情况来看,军队在侦察监视、通信指挥、后勤保障、战区机动、抢险专业化等方面还有许多不足,今后应加大投入。

案例三　2013 年浙江余姚水灾[①]

一、事件概要

2013 年,强台风"菲特"于 10 月 7 日 1 时 15 分左右在福建省福鼎市沙埕镇沿海附近登陆,登陆时强度为强台风,近中心最大风力 14 级(42 米/

---

① 资料来源:王建平:《"余姚水灾"的人为致灾性——以〈余姚市防台风应急预案〉启动失误为视角》,载《中国人口资源与环境》2014 年第 S2 期;王建平、李军辰:《灾害应急预案供给与启动的法律效用提升——以"余姚水灾"中三个应急预案效用总叠加为视角》,载《南京大学学报(哲学·人文科学·社会科学)》2015 年第 4 期。

秒),是10月份登陆我国大陆强度最强的秋季台风。据监测,至2013年10月9日上午10时,强台风"菲特"给余姚全市带来499.9毫米的雨量,降雨量为百年一遇。受此影响,余姚市四明湖水库等大中型水库均超过了汛限水位,主干河姚江水位达到5.33米,超过警戒水位1.56米,倒灌城区。据当地政府初步统计,截至8日晚7时,该市21个乡镇、街道均受灾,145个行政村和社区被围,受灾人口83万余人,房屋受损较严重的有25650间。

"菲特"与超强台风"丹娜丝"形成的双台风效应,在时间上与钱塘江的天文大潮重合,加上对"'菲特'红色预警"的反应迟缓,以及其他或多或少的人为因素,让"菲特"成为一种致灾性超量释放的气象灾害。对于余姚这个同时制定了《余姚气象预案》《余姚台风预案》和《灾害救助预案》的城市而言,没能充分利用应急预案的制度资源,有效形成制约"菲特"致灾性的法律效用,是令人生疑的灾害法学问题。

表6-2 浙江余姚水灾的事件概述和应急管理

时间	事件	备注
10月8日	受台风"菲特"影响,余姚市遭遇历史罕见水灾,余姚全市21个乡镇、街道均受灾	
10月8日晚	余姚市委、市政府发布告全体市民称:全市目前已进入紧急防汛期,各地各部分正全力以赴抓好抢险救灾的各项工作,努力把灾害造成的损失降到最低程度	
10月8日	余姚市教育局紧急启动应急预案,开放就近学校安置受灾群众	教育局应急预案
10月9日	余姚市委常委、常务副市长潘银浩召开新闻发布会时表示,余姚市早已启动了应急预案,积极挖掘库存,目前已储备了足够的物资,供市民食用15天以上	余姚市应急预案
10月9日	余姚市公安局对在网上散布陆埠水库倒塌,造成40多人死亡等不实信息的张某某、唐某某作出行政拘留处理,张某某行政拘留5天,唐某某行政拘留3天	
10月10日	余姚市召开第二次发布会,针对民众质疑"为啥没见到领导干部在灾区",余姚市长奚明表示,干部们主要在两个地方,一个是"三防"指挥部,一个是余姚的重灾区,特别是城区四个街道及陆埠、河姆渡等乡镇	
10月11日	余姚市救灾办回应"救灾物资遭哄抢"事件称,网友质疑的情况是部分存在的,救灾过程中发生小插曲不可避免,他们将努力把救灾物资发到每个人手中	

(续表)

时间	事件	备注
10月14日11时	网友爆料:余姚三七市镇某领导今日下乡视察水灾,某领导因穿高档鞋子,迫不得已由年近六旬的村书记将其背进灾民家里。同日,针对该领导在抢险救灾中出现的行为,三七市镇党委、政府研究,决定免去其三七市镇村镇建设办公室主任职务,并给予党内警告处分	
10月14日下午	余姚市发布信息称:中心城区151个受淹小区中148个小区积水基本消除;城区供电全面恢复;城区和姚西北供水基本恢复;卫生防疫也已全面展开	

资料来源:朱明刚,《浙江余姚市台风灾害舆情分析》,http://yuqing.people.com.cn/n/2013/1018/c210118-23251971.html,2017年9月15日访问。

二、水灾形成原因分析

(一)"余姚水灾"中的人为致灾因子

一是研判雨情失误,导致应急失误。台风"菲特"给余姚这个总面积1501平方公里的县级市带来了百年以来最大的空前超强降水。对此种灾害流量的短时间释放,如果不采取强有力的人为应对措施,在临灾期根本无法抵御其演化成"余姚水灾"。所以,当"菲特"的致灾性演绎成"余姚水灾"的致灾性时,在前者,是纯粹的自然型致灾因子的单独作用于承灾体的危害性显现,而后者,则是包含了人为应对不力、不足和不佳的人为型致灾因子复合作用于承灾体危害性的必然表现。

二是具有特殊地理环境,却未采取专门应对措施。余姚市的西北部位于钱塘江、杭州湾中心线上,在天文大潮时,极易发生风暴潮灾害。对此,不采取应对措施,必然会导致灾害结果的发生。

三是道路硬化与下水道供给不足。余姚市在城市发展过程中,与全国许多城市一样,道路过度硬化的现象比较明显,与此同时,对作为"城市良心"的下水道,也与全国其他许多城市一样,没有很好地发挥其快速排水的有效作用,于是,"菲特"带来超量降水时,必然会给余姚市带来巨大损失。实际上,排水能力和各种排水管网的洪水吸纳能力过低,也是一个重要的人为致灾原因。

四是居民和"防指"成员单位的应灾能力不足。余姚全城受淹,市民的正常生活秩序被完全打乱。"余姚水灾"的灾前期,政府启动的防台风应急预案等级过低,没有对市民的生活资料作出应有的安排与安置,并以必需的提示、警示和指示及其保障措施周知社会,从而导致余姚市民成为"余姚水灾"灾民后,开始抢购食品和饮用水,导致一些商店无货更新。加上救灾物资发放的组织和志愿者活动安排的缺陷,发生了志愿者与市民之间哄抢救灾物资等冲突,甚至还发生了市民过激地实施其他违法行为等严重的次生灾害问题。

事实上,"菲特"临灾期应急预案启动后,居民和"防指"单位应当全力配合政府有关部门,做好临灾期配合应对,并协助做好水灾消除工作。然而,在2013年10月7日—13日长达一个星期时间里,城市的70%持续被洪水浸泡着,救灾工作进展十分缓慢。所以,一些居民不能理性表达临灾期诉求,不可避免地发生群体性事件,可以说这是一次非常严重的自然人为灾害内涝型洪水灾害。

(二) 应急预案的交叉性问题,应急预案启动滞后

2007—2009年,余姚市先后制定过《余姚市突发公共事件总体应急预案》《余姚市气象灾害应急预案》《余姚市防汛防旱应急预案》和《余姚市防台风应急预案》等预案,到2013年"菲特"发生时,最短已经过去整整四年多。在灾害法上,利用应急预案的制订、启动和适用,抵御自然灾害的损害,是降低人员、财产和社会秩序这些承灾体易损性的制度安排。

"菲特"于2013年10月6日抵达余姚空域时,究竟是单启动《余姚市气象灾害应急预案》还是一并启动《余姚市防台风应急预案》和《余姚市防汛防旱应急预案》?通过规则本身来看适用范围,各预案之间存在交叉性,但无法直观判断和选择某一项预案。例如,《余姚市气象灾害应急预案》适用于余姚市行政区域内(含管辖杭州湾水域)气象灾害及其衍生灾害的监测、预报预测和应急工作;《余姚市防台风应急预案》适用于余姚市范围内台风灾害的预防及应急处置;《余姚市防汛防旱应急预案》适用于余姚市范围内洪涝台旱灾害和水利工程险情的预防及应急处置。另外,预案的选择还涉及后续的风险等级标准设定,组织指挥体系、日常管理机构等情况。

10月9日,媒体对余姚灾情的关注度快速攀升,媒体的相关报道近八千条。央视《新闻1+1》播出报道《台风下的"余姚样本"》,通过镜头向全国人

民传递余姚受灾情况;新华社《中国网事》则刊登文章《网民三问余姚水灾救援》,就网民关心的救援问题对余姚市的相关负责人进行采访,在问及"预警短信为啥延迟"时,当地政府部门答复到:"对这次灾情估计不足,来得太突然,余姚几乎每年都会有台风,像去年的海葵,但都没有那么严重。"

三、总结

(1)余姚政府方面没能充分考虑余姚市特殊的地理环境,以及各种致灾因子聚合的自然灾害放大效应,导致"菲特"前期防台工作效果相对较差。2013年10月7日上午8时,余姚已经整整下了一天多的暴雨,而且超强台风"丹娜丝"形成的消息已经发布,余姚"防指"才将台风预警由二级(重大级)响应提升至一级(特别重大级)响应。这时,距离5日上午10时的四级(一般级)响应已经过去了整整两天,属于应急响应迟缓的情形,自然而然地导致了余姚这座古城70%的地方被水淹的惨痛教训。

(2)城市建设需更加注意地下工程,通过海绵城市①建设减少城市开发建设对生态环境的影响,提高城市应对极端水灾害的能力。我国大中城市排水标准设计"先天不足",国外的城市排水标准普遍比国内要高,美国纽约是"十至十五年一遇",而我国城市一般是"一至三年一遇",现有的标准不能适应日益扩张的城市的需要。同时,城市地面"硬化率高",妨碍雨水的自然渗透,城市中随处可见的是混凝土、沥青、瓷砖硬化的地面,有些城市地面硬化率达90%以上。2016年4月27日,宁波市进入中央财政支持海绵城市建设试点范围,重点是要解决城市建设中的水环境、水生态和内涝问题。

(3)健全谣言发现处理机制。应急预案期间,救灾是第一位的,但须注意宣传疏导,普通群众的"怨气"应理性对待。本次台风造成洪水灾害事件,在应急预案的一周内舆情热度呈现出一种超高温的状态,灾害事件所引发的危机接连而至,谣言传播、救援物资遭哄抢、"背官员"等次生危机使得灾害本身的舆情热度升温(详见表6-2)。在处理灾害中的谣言时,惩治谣言的最重要目的在于消除民众的恐慌心理,从而保持社会的安定。对散布谣言

---

① 海绵城市是新一代城市雨洪管理概念,是指城市在适应环境变化和应对雨水带来的自然灾害等方面具有良好的"弹性",也可称为"水弹性城市"。国际通用术语为"低影响开发雨水系统构建"。下雨时吸水、蓄水、渗水、净水,需要时将蓄存的水"释放"并加以利用。

者依法处理必不可少,但谣言造成的恐慌仅仅靠抓捕造谣者是不能消除的,恐慌的消除更需要政府对事实的进一步澄清。

(4) 有效预警,及早通告,及时防范。气象监测水平提升,加之现代通信技术的发达,当地政府在第一时间对可能遭遇的自然灾害进行预判后,要做到思想上重视、行动上及时,在第一时间向辖区内民众告知,从而为民众留足充裕的时间进行有效的防范,把灾害造成的损失降到最低。

第七章 事故灾害事件

案例一 1952年伦敦光化学烟雾事件

1952年12月4日至9日,英国伦敦上空受高压系统控制,工厂生产和居民燃煤取暖排出的大量废气难以扩散,积聚在城市上空。伦敦城被黑暗的迷雾笼罩,马路上几乎没有车,人们小心翼翼地沿着人行道摸索前进。大街上的电灯在烟雾中若明若暗,犹如黑暗中的点点星光。直至12月10日,强劲的西风才吹散了笼罩在伦敦上空的恐怖烟雾。

当时,伦敦空气中的污染物浓度持续上升,许多人出现胸闷、窒息等不适感,发病率和死亡率急剧增加。在大雾持续的5天时间里,据英国官方的统计,丧生者达5000多人,在大雾过去之后的两个月内有8000多人相继死亡。此次事件被称为"伦敦烟雾事件",成为20世纪十大环境公害事件之一。

1952年的烟雾事件并非伦敦历史上第一次严重的烟雾事件。据史料记载,伦敦最早的有毒烟雾事件可以追溯到1837年2月,那次事件造成至少200名伦敦市民死亡。而在1952年之后,伦敦也多次发生烟雾事件。在其他发达国家,也曾出现多起严重的大气污染公害事件,如1930年的比利时马斯河谷烟雾事件、1943年的洛杉矶光化学烟雾事件、1948年的美国多诺拉烟雾事件等等,均系工业排放以及汽车尾气造成。从大气污染形成原理的角度看,伦敦烟雾事件具有代表性。

一、事件背景

1952年12月5日开始,逆温层笼罩伦敦,城市处于高气压中心位置,垂直和水平的空气流动均停止,连续数日空气寂静无风。当时伦敦冬季多使用燃煤采暖,市区内还分布有许多以煤为主要能源的火力发电站。由于逆温层的作用,煤炭燃烧产生的二氧化碳、一氧化碳、二氧化硫、二氧化氮、碳氢化合物、粉尘等气体与污染物在城市上空蓄积。这些物质排放到大气中后,会附着在飘尘上,凝聚在雾气上,进入人的呼吸系统后会诱发支气管炎、肺炎、心脏病。当时持续几天的"逆温"现象,加上不断排放的烟雾,使伦敦上空大气中烟尘浓度比平时高 10 倍,二氧化硫的浓度是以往的 6 倍,整个伦敦城犹如令人窒息的毒气室。酿成伦敦烟雾事件主要的"凶手"有两个:冬季取暖燃煤和工业排放的烟雾是元凶,逆温层现象是帮凶。

期间由于毒雾的影响,不仅大批航班取消,甚至白天汽车在公路上行驶都必须开着大灯。室外音乐会也取消了,因为人们看不见舞台。当时,伦敦正在举办一场牛展览会,参展的牛首先对烟雾产生了反应,350 头牛中有 52 头严重中毒,14 头奄奄一息,1 头当场死亡。不久伦敦市民也对毒雾产生了反应,许多人感到呼吸困难、眼睛刺痛,发生哮喘、咳嗽等呼吸道症状的病人明显增多,进而死亡率陡增。

二、伤亡情况

据统计,在发生烟雾事件的一周中,48 岁以上人群死亡率为平时的 3 倍,1 岁以下人群的死亡率为平时的 2 倍。在这一周内,伦敦市因支气管炎死亡 704 人,冠心病死亡 281 人,心脏衰竭死亡 244 人,结核病死亡 77 人,分别为前一周的 9.5、2.4、2.8 和 5.5 倍。此外,肺炎、肺癌、流行性感冒等呼吸系统疾病的发病率也有显著性增加。

当时人们没发现有什么异常,一周后才发现许多人死于呼吸道疾病,后来又陆续出现死亡案例。人们重新检查了当年的肺的样本后发现,其中有许多重金属、碳和其他有毒元素。

事后,据英国环境污染负责人厄尔斯特·威廉金斯博士统计,在雾灾发生的前一周,伦敦死亡人数为 945 人;而在大雾期间,伦敦地区死亡人数激增到 2480 人,而大雾所造成的慢性死亡人数达 8000 人,与历年同期相比,多死亡 3000—4000 人。

此后的 1956 年、1957 年和 1962 年又连续发生了多达十二次严重的烟雾事件。直到 1965 年后，伦敦市内改用煤气和电力，并把火电站迁至城外，使城市大气污染程度降低了 80%，有毒烟雾才从伦敦销声匿迹。

三、事件原因

（一）逆温现象和高压系统

1952 年 12 月 5 日，伦敦上空出现逆温现象，空气处于十分稳定状态，造成工厂排放的废气、汽车尾气等聚集在空中不易向上扩散和稀释。同时，英国大部处于高气压控制之下，多下沉气流，污染物难以向高层大气扩散，造成严重的空气污染。

（二）工业排放和冬季燃煤取暖

自 18 世纪 60 年代工业革命以来，煤炭成为工业和家庭使用的核心燃料，因此煤烟排放量急剧增加，致使空气污染问题越来越严重。同时，英国冬季比较寒冷，居民家庭普遍要烧煤取暖，使烟尘排放量比平时更高。

燃煤产生的粉尘表面会大量吸附水，成为形成烟雾的凝聚核，这样便形成了浓雾。另外，燃煤粉尘中含有三氧化二铁成分，可以催化另一种来自燃煤的污染物二氧化硫氧化生成三氧化硫，进而与吸附在粉尘表面的水化合生成硫酸雾滴。这些硫酸雾滴吸入呼吸系统后会产生强烈的刺激作用，使体弱者发病甚至死亡。

四、事件对策

1952 年伦敦烟雾事件发生后，英国人开始对空气污染造成的苦果进行反思。此后，英国政府制定了一系列的法规措施整治环境，1954 年英国出台《伦敦市法》(City of London (Various Powers) Act 1954)，1956 年又颁布了《清洁空气法案》，大规模改造城市居民的传统炉灶，减少煤炭用量；发电厂和重工业被迁到郊区。1968 年以后，英国又出台了一系列的空气污染防控法案，这些法案针对各种废气排放进行了严格约束。80 年代后，交通污染取代工业污染成为伦敦空气质量的首要威胁。为此，政府出台了一系列措施来抑制交通污染，包括优先发展公共交通网络、抑制私车发展等。经过数十年的治理，伦敦终于摘掉了"雾都"的帽子，城市上空重现蓝天白云。

案例二 2003年美国东部大停电及其应对措施

美国东部时间2003年8月14日下午4时10分,北美发生了历史上最大规模的停电事件。从美国的纽约、克利夫兰、底特律,到加拿大的多伦多、渥太华,各大城市瘫痪了近30个小时,影响到美国的纽约、密歇根、俄亥俄、宾夕法尼亚、马萨诸塞、新泽西、佛蒙特7个州和加拿大安大略省。世界上电气化程度最高地区的5000万人,过了30个小时没有电的生活。[①]

由于纽约是"9·11"事件的重灾区,断电紧绷了人们的神经,数百万人一齐蜂拥到大街上。纽约大街小巷各种说法不胫而走,危机的阴云顿时笼罩整个城市。纽约金融区不少人竞相朝着东河和布鲁克林大桥跑去。在停电后的短时间内,纽约市各摩天大楼都人去楼空,店铺纷纷关门。联合国总部也不例外。

停电期间,通用、克莱斯勒、福特、本田等汽车公司的35个工厂停产;仅15日一天,美、加两地的400个航班取消,12个国际机场部分或全部关闭;100个电厂和25个核电厂关闭。

美国政府在这场危机面前显得沉着和从容。尤其是纽约,凭借高效的应急系统和出色的危机管理能力,迅速走出了停电带来的恐慌。

美国的独立专家、联邦官员和停电地区的领导人指出,如果不是州级、市级有关人员在"9·11"事件后制订了全面细致的应急计划,停电事故造成的损失将会更大。纽约政府的沉着反应,关键在于有成熟的危机预警机制和快速反应能力。

一、信息工作及时、公开、透明

停电初始,大多数人想到的是恐怖袭击,但时任纽约市长布隆伯格在停电后半个多小时就举行了新闻发布会,向市民宣布这是一场事故。此后,市长多次通过电台广播将最新的信息及时传达给黑暗中的纽约市民,这对稳定民心、协调全市救灾起到了至关重要的作用。

[①] 参见陈丽华等编著:《公共视角下的危机管理》,中国社会科学出版社2009年版。

断电发生时,时任美国总统布什正在加州圣地亚哥的一处海军陆战队中同航空兵们共进午餐。突然,白宫办公厅主任哈金悄悄走到布什面前对他耳语了一阵。几乎同时,电视开始播出突发新闻。哈金迅速联系白宫、国土安全部。国土安全部立即采取应急措施预防可能出现的最坏局面。北美防空司令部下令从佛罗里达的空军基地起飞两架 F-16 战斗机,加强在东海岸的巡逻。同时,迅速展开事故调查。45 分钟后,联邦调查人员断定这不是恐怖分子干的,初步断定这是一起意外事故。随即,布什通过各大广播网发表全国讲话,纽约市民才开始放下心来。

二、未雨绸缪,周密准备

停电危机得以迅速化解,与纽约警方、消防人员和紧急情况处理人员为应对突发事件作了全面准备不无关系。纽约市自 1941 年开始就设立了专门处理紧急事务的机构,期间经历了 1967 年和 1977 年的两次大停电及 2001 年的"9·11"事件,已经拥有较完备的应急机制。尤其在"9·11"事件后,纽约警方曾就如何疏散困在地铁通道和高楼大厦里的人进行了几个月的训练。

断电后,纽约警察局长雷伊·凯利的第一反应是纽约遭遇恐怖袭击。他立即下令启动"巨人行动"计划。该计划专门为应付灾难制订,市警局可据此将权力下放,各区警员临时成立警察局履行使命。全副武装的警察对所有敏感地点及交通枢纽全面戒备。形势渐趋明朗后,凯利意识到停电并非因恐怖袭击,但他还是下令警员重点关照证券交易所、桥梁、大厦等敏感地点,并急令纽约所有白班警员推迟下班,夜班警员提前到岗,休假警员全部返回警局待命。全市 9000 名警员中的 2000 人被分派到重要路口指挥交通。1000 名警校学生临时上岗,另外还有 3000 名学警待命。纽约市消防员迅速救出被困在电梯、地铁里的人们,国民警卫队向缺水的地区紧急运送饮用水。

三、民众危机应对能力的养成

民众的从容应对可以说是纽约快速缓解危机的一个保障。由于平时的危机意识教育,一些市民具备了处理突发事件的能力。由于停电导致交通信号灯熄灭,纽约路面上一些车辆无视警察的指挥,纷纷抢道,造成交通混乱。很快许多市民自发在路口担任临时指挥,交通秩序逐步恢复,大多数开车者互相礼让,也不拒绝要求搭车的人。美国红十字会的义务工作人员也迅速来到纽约街头,免费向行人发送矿泉水等。在停电期间,纽约发生近70起火灾,但全部被及时扑灭。除停电当晚发生了一些零星的入室盗窃事件外,据统计,全纽约只有850人因各种罪行被拘留,比平时平均每天950人被拘留的数字还低些。

为提高市民应对灾害的能力,纽约市紧急事务办公室专门在其网络上公布了该市平常可能遭到的飓风、雷暴、恐怖袭击等各种灾害采取的应对措施,包括从住宅、地铁、高楼等地撤离时应注意的各种事项等。停电事故发生后,政府、公众和企业在救灾过程中密切配合,各尽其责,有条不紊地将整个城市带出了危机。

案例三　2014年浙江富春江水污染

2014年5月18日,浙江省杭州市富春江因装有四氯乙烷的槽罐车侧翻导致水污染。事件发生后,杭州市多部门联合起来积极行动,及时应对,在12小时后一切恢复正常。此次事件,舆论除了严责政府对水质的管理能力,还将更多地视角转向了化学品的运输安全等方面。

四氯乙烷是一种无色易流动的液体,难溶于水,但是能与大部分有机溶剂混溶,所以主要被用作溶剂,也用于生产金属净洗剂、杀虫剂、除草剂等。四氯乙烷的毒性比较大,急性吸入者会出现呕吐、黄疸、肝脏肿大、腹水等症状,严重的甚至可能导致死亡。

一、事件回顾[①]

2014年5月18日凌晨3点左右,一辆装有四氯乙烷的槽罐车,行至320国道桐庐富春江镇俞赵村建德方向路段(秀峰加油站)时发生侧翻,造成四氯乙烷泄漏,部分四氯乙烷流入富春江,造成部分水体受到污染。

3时18分,桐庐县环保局接110电话后到达现场,及时吊装侧翻槽罐车

---

① 参见《杭州:富春江突发污染事件》,载《城市舆情周刊》2014年第89期。

并运送至安全区域,阻止装载物泄漏;立即对发生四氯乙烷泄漏沟渠两端及下游水沟设置 8 道围坝,凌晨 4 点左右设置完成。同时,对下游水沟采用多道活性炭进行拦截吸附处理,对泄漏液进行回收并送至暂存场所。

7 时,富阳市接杭州市环保局和桐庐县环保局"关于桐庐县境内 320 国道富春江镇俞赵村路段发生一起四氯乙烷运输车侧翻泄漏事故"的通报,部分四氯乙烷泄漏至富春江。根据杭州市环保局建议及富阳市饮用水突发应急污染事件预案要求,富阳市政府决定,富春江沿线各取水单位暂停从富春江取水,停止一切渔事活动,自来水从 12 时起暂停供应。富阳市教育局也随即通知,凡市政自来水(富春江取水)供水学校、幼儿园周一停课,复课时间另行通知。

事故发生后,浙江省杭州市委书记、市长等主要领导对事故作出重要批示,要求全力以赴做好事故处置工作,确保饮水安全。5 月 18 日上午,市长召集市应急办、环保、林水、卫生、安监等相关部门及沿线各政府和管委会负责人召开紧急会议,研究部署下一步事故处置工作,要求全市各级、各部门高度重视,全力以赴,多管齐下,打好杭州饮用水源安全保卫战。

杭州市及当地政府立即启动突发环境事件应急预案,环保、林水、消防等相关部门第一时间赶赴现场进行处置,组织人员在四氯乙烷泄漏沟渠两端及下游水沟设置围坝,堵截收集地面泄漏物,防止污染进一步扩散。上午 11 时,发生交通事故的现场已清理完毕,泄漏的槽罐车已被拖离现场,残留在现场的部分四氯乙烷也得到清除。富春江大坝加大泄洪水量,加速水体更新。环保等部门按照预案要求对新安江水体水质情况进行密集动态监测分析,实时关注水质变化情况。

当日下午,富阳市人民政府发布《关于恢复富春江富阳段取供水的通告》,15 时起,富阳江北、江南自来水厂恢复供水,同时加强对富春江水质的后续监测,确保生产生活用水安全。16 时,杭州市环保局召开新闻发布会,详细通报了该起事故的处置情况。

二、危机管理经验

第一,预案启动及时,宣传透明公开。事故发生后 4 小时之内,富阳市根据饮用水突发应急污染事件预案要求发布了紧急停水公告。这份公告以电视、网络、广播、微博等等全媒体形式快速传播出去。

这一次公共危机,从爆发到恢复仅仅用了不到一天的时间。在此次事故中,杭州各职能部门、各传播窗口都及时、迅速地公开事故进展的信息。领导的形象闪在消息的后面,事故的原因、危害与进展占据了各路传播管道。同时,通过专家的数据分析、职能部门的行动表态,事故的风险全都被揭示出来。①

第二,严格化学品的运输规范。交通运输事故受多种因素影响,有其不可控性。此次事件中,表面看来,一辆槽罐车的侧翻纯属不可控事件。但是,如果考虑到这辆车上装载的是已被列为剧毒的四氯乙烷,其对人体健康的破坏作用"相当巨大",那么,对这起偶然事件的管控就不能以一起简单的交通事故来衡量了。

鉴于化学品运输事故危害巨大,有关部门有必要专项研究此类事故的频率和特征,分析每起事故的主客观原因,为加强安全管理提供最有效的对策。从根本上说,危险化学品的运输,最应当有严格的安全运输规范。只有如此,才会最大限度降低事故发生概率。

第三,政府应对还需更加全面具体。此次事件中,化学品运输车侧翻,引发水污染。虽然专家已作出"不影响水质"的定性,但民众依然持怀疑态度。这透露出自来水质信息公开机制的缺失。通观整个事件,民众似乎只在"出事了到没事了"的节奏里,满头雾水,一脸疑惑。虽然泄漏的槽罐车很快就拖离了现场,残留在现场的部分四氯乙烷也及时得到清除,但是"舆论现场"的关切和疑惑还有待细化处理,官方应该关注民众的感受,感知弥漫的疑惑情绪。只有信息见光,民众对自来水才会更有信心。②

第四,水污染问题亟待解决。水资源短缺、水环境污染、水生态退化问题不是一朝一夕就能解决的,这需要全社会的共同行动。我国在节约水资源、保护水环境问题上尽管有众多规章制度及部门负责管理,但效果不尽如人意。要实现以水资源的可持续利用来保障经济社会的可持续发展,一是要在全社会形成新的水生态价值观;二是系统构建水资源管理制度体系和

---

① 参见刘雪松:《富春江水污染事件,为杭州点赞》,载《钱江晚报》2014年5月19日第A24版。
② 参见文峰:《评四氯乙烷流入富春江:对水患之疑不应简单回应》,载《长沙晚报》2014年5月19日。

技术支撑体系;三是变革控制排污总量的思维;四是严惩污染环境行为;五是在经济和社会发展过程中,严格按生态规律进行建设。①

三、其他水污染事件汇总

不断扩张的城市、过度使用化肥以及各种工厂和生活污水的肆意排污,使得我国的水资源现状不断恶化,近半数的水资源受到严重污染。不断爆发的水污染事件,也给我国老百姓的日常生活和生产造成了严重的影响。

2014年4—5月,兰州、武汉、靖江、杭州(富春江)连续发生四次水污染事件,"水质问题"一度成为舆论关注的头号话题。每次水污染事件均引起了舆论的强烈反响,舆情传播规模较大。相比之下,富春江水污染事件在政府多部门的配合下,应对及时,关注度较之前有所降低,但热度依旧较高。实际上自2004年开始,全国各水域均发生不同因素造成的水污染事件(图7-1)。

四、防治水污染的措施

第一,完善我国突发性水污染事件的应急体系,包括突发性污染事故隐患调查和脆弱性评价、应急管理机构、相关法律法规、应急监测系统、应急处理方法以及应急供水预案、事故损失评估等。

第二,水污染防治重在执行,有法必依。2015年被称为"史上最严"的新《环境保护法》《水污染防治行动计划》等一系列法律法规出台,它们的实施对污染防治具有一定的规范效应,但它们能否发挥作用、起到实效,关键还要看基层环保部门能否严格执法。2015年通过的《中共中央关于制定国民经济和社会发展第十三个五年规划的建议》明确提出,开展环保督察巡视,严格环保执法。2017年6月,全国人大常委会通过了经修正的《水污染防治法》。经党中央、国务院批准,我国开展了多批环境保护督察工作。截至2017年9月,第四批中央环境保护督察组完成对吉林、浙江等省(区)的督察进驻工作。

第三,提升排污标准。我国排污标准过低,形成"达标污染"的尴尬局

---

① 参见贾卫列:《水安全应提到国家战略高度》,载《环球时报》2014年5月19日。

```
┌─────────────────────────────────────┐
│ 2005年11月，吉林松花江苯污染事件；      │
│ 2006年1月，湖南湘江镉污染事件；        │
│ 2006年4月，广东吴川水污染事件；        │
│ 2006年9月，湖南岳阳饮用水源砷超标事件； │
│ 2007年12月，贵州都柳江砷污染事件；     │
│ 2008年1月，湖南辰溪砷污染事件；        │
└─────────────────────────────────────┘

┌─────────────────────────────────────┐
│ 2008年3月，广州钟落潭水污染事件；      │
│ 2008年6月，云南阳宗海砷污染事件；      │
│ 2008年10月，四川雅安青衣江水污染事件； │
│ 2009年2月，江苏盐城酚污染事件；        │
│ 2010年5月，黑龙江巴彦自来水污染事件；  │
│ 2010年7月，吉林松花江化工污染事件；    │
└─────────────────────────────────────┘

┌─────────────────────────────────────┐
│ 2010年7月，紫金矿业水污染事件；        │
│ 2011年6月，广东化州水污染事件；        │
│ 2011年6月，浙江新安江苯酚污染事件；    │
│ 2011年7月，四川涪江水污染事件；        │
│ 2011年8月，江西瑞昌自来水中毒事件；    │
│ 2011年8月，云南曲靖铬污染事件；        │
└─────────────────────────────────────┘

┌─────────────────────────────────────┐
│ 2012年2月，广西龙江镉污染事件；        │
│ 2012年2月，江铜矿区下游现"癌症村"；    │
│ 2012年5月，三友化工"污染门"；          │
│ 2013年1月，山西长治苯胺泄漏事件；      │
│ 2013年3月，上海黄浦江大量死猪漂浮；    │
│ 2013年7月，广西贺江水污染事件；        │
│ ……                                   │
└─────────────────────────────────────┘

**图 7-1 国内水污染事件频繁发生**

面。1998年1月1日实施的《污水综合排放标准》(GB 8978—1996)[①]至今未修订，且与《地表水环境质量标准》(GB 3838—2002)不接轨。比如，根据地表水环境质量标准，地表水含铅量高于 0.10mg/L 则为劣 V 类水，但涉铅企

---

[①] 本标准按照污水排放去向，分年限规定了69种水污染物最高允许排放浓度及部分行业最高允许排水量。
```

业排污含铅标准却定在1mg/L。2006年1月1日实施的《医疗机构水污染物排放标准》(GB 18466—2005)代替《污水综合排放标准》(GB 8978—1996)中有关医疗机构水污染物排放标准部分,并取代《医疗机构污水排放要求》(GB 18466—2001),但其他绝大多数的污水排放依旧标准较低。

第四,提高环保意识。改善环境不仅要对其进行治理,更重要的是通过各方面的宣传来增强居民的环保意识。居民的环保意识增强了,破坏环境的行为自然就减少了。

案例四　2011年日本福岛核电站核泄漏事故[①]

2011年3月11日,日本于当地时间14时46分发生里氏9.0级地震,震中位于宫城县以东太平洋海域。3月12日,日本原子能安全保安院宣布,受地震影响,福岛第一核电站的放射性物质泄漏到外部。其中,在大地震中受损的福岛第一核电站2号机组可能发生"事故",2号机组的高温核燃料正在发生"泄漏事故";3号机组反应堆面临遭遇外部氢气爆炸风险。3月13日,共有21万人紧急疏散到安全地带。4月12日,日本原子能安全保安院根据国际核事件分级表将福岛核电站核泄漏事故定为最高级7级。[②]

一、事件回顾

(一) 前期事故

实际上,在2011年核泄漏事故发生前,日本福岛第一和第二核电站就曾多次发生事故。

1978年,福岛第一核电站曾经发生临界事故,但是事故一直被隐瞒至2007年才公之于众。

2005年8月,里氏7.2级地震导致福岛县两座核电站中存储核废料的池子中部分池水外溢。

[①] 资料来源:尹晓亮:《福岛核事故的危机管理及其反思》,载《南开学报(哲学社会科学版)》2016年第6期;崔健、肖美伊:《福岛核事故后日本核安全管理制度的变化及启示》,载《环境保护》2015年第7期;陈达:《核能与核安全:日本福岛核事故分析与思考》,载《南京航空航天大学学报》2012年第5期。

[②] 参见王燕君等:《日本福岛核事故四年来的影响及教训》,载《中国辐射卫生》2016年第2期。

2006年，福岛第一核电站6号机组曾发生放射性物质泄漏事故。

2007年，东京电力公司承认，从1977年起在对下属3家核电站总计199次定期检查中，这家公司曾篡改数据，隐瞒安全隐患。其中，福岛第一核电站1号机组反应堆主蒸汽管流量计测得的数据曾在1979年至1998年间先后28次被篡改。

2008年6月，福岛核电站核反应堆5加仑少量放射性冷却水泄漏。官员称这没有对环境和人员等造成损害。

(二) 爆发阶段

危机的诱因积累到一定程度时会导致危机的爆发，并对社会造成很大的冲击和危害，如果不及时加以应对和控制，危机将进一步升级和扩大。在福岛核事故爆发的初始阶段，日本政府在不到24小时内，就历经大地震、强海啸以及核电站爆炸带来的核物质泄漏的多重打击，而灾难的"蝴蝶效应"随着大气环流和海洋的洋流在人们还没来得及反应的时候，就已向全球扩散开来。

有业内人士表示，福岛核电站是一个技术上现在已经没人用的单层循环沸水堆，冷却水直接引入海水，安全性本来就没有太大指望。对于日本这一个地震频繁的地区，使用这样的结构非常不合理。"3·11"地震后福岛核电站发生过几次爆炸，爆炸后，辐射性物质进入风中，通过风传播到中国、俄罗斯等地区。

在事故最初发生的几天里，一直是东京电力公司在进行处置，而东京电力公司对事态的估计严重不足。同时，东京电力公司报给政府的信息极其保守，以至于在事故发生的前四天，几乎没有动员国家力量，地方政府也没有动员力量救灾，消防队、自卫队都没有进行救灾。直到3月17日，自卫队直升机和消防队才相继加入作业，分别从空中和地面向反应堆厂房注水。在连续发生爆炸之后，日本政府在3月14日才向国际原子能机构提出救助申请，但日本政府提供的不准确信息，致使原子能机构无法及时提供有效帮助。

4月4日，日本在未向国际社会通报的情况下，向太平洋海域排入约1.15万吨低浓度放射物，遭到国际社会的谴责。4月5日，日本政府发表道歉声明，称"这是实在没办法的事"。

（三）相持阶段

相持阶段也称持续期，在这一时期，政府和组织着手对危机进行处理，包括开展危机调查、进行危机决策、控制危机危害范围与程度、实施危机沟通、开展各种恢复性工作等。

基本控制福岛核泄漏危机事故后，日本东京电力公司于2011年4月17日首次发布福岛第一核电站抢险日程。第一阶段是争取实现辐射量切实减少，修复和准备冷却装备、污水净化装备和遮盖厂房装备，为期三个月。第二阶段是大幅降低辐射量，实现核燃料冷却和控制放射物泄露，为期三到六个月。

（四）恢复阶段

危机事故在恢复阶段已经基本得到控制，各种显性化的问题基本得到应有的解决与处理，在对整个事件处理过程进行调查、评估并总结经验教训的同时，开展有效的恢复工作。尽管福岛核电站已实现冷停堆，核事故后的恢复仍将面临一系列考验，包括清理、净化大片遭核辐射污染的土地，如何安置大批受灾民众。时任日本首相野田佳彦承诺，日本政府将马上推进从事和污染清除工作人员的相关培训工作，以确保在2012年4月能有至少三万人推进清除核污染的影响。辐射泄漏迫使核电站方圆20公里内大约十多万居民离开家园，进入避难所。在完成核事故处理的第二阶段的目标后，如何解除核电站周围的警戒区和疏散区，安置灾民回家等都是日本政府需要解决的问题。

- 东京电力公司在两年内去除1到4号机组乏燃料池的燃料作业
- 10年内开始回收1至3号机组反应堆内融毁燃料
- 20到25年内完成这一工作后，将开始拆除相关设施
- 计划30到40年内完成福岛核电站废堆作业

日本政府决定成立以政务官为首的运营会议，为落实工程表的进程，加快开发可在高放射性环境下作业的机器人来推进工程制度。2013年11月20日，东京电力公司宣布，将对福岛第一核电站第五和第六座核反应堆实施封堆作业。福岛第一核电站将完全退出历史舞台。①

---

① 参见王燕君等：《日本福岛核事故四年来的影响及教训》，载《中国辐射卫生》2016年第2期。

二、事件影响

(一) 辐射对人体的具体影响和短期扩散影响

根据国际核事件分级表,日本福岛核电站核泄漏事故等级最后被定为7级。这使此次核泄漏事故等级与苏联切尔诺贝利核电站核泄漏事故等级相同。

在日本福岛核电站核泄漏事故中,大量放射性物质被释放到环境中,导致反应堆建筑物内积水中放射性物质浓度是通常的约1万倍,核电站附近海域的放射性碘含量超标12508倍。甚至在日本的蔬菜和水中均检测到微量的放射性物质,美国、中国、新加坡等25个国家和地区宣布限制进口日本农产品和加工食品。核辐射对人口健康的影响见图7-2。

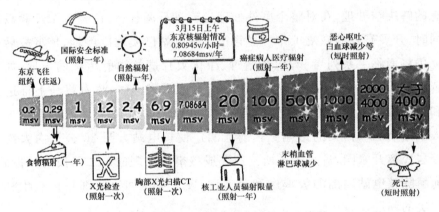

图7-2 核辐射对人体健康的影响示意图

虽然专家指出这些微量的放射性物质不会对人类的健康造成影响,但是人们并不完全信服科学家所提供的数据。关于福岛核泄漏的恐慌情绪在全球蔓延开来,美国发生抢购含碘食品的风潮,日本东北部沿海邻近地区物资被抢购一空,德国辐射测量仪、碘片、口罩一度短缺,韩国超市海带也被抢购一空,中国多地也出现抢购碘盐现象。

(二) 日本国内媒体和政策

据《北京青年报》消息,在日本共同社公布的一项民意调查结果显示,对福岛第一核电站核泄漏危机,58.2%的民众认为政府应对不力,其中19.6%的民众完全不认可政府,38.6%的民众非常不认可;仅有4.9%的民众表示相当认可,34.4%的民众说,他们在一定范围内"积极评价"政府。

日本政府和媒体列出了此次福岛核电站泄漏的政策影响如下:

- 调查日本众议院(Investigations of the Japanese Lower House)
- 提出辐射暴露的新法律限制(New legal restrictions for exposure to radiation proposed)
- 请求东海第二电厂退役(Request for decommissioning the Tokai Daini Power plant)
- 福岛居民希望报废所有10个核反应堆(Fukushima wants all 10 nuclear reactors scrapped)
- 东京电力公司要求政府补偿(TEPCO request for government compensation)
- 排除污染至少需要1兆日元(At least 1 trillion yen needed for decontamination)
- 日本核反应堆停运(Japanese nuclear reactors taken offline)
- 核反应堆寿命限制 到9.40年(9.40 year limit for life span of nuclear reactors)

(三)各国对核电的反思

日本"3·11"地震引发核电站核泄漏事故后,多国政府表示,虽然该事故教训值得吸取,但它并不会影响本国发展核电的计划。

1. 荷兰

2011年3月15日,荷兰政府表示,没有理由重新讨论有关建核电站的决定。荷兰议员热内·勒赫特表示,荷兰的能源状况要求本国必须摆脱石油和天然气的束缚,才不会受制于人。另一名议员格达尔·弗尔博赫也认为,日本的经验教训我们必须吸取,但不需要作出激烈反应,而应该结合荷兰自身的条件和问题对荷兰核电站的建设进行审批。

此前,针对是否建设核电站,荷兰国会经过长时间讨论后最终达成共识,认为核电可以帮助其应对气候变化以及为经济发展提供可靠的电能。

2. 法国

3月15日,时任法国总理菲永说,法国政府不会逃避任何有关核安全的问题,法国核设施的安全性、可靠性与透明度在全世界处于领先地位,不应该因为一次事故就将该行业全部否定。时任法国总统萨科齐也说,法国不会因此次日本核电站事故放弃对核能的开发。法国是核能利用大国,全国超过80%的电力供应依靠核能。

3. 保加利亚

保加利亚总理博伊科·鲍里索夫说,尽管所有国家都会仔细检查核电站的安全状况,但没有哪个国家会关闭核电站,即便日本也是如此。保加利亚科兹洛杜伊核电站首席执行官也表示,保加利亚不能放弃利用核能,而且这次事故并不意味着世界各国必须重新审视核能发展政策。

4. 中国

福岛核事故后,中国国家核安全局会同有关部委对运行和在建核电厂开展了为期9个月的核安全检查。检查结果表明,中国核电厂具备一定的严重事故预防和缓解能力,安全风险处于受控状态,安全是有保障的。

为了汲取福岛核事故的经验教训,国家核安全局依据检查结果,对各核电厂提出了采取设置移动电源、移动泵、增设匹配接口和对核电厂的消氢设施进行必要的改进等多项具体的改进要求。为了规范各核电厂共性的改进行动,国家核安全局组织编制了《福岛核事故后核电厂改进行动通用技术要求》,作为核电厂后续改进行动的指导性文件。其目的是规范各核电厂共性的改进行动,解决目前核电厂在实施福岛后改进措施过程中所采用技术的统一性问题,尽可能统一和协调各核电厂所采取的安全改进策略深度和广度,解决监管当局和营运单位在安全改进策略上可能的不同认识,在实质上为中国核电厂在福岛核事故后开展改进行动工作提供指导。①

三、经验启示

日本政府在地震、海啸过后的救灾以及对福岛核电站核泄漏事故的处理不力,反映了政府应对危机的经验不足,也体现了全球性的核危机管理应对机制的缺失。

（一）危机预防中存在的问题

第一,核电站设计不合理,抗震标准滞后。从核电站的特殊性来说,可

---

① 参见《多国表示日本核事故不会影响发展核电》,载《中国经济时报》2011年3月17日。

利用性极高的同时风险性也与之存在。控制核危机,要从根本上进行,对核电站建造的选址、标准、设备、技术等建设之初的工作要进行严格的审批。第二,核电站超期服役,设备老化。第三,管理不善安全意识淡薄。日本作为核能利用大国,却没有专门的核电监督管理机构,核电运行与监督职责全由核电公司一家担任,缺乏监督环节的福岛核电站形成东京电力公司"自我监督"的监管模式。

(二)危机处置中存在的问题

第一,预警问题。第二,响应问题。日本首相官邸、东京电力公司、直属经济产业省的原子能安全保安院之间互不信任,缺乏统一的认识,导致核事故处理问题的混乱。在最后的救援行动中,日本时任首相菅直人作为核事故的最高指挥官,命令自卫队出动直升机对核电站进行灭火,却一度被自卫队以"会使队员遭到严重的核辐射"为由拒绝。第三,善后问题。放射性物质得不到有效的遏制,蓄积在福岛县内的土壤中,将造成长期影响。

(三)启示

第一,从技术上要高标准、严要求,做到从根本上降低危险系数。重在提高门槛,避免技术风险和管理风险;按照标准严格进行定期检查;要做到更新技术,确保安全的可持续性。

第二,从认识上提升到新的高度,培育核安全文化,增强核安全意识,扩大核安保从业人员的教育与培训力度。

第三,普及核能相关知识。例如,核事故出现后发生盐慌、抢购碘片等现象,说明核能相关知识普及率较低。对此,应大力普及核能相关知识,消除人们对核电的恐惧,使民众以平和的心态和理性的态度来对待危机的发生。

案例五 2013年中国中东部严重雾霾事件[①]

2013年12月2日至12月14日,中国发生严重雾霾事件,几乎涉及中

[①] 资料来源:《2013年中国中东部严重雾霾事件》,http://www.wikiwand.com/zh-cn/2013年中国中东部严重雾霾事件,2016年10月15日访问。

东部所有地区。天津、河北、山东、江苏、安徽、河南、浙江、上海等多地空气质量指数达到六级严重污染级别,使得京津冀与长三角雾霾连成片。首要污染物 PM2.5 浓度日度平均值超过 150 微克/立方米,部分地区达到 300 至 500 微克/立方米,其中上海市在 12 月 6 日达到 600 微克/立方米以上,局部至 700 微克/立方米以上。此次重霾污染最为严重的区域位于江苏中南部,南京市空气质量连续 5 天严重污染、持续 9 天重度污染,12 月 3 日 11 时的 PM2.5 瞬时浓度甚至达到 943 微克/立方米。

一、背景

2012 年 2 月,中国颁布《环境空气质量标准》(GB3095-2012),首次将 PM2.5 纳入标准,但此标准与世界卫生组织推荐的健康标准仍有差距。截至 2013 年 10 月 1 日,中国共有 114 个城市 668 个点位依据新空气质量标准开展监测。2012 年,依据旧的环境空气质量标准(GB3095-1996),达标城市比例为 91.4%,而依据新标准,达标城市比例仅为 40.9%。

2013 年 9 月 12 日,国务院公布《大气污染防治行动计划》(国发〔2013〕37 号),首次将细颗粒物纳入约束性指标,并将环境质量是否改善纳入官员考核体系之中。

2013 年 11 月 4 日,中国社会科学院、中国气象局联合发布的《气候变化绿皮书:应对气候变化报告(2013)》指出,近 50 年来中国雾霾天气总体呈增加趋势,其中,雾日数明显减少,霾日数明显增加,且持续性霾过程增加显著。珠三角地区和长三角地区雾霾日数增加最快。报告指出,社会化石能源消费增多造成的大气污染物排放逐年增加,是中国近年雾霾天气增多的最主要原因。为了有效解决该问题,必须实施区域联防联控。

二、雾霾污染进程

(一)京津冀重灾区

2013 年 12 月初,河北省气象台连续发布大雾和霾预警信号,并不断升级。12 月 7 日,石家庄、邢台和保定三座城市空气质量指数(AQI)曾一度飙升至 500,处于严重污染状态的城市还有唐山、邯郸、沧州、廊坊、衡水。此外,秦皇岛和张家口为中度污染,承德为轻度污染,AQI 为 150。12 月 7 日下午,河北省气象台发布大雾红色预警信号。12月8日早上,河北省气象台继续发布大雾红色预警信号和霾橙色预警信号,部分地区能见度不足50米,多地污染严重,高速大面积关闭,石家庄国际机场受影响,所有进出港航班全部延误。

12月7日晚,天津发布了大雾和重霾的双预警。12月8日凌晨,途经天津的高速公路全部关闭,天津滨海国际机场能见度为300米左右,部分航班不能正常起降。

12月9日,西北的冷空气降临,使得京津冀及山东等地雾霾天气迅速消失,空气质量指数徘徊在良好和轻度污染之间,天津市的空气质量指数达到了难得一见的优。

(二) 苏浙沪皖重灾区

2013年12月3日15时至12月4日14时,江苏省13个省辖城市PM2.5浓度严重超标,空气质量为重度污染或严重污染。江苏省多条高速封闭,苏北高速几乎全部封闭,导致南京中央门汽车站、汽车南站等数十条长途班线延误。12月4日傍晚至12月5日上午,江苏全省高速公路除京台高速公路徐州段外全部关闭。12月5日至6日,南京大气污染持续发布红色预警,南京中小学、幼儿园全面停课。与此同时,儿童医院门诊量上升1/3,喘息性气管炎、肺炎、普通上呼吸道感染发病率都有明显上升。

12月2日,上海本地监测的空气质量指数AQI数值达到303,达到六级重污染,并持续影响上海。12月6日,上海遭遇历史上最重度的雾霾污染,PM2.5浓度日平均值超过600微克/立方米,其中普陀区监测站数据高达726微克/立方米,使得上海市各项指标和条件符合发布霾红色预警,但由于检测指标问题未发布。上海市教委发布通知,要求在校学生一律停止户外活动,迟到缺勤学生不作旷课处理。

12月4日,安徽大部分地区笼罩在雾霾下,40余个市县发布雾或霾的预警,其中芜湖县、池州市等地发布了霾橙色预警。此次霾预警的分布之广和级别之高,在安徽省气象灾害预警发布史上较为少见。省会合肥的PM2.5浓度日平均值达到482微克/立方米,为当日中国74个公布PM2.5数据城市中指数之冠,导致G3京台高速、G35济广高速、G36宁洛高速等多条道口封闭。安徽省教育厅要求,在雾霾情况下暂停户外体育课教学以及冬季长跑等户外活动。

12月7日,杭州持续数天的雾霾不断加重,AQI数值超过400,医院每天增加100多个呼吸道病患。强雾霾导致能见度不足2米,浙江省内多条高速均采取了封道和分流的措施。12月7日凌晨,沪杭甬、杭宁、杭新景、杭长、乍嘉苏等高速陆续封道。

12月9日,上海、浙江、江苏、安徽等地依然雾霾笼罩。虽然冷空气南下使得严重污染的情况得以缓解,但空气中的污染物并未立刻消散。

三、雾霾成因

雾和霾是两种自然天气现象。雾是由大量悬浮在近地面空气中的微小水滴或冰晶组成的气溶胶系统,是近地面层空气中水汽凝结的产物。霾是悬浮在大气中的大量微小尘粒、烟粒或盐粒的集合体,使空气浑浊,水平能见度降低到10公里以下的一种天气现象。雾霾天气是由大量人为排放的污染物在特定的气象条件下积聚造成的。二氧化硫、氮氧化物和可吸入颗粒物是雾霾的主要组成部分,前两者为气态污染物,颗粒物是加重雾霾天气污染的首要原因。[①] 工业生产、机动车尾气排放、冬季取暖烧煤等都会导致颗粒物浓度增加。雾霾的形成与气象条件和污染物排放有直接关系,特定气象条件易形成雾霾,污染物排放导致颗粒物浓度增加。[②]

大气动力和热力作用都会对雾霾天气的演变产生重要影响。在本次雾霾的形成过程中,受近地面静稳天气控制,大气层低空的空气垂直运动受到限制,大气扩散条件非常差,不利气象条件造成污染物持续累积。空气相对湿度增加的条件下,大气颗粒物吸水膨胀,导致空气污染持续累积。加之中国北方地区冬季供暖期猛增的能源消耗排放的大气污染传送,静稳天气条件下机动车尾气排放累积,对空气质量造成严重影响。此外,影响中国的冷空气势力偏弱,中东部地区风力较小,气象条件不利于华北中南部至长三角地区等地空气中污染物的扩散。

此次大范围雾霾污染呈现出复合型污染的特点,"二次污染"占较大比例。"二次污染"是指汽车尾气、燃煤等产生的二氧化硫、氮氧化物在空气中

[①] 参见王玥迪:《分析东北雾霾的成因及解决方式》,载《科技创业家》2013年第21期。
[②] 参见吴兑、邓雪娇:《环境气象学与特种气象预报》,载《气象》2000年第8期。

经过化学反应,进一步转化为硫酸盐、硝酸盐等颗粒更小的污染物,能对人体造成更大危害。

四、经验与启示

第一,充分考虑雾霾形成的主要因素,合理进行城市规划。工业污染物排放、汽车尾气排放等是雾霾形成的主要原因,而空气流动情况则在一定程度上决定了雾霾的形成。因此,各级政府在进行城市规划时,应综合考虑城市污染源、自然环境等因素。根据不同城市的地理环境、经济发展水平等因素确定城市或地区的主要污染源,全面把握当地的主要污染类型,结合主要污染源定位和当地的主导风向与地形地貌情况,划定城市空气污染分布图及辐射范围,从而对现有城市规划进行评价,提出改善方案,确定城市合理的规划结构与发展模式。[①]

第二,调整能源结构,加大污染企业处罚力度。燃煤是雾霾产生的重要原因,大量化石能源的使用会导致有毒雾霾的形成。因此,为根治雾霾,必须从能源结构调整入手,发展替代能源,用可再生和清洁能源替代化石能源。为此,应坚决淘汰国家确定的落后生产工艺装备和产品,严控"两高"行业产能,淘汰钢铁、建材和纺织等一批不符合产业政策和节能减排要求的落后产品、技术和工艺设备。同时,控制重点行业污染和扬尘治理,强化各类烟粉尘污染物治理,推进未淘汰设备除尘设施升级改造,确保颗粒物排放达到新标准的特别排放限值要求,加快重点企业脱硫、脱硝设施建设。

第三,对污染治理,实行统一布局,联防联控。2013 年,中国社科院城市发展与环境研究所等发布的《气候变化绿皮书:应对气候变化报告(2013)》提出,中国的大气污染呈现地区污染抱团的趋势,为了有效解决该问题,必须实施区域联防联控。例如,北京的强霾污染治理不仅要考虑市内污染源,还必须考虑天津和河北地区的污染来源。中国尚没有建立实质性的应对机制,可考虑在管理体制方面进行制度创新,如建立跨地区的大气污染联防联控委员会等。除了地区间和城市间的联防联控之外,还需要建立部门和行业间的协作控制机制,使相关部门做到数据共享、措施共同制定、执法协作

[①] 参见金锋淑、朱京海、张树东:《雾霾与城市规划——后雾霾时代城市规划的思考与探索》,载《城市时代,协同规划——2013 中国城市规划年会论文集(09-绿色生态与低碳规划)》,2013 年。

配合。有专家建议,应多部门联合建设全国统一布局、覆盖全国、重点地区加密的国家环境空气监测网。①

第四,加大雾霾知识宣传,提倡公众绿色生活,大力发展清洁能源。全社会形成文明、节约、绿色环保的生产、消费和生活方式,必然有助于环境问题的改善。具体来说,我们应发展绿色交通,加强机动车尾气排放治理,大力发展城市公交系统和城际间轨道交通系统,鼓励绿色出行,积极推广电动公交车和出租车等。同时,大力发展清洁能源,提高能源利用效率,鼓励节约能源等。

---

① 参见《雾霾会影响生殖能力改变人体免疫结构》,http://hsb.hsw.cn/2013-11/05/content_8516735.htm,2017年8月10日访问。

第八章 公共卫生事件

案例一 上海市政府成功应对"非典"危机的经验分析

作为中国最大的经济中心,上海市在2001年初启动了《上海市灾害事故紧急处置总体预案》编制工作,经过两年努力,编制完成总体预案,是省级政府中最早编制应对灾害事故的预案,其中包含25种分预案,分别由25个主管部门协作完成。显然,在安全预警应对机制上,上海先行一步。面对突如其来的"非典",上海市有效实施了相关的卫生防疫事故应急处置预案,科学应对,安然渡过危机,创造出政府危机管理中著名的"上海案例",为日后各地方政府有效应对公共危机提供了重要的启示。

一、政府统一指挥,整合资源优势

上海抗击"非典"成效显著的管理学依据,就在于迅速启动了上海市公共卫生突发事件应急处置体系。为了提高城市抗灾御险的能力,2002年3月,上海组建了体现统一指挥、整合资源优势的减灾领导小组,作为上海市政府危机管理的综合管理机构,把可能受袭的灾害事故分为19类25个灾种;实施灾害分级管理制度,聘请了一批知名专家、学者组成专家委员会,参与危机处理的决策和研究。上海市减灾领导小组下设灾种协调管理机构,包括市抗震委员会、市防汛指挥部、市道路交通安全委员会、市防火安全委员会、市核化救援委员会(见图8-1)。上述委员会在归并、实现综合减灾组织一元化领导之前,分别设在市民防办、市水务局、市公安局、市消防局等相应职能部门。由此,上海市应急管理从各自为政的体制向综合管理的新体制和运行模式过渡。

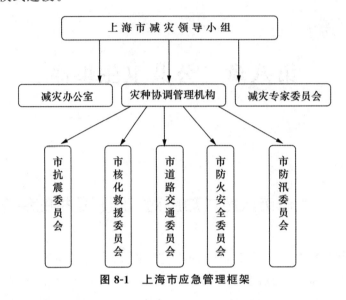

图 8-1　上海市应急管理框架

二、依托"二级政府，三级管理，四级网络"的管理体制

"非典"发生后，上海就明确，防治"非典"要实行属地化管理，依托现有"两级政府、三级管理、四级网络"的城市管理体制，各区县政府负责领导辖区内的"非典"防治。2003年4月下旬，上海进入防治"非典"的关键时刻。市委决策层再次严正明确：以块为主，建立属地化管理体制。全市3500多个居委会迅速设立了防治"非典"监督员，对就近的宾馆、饭店、网吧等人员密集单位的防治"非典"培训也快速展开。一些管理学者认为，这种以块为主的模式完全契合现代危机管理注重信息、分级管理的要求，有利于将全市各方置于社会整体中，群防群控，形成合力，改变了过去防病抗灾中的"多龙治水"的体制性弊端，大大提升了危机处理的效率。

三、制定了部分行政规范，依法治理"非典"危机

2003年4月23日，上海市政府发出《进一步加强传染性非典型肺炎防治工作的通告》，对入沪乘客实行测量体温、填写健康申报表制度，加强学校、幼托场所的防范，严格限制举办大型活动并针对控制外出开会、旅游、考察活动等八个方面作出严格规定，忠告广大市民积极行动起来，保护自己，

保护家庭,保护社会,以高度的社会责任感,守望相助,防范"非典"。

四、充分利用信息技术,增强政府信息的透明度

上海市政府充分利用现代媒体,提高了信息的透明度。政府坚持信息公开,使居民了解事实真相,消除了百姓恐慌的心理,有助于稳定社会秩序,为应对"非典"危机创造了良好的社会环境。具体来说,上海市健康教育所开通"非典热线",保证 24 小时不间断地为市民提供咨询服务;上海卫生信息网通过其"传染性非典型肺炎"专门网页,第一时间向市民通报疾病的预防和控制情况,进行健康教育知识的宣传;同时,卫生部门还开通了预防和控制非典的英文网页,方便外籍人士了解有关情况。

五、加大对市民的预防与应对"非典"危机的教育力度

在抗击"非典"的过程中,上海市委、市政府始终重视教育的影响作用。市政府忠告每个市民和家庭,继续保持抗击"非典"中形成的良好风气,不断提高自身的文明素养,增强社会责任感;继续倡导科学健康的生活方式,自觉纠正各种不良生活习惯;共同建设健康城市。上海市不少居民区的街道办事处、居民委员会和物业管理公司,把一些退休老党员召集起来,进行有关预防"非典"知识的速成培训。这些老党员分片包干,把预防"非典"知识送入千家万户,从而在各个社区迅速筑起一道道防范"非典"的屏障。

案例二 2005 年哈尔滨市有效应对水危机

一、事件概要

2005 年 11 月,吉林石化公司双苯厂一车间发生爆炸,约 100 吨苯类物质(苯、硝基苯等)流入松花江,造成江水严重污染。事件导致哈尔滨整个城市陷入了前所未有的水危机和水恐慌当中,引起社会普遍关注。黑龙江省和哈尔滨市两级政府以对人民安危高度负责的态度,及时、快速、有效地予以应对处理,经受住了严峻考验,取得了阶段性胜利。在这场危机中,相关政府部门所采取的种种有效措施,对政府如何处置公共安全突发事件,提供

了一些启示和借鉴。

二、政府信息及时公开,保证公众的知情权

在松花江水源污染危机期间,黑龙江大学 2005 级新闻学硕士研究生班对哈尔滨市民进行了一项问卷调查,结果显示,多数民众在危机时刻会相信政府发布的相关消息,持怀疑和不信任态度的民众只占少数。[①]

表 8-1 哈尔滨市民对政府发布有关停水通知、原因等消息的信任程度

调查对象			市民对政府发布有关停水通知、原因等消息的信任度			Total
			相信	半信半疑	不相信	
性别	男	count	124	33	9	166
		% within 性别	74.7%	19.9%	5.4%	100.0%
		% of total	31.2%	8.3%	2.3%	41.8%
	女	count	188	40	3	231
		% within 性别	81.4%	17.3%	1.3%	100.0%
		% of total	71.4%	10.1%	0.8%	58.2%
Total		count	312	73	12	397
		% within 性别	78.6%	18.4%	3.0%	100.0%
		% of total	78.6%	18.4%	3.0%	100.0%

资料来源:王鸾等:《水危机事件中哈尔滨市民舆情调查报告》,http://www.chain mediaresearch.cn/artide/4767,2016 年 10 月 15 日访问。

水源污染事件发生后,黑龙江省政府迅速成立了应对松花江水污染工作领导小组,组织各部门迅速行动起来,落实水源、运力和分配等相关事宜。省市两级第一时间启动了应急预案,对搞好城市供水、供热、维护市场秩序和社会治安等工作进行了统筹安排。为防止水污染影响市民健康,省疾病预防控制中心对哈尔滨市内的备用水源井进行污染指标检测,如符合有关用水标准,将启动备用井的水源;哈尔滨市封停了 1933 家洗浴场所、570 家洗车行和 1800 多家美容院等用水大户,重点保证居民基本生活用水和供热用水,保证机关、学校、医院、部队等重点单位用水,保证弱势群体,尤其是城市低保对象、鳏寡孤独和残疾人用水;组织哈尔滨医科大学附属第一、第二

[①] 参见王鸾等:《水危机事件中哈尔滨市民舆情调查报告》,http://www.china mediaresearch.cn/artide/4767,2016 年 10 月 15 日访问。

临床医院和省医院等15家医院建立起了医疗救助网络,并公布电话,随时接受群众咨询;加大政府对市场的监管力度,密切监测水质,及时治理,努力降低污染危害等。

三、完善保障机制,保证资源供应

物资、队伍、财力等资源,是预防和处置公共安全突发事件的重要保障。为确保应急需要,平时就要统一规划、统筹考虑,建立物资储备、调拨和紧急配送系统。为应对这次突发公共事件,黑龙江和哈尔滨省市两级政府及时增加了供水资金投入,省政府拿出1000万元省长预备金,相关市、县也紧急安排资金;哈尔滨市也及时成立了指挥中心,并拨款500万元用于在全市各区设置供水点;商务部门积极组织桶装水、瓶装水货源,保证市场有序供应;消防、环卫部门调集供水车辆,解决短期内供水难的问题。此外,黑龙江省内外很多城市也及时调配各类救援物资,全力援助哈尔滨市保证供水。这些措施都在有效处置这次事件中发挥了关键作用。

四、组织科研力量,加强科技攻关

污染事件发生后,黑龙江省科技厅对上快速寻求国家科技部的支持,对下在第一时间迅速组织专家投身污水治理工作,并及时成立了松花江水体污染科技领导小组,紧急启动了"松花江污染硝基苯迁移转化规律研究"等7个科技攻关项目。同时,按照省政府领导的指示,省科技厅成立了松花江水体污染治理省级专家顾问组,发挥各位专家的专业优势,为省委、省政府的科学决策提供科学的处理依据和解决办法,并及时解答群众的各种疑问。

案例三 英国应对疯牛病危机[①]

一、事件概要

1986年10月25日,位于英国东南部的阿什福德镇(Ashford)有一头奶

---

① 资料来源:陈福今、唐铁汉主编:《公共危机管理》,人民出版社、党建读物出版社2006年版。

牛得了病，起初，它无精打采，然后是站立不稳，步履踉跄。到后期便口吐白沫，倒地不起。经权威兽医确诊后，这头牛患的是疯牛病。

疯牛病最初只是被认为是一种普通的动物疫情，直到1996年英国政府公开证实了它对人类的致命性才引起了欧委会和各成员国政府的广泛重视，加强了对其的监管和预控。由于这种疾病因子在牛身上的潜伏期只有五年，而在人身上的潜伏期却可长达数十年，且还可能传染给其他的动物，从而增加了人类被感染的途径，因此，疯牛病危机所打击的不仅是欧洲发达的农牧业及相关产业，而且还打击了公众对政府的信心，甚至直接影响了一些国家的大选和政府的稳定性，并导致了人们对欧洲一体化进程的质疑。

英国是这场危机的发源地和重灾区，英国政府对这场危机初期管理的滞后导致了危机的蔓延扩散。从1996年开始，欧盟对英国牛肉实施出口禁令。英国政府曾一度采取不合作的态度，与欧盟成员国乃至欧委会的摩擦不断，"牛肉大战"进而演化成为外交危机。1997年布莱尔政府开始在疯牛病问题上与欧盟开展合作，并建立了对危机的预防、监控和处理的机制，使该危机在英国有所控制。但是，随着疯牛病在德、法等欧盟国家的出现，疯牛病危机成了欧洲人心头挥之不去的阴影。

二、英国政府在疯牛病危机管理中的成功之处

（1）较重视沟通信息。政府管理危机与传达危机信息的渠道畅通，定期向公众和欧盟委员会通报危机管理的进程。

（2）重视危机研究及各部门间的合作管理。通过各类机构的研究与说明，使公众正确理解危机，避免过度恐慌，提高对危机的反应能力。各机构间共同分享有关危机的情报，通过对危机管理人员进行培训等手段，提高管理和传达危机信息的技术水平。同时，指定由环境、食品与农村事务部主要负责对危机的管理。

（3）采取有效措施，保障食品安全；加强对疯牛病的研究；屠宰感染牛群；保护牛肉市场；发放屠宰补贴；提高消费者的信心；进行市场干预性购买，维系牛肉的价格体系；由政府向整个行业注入资金，支持个人公司重组等。

（4）与欧盟和欧洲其他国家进行协调，防止危机扩大与恶化。英国力求恪守欧盟《佛罗伦萨框架协定》以争取解禁牛肉出口,重整英国牛肉工业。鉴于英国政府危机管理取得成效,1999年8月1日,欧盟解除了对英国牛肉的出口禁令。

三、英国及欧盟在疯牛病危机管理上的教训

(1) 不听忠告,自欺欺人。英国政府起初一方面宣布委任专家对疯牛病的原因进行调查研究,另一方面又表示并无任何证据显示疯牛病可以传染给人类,想以此安定人心。直到1996年3月才正式承认疯牛病会传染给人类,但为时已晚。英国政府危机初始管理失败直接导致危机的蔓延并产生涟漪效应。

(2) 南辕北辙,错上加错。在未明确向牛农、牛肉经营者与消费者传达危机严重性的同时,拒绝以市场价收购病牛,牛农不甘心亏本,于是将有可能染病的牛另找销路出售,从而造成大量病牛肉进入市场。

(3) 目光短浅,造成后患。英国虽在1988年认定动物饲料的蛋白质是引起疯牛病的最大嫌疑,但直到1996年才正式全球性禁止出售这种饲料。为降低眼前经济损失,没有采取果断措施,致使多达70个国家和地区进口了可能感染了疯牛病病毒的蛋白质饲料。

(4) 反应迟钝,管理滞后。1990年德国、法国、奥地利等国已经开始禁止进口英国牛肉,并向欧委会提议欧盟实施这一措施。但是,欧委会并未意识到问题的严重性,一方面同意采取保障公民健康卫生的措施,另一方面却威胁要欧洲法院来判断成员国的禁令是否合法,迫使各国不得不取消禁令。1996年当得知人也会感染疯牛病时,才意识到危机的严重性。

(5) 机制缺陷,无人问津。疯牛病危机的爆发与扩大,暴露了欧盟缺乏对国内危机特别是欧盟内部问题的系统研究。欧委会下设数十个总司级部门,但对危机的研究与管理主要集中在军事—安全领域。疯牛病危机发生时还没有哪一个总司专门负责保护欧洲的公众健康,这是疯牛病问题爆发之初在欧盟无人问津的原因。

四、启示

(1) 危机管理中专家的作用非常重要。现代社会正变得日益复杂,科学

和技术的飞速发展,给人类带来更多不解之谜。危机管理者在应付不确定性的危机时,需要大量的专业信息和相关领域的专家。

(2) 要重视食品安全危机。食品安全关系到民众的切身利益,政府对食品安全危机的预防与控制能力反映出政府的管理水平,它的连带效应是广泛的,会涉及国家的社会、政治、经济生活中的各个层面。

(3) 提高政府管理能力,保障市场有序竞争。所有严密的防范与管理危机的措施要奏效,取决于政府的管理能力和市场的有序性,否则监管的难度很大。在一个庞大无序的市场里,疯牛病的出现只是早晚的问题。

(4) 疯牛病危机不同于单纯的政治、经济、社会危机,它的爆发与升级,既有着深刻的自然科学背景,又涉及政府的管理水平与公众对危机的心理承受力等社会学问题。在危机管理领域,对危机情景的可见性愈差,对之进行管理愈是复杂艰巨。应对此类危机需要综合的能力,既需要进行深入的科学研究,科学对待危机,又需要加强政府职能,进行有效管理,更需要加强政府与公众的及时沟通。

案例四 2011年河南"瘦肉精"事件[①]

"瘦肉精"能使猪提高生长速度,增加瘦肉率,降低脂肪沉积,使猪毛色红润光亮,肉色鲜红,卖相好,大大提高饲料报酬。但肥猪饲喂"瘦肉精"后,会在猪体组织中形成残留,尤其是在猪的肝脏等内脏器官残留较高,食用后会直接危害人体健康。人体会出现肌肉震颤、心慌、战栗、头疼、恶心、呕吐等症状,长期食用可能导致染色体畸变,诱发恶性肿瘤。特别是对高血压、心脏病、甲亢和前列腺肥大等疾病患者危害更大,严重的可导致死亡。"瘦肉精"是一类药物,而不是一种特定的物质,是指能够促进瘦肉生长的饲料添加剂。任何能够促进瘦肉生长、抑制肥肉生长的物质都可以叫作"瘦肉精"。

---

① 资料来源:张小岩:《我国食品安全的政府监管——以双汇"瘦肉精"事件为例》,郑州大学2014年硕士论文;王旭:《我国食品安全监管机制完善探析——以"瘦肉精"事件为例》,载《黑龙江省政法管理干部学院学报》2011年第4期;张弥:《我国食品安全政府监管问题与对策研究——以"双汇瘦肉精事件"为例》,载《管理观察》2012年第15期。

一、事件概要

1998年,我国香港地区《东方日报》报道,香港居民17人食用内地供港猪内脏,发生严重中毒,调查结果表明,猪内脏含有禁用药物:"盐酸克伦特罗"(俗称"瘦肉精")。同年,内地也首次发生"瘦肉精"中毒事件:一位王小姐投诉称,她食用了含"瘦肉精"的猪肝后身体不适,有食物中毒现象。

1999年4月,上海两名运动员因食用了含有"瘦肉精"的肉品,尿检被查出呈阳性而被禁赛。同年,农业部在全国范围内专项查处"瘦肉精"等违禁兽药饲料,并出台《关于查处生产、使用违禁药物的紧急通知》(农牧函〔1999〕1号),明确规定禁止生产和使用"瘦肉精"。

2001年8月30日,根据东方网的消息,浙江省桐庐县发生了一起因食用含有"瘦肉精"的猪肉和猪内脏的集体中毒事件,中毒群众达180余人。11月17日,北京发生了首例"瘦肉精"中毒案,北京市卫生局在对北京市场上的86头生猪的抽检中发现"瘦肉精"的检出率为25%。

2006年9月,上海发生"瘦肉精"中毒事件,涉及9个区300多人中毒入院。

2011年3月15日,央视新闻频道播出"3·15特别行动"节目——《"健美猪"真相》,曝光了用"瘦肉精"喂养的"健美猪"最终流入河南双汇肉制品厂一事,引发广泛关注。至3月23日,河南全省共排查50头以上规模养殖场近6万个,确认"瘦肉精"呈阳性的生猪126头,涉及60多个养殖场;排查50头以下散养户7万多个,确认"瘦肉精"呈阳性生猪8头;同时还查获含"瘦肉精"饲料若干批次。

在河南"瘦肉精"事件中,被河南省有关部门控制、刑拘、立案侦查的人员达68人,其中"瘦肉精"销售人员26人,使用"瘦肉精"养殖户33人,生猪经纪人7人,企业采购人员2人,并对43名公职人员进行了调查取证。

此次事件中,从3月5日有媒体曝光"瘦肉精"问题到央视播出针对"瘦肉精"的"3·15特别报道",相关部门并没有采取应对措施。央视"3·15特别报道"播出后的第二天,河南省相关部门才着手进行调查。起初遇到阻力,进展缓慢,信息公开不及时。此后流言四起,全国关注,舆论施压。焦作市市长孙立坤先后组织召开14次政府紧急会议,连发三份"紧急通知"等相关文件,开展全面的整治排查。三周后,生猪、饲料、涉案人员的查处基本完成,调查报告发布。

二、问题分析

(1) 事前

分段监管不力。"瘦肉精"监管涉及农业、卫生、公安、食品药品监督管理等多个部门,职能重叠,责任不清。有法规但不完善,或没有相应措施。政府、经营者和消费者对于已有的"瘦肉精"问题重视不足。

(2) 事中

没有成熟的应急预案,处理略显仓促。信息公开意识缺乏,与先前众多的食品安全事件相似,河南"瘦肉精"事件发生后主管部门并没有及时公开信息。

(3) 事后

问责制度不完备,问责的力度、深度都不够。法律法规不健全,有关责任人的量刑和政府赔偿问题有待进一步规范和明确。

三、启示

(1) 制度与法规的建设。可借鉴美国食品药品管理局(FDA)等的模式,建立良好的食品、卫生监管体制;在《食品安全法》的框架下进一步完善相应法规;完善问责制度、预警方案。

(2) 加强宣传及检测。加强食品安全宣传,增强公众的警惕意识、应对能力;增强对食品安全的检测,规范检测标准。

(3) 正确引导舆情。要引导、监管舆情,尤其是网络舆论;同时,要利用舆情监管和社会监管。

第九章　社会安全事件

案例一　2002年莫斯科人质危机[①]

一、事件概要

2002年10月23日晚9时,40多名车臣绑匪闯入位于俄罗斯莫斯科东南区的莫斯科轴承厂文化宫大楼剧院,胁持文化宫内的850多名人质,要求俄罗斯军队撤出车臣。10月24日下午2时,俄罗斯总统普京发表声明,称这次人质危机是"外国恐怖组织中心策划的"。他命令特种部队"准备解救人质,同时最大限度地保障人质的安全"。10月25日,莫斯科发生几起反对战争的小型示威活动。普京总统则在电视上发表讲话,说谈判的大门仍然敞开,但他对车臣战争的立场不变。10月26日凌晨,俄罗斯特种部队发动袭击。他们发射了秘密化学气体以麻醉表演厅内所有人,后再强攻进入,合计击毙了39名恐怖分子,其余逃离或被擒获。多数人质获救,但是至少129名人质吸入麻醉气体产生不良反应而死亡。

二、危机处理机制在俄人质危机期间的作用

所谓危机处理机制,就是以担负危机处理职能的国家政治机构为核心,在社会系统其他重要因素影响下,按照相应组织结构运作从而对危机事态进行预警、应对和恢复的组织体系。这个组织体系应包括危机处理的中枢

[①] 资料来源:冯玉军:《危机处理机制在俄人质危机期间的作用》,http://www.China.com.cn/Chinese/2002/Oct/224928.htm,2016年10月29日访问。

指挥系统、危机处理的支援和保障系统、危机的信息处理系统。此次莫斯科劫持人质事件能够迅速解决,俄罗斯危机处理机制发挥了关键性的作用。

(一)决策核心:临危不乱,指挥若定

在危机发生时,危机处理的中枢指挥系统是整个危机处理机制的核心。危机发生后的首要要求是作出选择和反应。决策者要有坚强的决心、顽强的意志,既要能够倾听不同专家的意见,从而获得更多的政策备选方案,又要能权衡得失、当机立断,在短时间内找到化解危机的正当途径,尽快控制危机事态的蔓延与发展。

俄罗斯总统在国家政治结构与危机处理中发挥着决定性的作用。普京总统在此次危机中反应快速、行动果断,表现出了高超的危机处理能力。劫持人质事件发生后,普京总统相继采取了一系列危机处理行动:

(1)迅速召集强力部门领导人紧急开会,讨论解决之策。

(2)取消外交行程,坚守在克里姆林宫办公室,紧密关注事态的发展。

(3)迅速对危机根源作出判断,确定人质事件是由"外国恐怖组织中心策划的"。这可在一定程度上将人质事件与车臣问题剥离开来,并将车臣问题与国际恐怖主义进一步紧密捆绑,同时也为日后断绝车臣武装分子的后路埋下伏笔。

(4)在面临国内外"和解"呼声的压力下,坚定地表示既要最大可能地保证人质安全,又"绝不向恐怖活动低头",从一开始就明确了要用武力解决人质危机的各项准备。

(5)果断决策,作出以武力解决人质事件的决定。

(二)行动部门:早做预案,行动迅速

危机处理的支援和保障系统是处理危机的直接机构,其主要职责是有效贯彻危机处理的中枢指挥系统的决策,保证在危机发生后,政府的决策能够得到社会各部门有效的配合,从而化解危机。这一系统是一个包括了国家安全、警察、消防、医疗、卫生、交通、社会保障等部门的庞大体系。

莫斯科劫持人质事件发生后,俄罗斯危机处理的支援和保障系统紧急启动:

(1)联邦安全局和内务部宣布实施应对突发事件的"雷雨"计划,要求所有官员立即到所在部门报到。

(2) 俄罗斯政府紧急成立了由莫斯科市长和各有关部门领导人参加的解救人质指挥部。

(3) 俄罗斯的"阿尔法"反恐小组和联邦安全局反有组织犯罪局的人员立即赶往事发地点,占领有利位置,并进入临战状态。

(4) 俄罗斯的警察和军队封锁了通往事发现场的道路,紧急疏散文化宫附近楼房的居民和一家医院的病人。内务部召开紧急会议,研究如何解救被扣人质,同时要求内务部所属内卫部队加强对重要设施和所有运输干线的警卫与监视,防止武装匪徒从车臣潜入俄其他地区及类似事件的发生。警方奉命更加严格地检查旅客的身份证和行李。车臣首府格罗兹尼也加强了对车臣政府大楼和重要设施的警卫。

(5) 俄罗斯国家杜马召开紧急会议,讨论解救人质问题。一些杜马代表亲临现场,并参与同绑匪的谈判。俄罗斯议会上院联邦委员会主席表示可依法根据总统的要求在莫斯科实施"紧急状态",为此次反恐行动提供了充分的法律保障。

(6) "阿尔法"反恐小组临危受命,凭借平时的严格训练和积累起来的实战经验,以最小的代价将人质解救出来。

(三) 情报宣传:及时准确,巧妙配合

危机的信息处理系统在危机处理体系中承担非常重要的职能,如果说危机处理的中枢指挥系统是人的大脑的话,那么危机的信息处理系统就是神经系统,它的主要功能就是为决策者提供及时、准确的情报。同时,这一系统还要承担向民众传递适当信息的职责,既要让民众对危机事态的程度与危害有清醒的认识,又要使民众了解决策层为化解危机所作的各种努力,更要使民众保持情绪稳定,避免情绪失控而增加决策者面临的压力,恶化决策环境。

在此次莫斯科劫持人质事件中,俄罗斯的危机信息处理系统的作用主要表现在以下几个方面:

(1) 及时、准确地向普京总统传递情报信息。俄罗斯联邦安全局局长和内务部长数次向普京总统汇报劫持人质事件的进展与背景情况。

(2) 加强与各种政治社会力量的沟通,缓解社会紧张状态。

（3）普京总统数次发表电视讲话，直接阐述面临的形势与自己的立场，安抚社会情绪。

（4）加强对媒体的管理，避免因失实报道而扰乱人心。俄罗斯政府一方面允许媒体对劫持人质事件的处理进行现场报道，避免因信息封锁而导致流言四起；另一方面，又根据《俄罗斯联邦反恐怖主义法》的规定，对媒体进行相应管理，防止失实信息激化公众情绪。

上述措施使危机事态中的信息沟通顺畅，同时又避免了社会情绪的动荡，为危机的解决创造了一个良好的社会心理氛围。

（四）反恐机制：养兵千日，用兵一时

俄罗斯联邦反恐危机处理机构由总统统一领导，俄联邦政府是领导反恐、保障反恐所需的必要力量、资金、资源的主要主体，联邦执行权力机关依据俄联邦法律及其他法规在自己的职权范围内参与反恐。直接参与反恐的联邦执行权力机关主要有：俄联邦安全局、俄联邦内务部、俄联邦对外情报局、俄联邦保卫局、俄联邦国防部和俄联邦边防局等。其中，俄联邦安全局及其在俄联邦各主体的地方机构负责实施反恐行动，预防、调查和打击具有恐怖主义性质的犯罪和带有政治目的的犯罪活动等；俄联邦内务部对具有恐怖主义性质的、追求个人私利的犯罪进行预防、调查和打击；俄联邦对外情报局和其他俄联邦对外情报机构负责保障俄联邦境外机构的安全，以及这些机构工作人员与家属的安全，并搜集有关外国与国际恐怖组织的资料；俄联邦国防部负责保卫大规模杀伤性武器、导弹与枪支、军火和爆炸物，负责保卫军事目标，在反恐行动中还负责保障俄联邦国家海运和领空的安全。

为协调各反恐机构的行动，根据俄联邦总统或俄联邦政府的决定可成立联邦或地方级的反恐小组。联邦级反恐小组负责解决以下任务：制定国家在反恐领域的其他政策，就如何提高调查与消除恐怖主义产生以及形成恐怖活动根源的工作效率提出建议；对俄境内恐怖主义的发展状况进行分析研究；协调俄联邦执行权力机关的反恐行动；参与起草俄联邦在反恐领域的国际条约。

为直接处理反恐行动，根据俄联邦政府的决定，由俄联邦安全部门或俄联邦内务部人员组成行动小组，在具体的反恐行动中，哪个部门的职能占主导，就由该部门的人员组成。

俄联邦主体和俄联邦地区可成立行动小组,由在具体反恐行动中发挥主要职能的部门负责领导工作,如恐怖活动的性质发生变化,根据跨部门反恐委员会主席的决定,可以替换行动小组的领导。

反恐行动小组工作细则由跨部门反恐委员会主席批准的条款确定,反恐行动小组条款在联邦反恐委员会制定的法规基础上制定。所有参与反恐行动的军人、工作人员、专家在行动开始后都受反恐行动小组领导人领导。反恐行动小组领导人确定进行反恐行动的区域范围,决定使用开展反恐行动的人力与资金。任何其他人,不论官职大小,不得干涉反恐行动小组的领导事务。

莫斯科劫持人质事件的成功解决表明,在恐怖主义已经成为人类社会安全共同敌人的今天,加强反恐机制等危机处理机制的建设尤为必要。只有及早加强危机处理机制的建设,才能在危机来临之时,临危不乱,化解危机。

案例二　城市公共安全应急系统研究实例[①]

城市作为一个区域内相对重要的政治、经济和文化中心,其公共安全面临来自各个方面的危险,如灾害、恐怖活动的威胁,建立具有预警、应急和反恐功能的城市公共安全应急系统势在必行。本案例首先阐述了城市公共安全应急计算机系统中地理信息系统(GIS)技术和数学模型的作用,给出一个基于地理信息系统的城市公共安全应急系统框架,并介绍了在两种紧急事件下评估事件状态和预测发展趋势的实例。

一、背景及综述

一般来说,城市主要有人口密集、经济发达、交通枢纽等特征;城市的管理者或者居民一般会面临日常管理与决策、应急管理与决策两种不同的思维。城市中不可避免会发生自然灾害与公共安全等突发事件,尤其在

---

① 资料来源:米红、杨帆、曾东海:《城市公共安全应急系统的应用研究实例》,电子政务与地理信息系统应用研讨会,2004年;米红、杨帆、曾东海:《GIS技术和数学模型在城市应急系统中的应用》,载《测绘科学》2005年第1期。

"9·11"事件后,反恐的重要性日益彰显,政府有责任也有必要建立完整的反恐机制和相应组织结构,研究恐怖活动的特点、手段,进而采取有效的预防和应急措施,模拟演习,制订反恐预案等。因此,依托城市地理信息系统,构建一个具有反恐和应急功能的模块已经提上日程。

建立城市地理信息系统,并将其与数学模型结合在一起,充分利用城市的人口、社会经济、地理空间数据等,为地区提供决策支持,是目前GIS技术的一个发展方向,已经越来越受到人们的重视,并日益成为政府信息化建设的重要部分。其核心思想是用数字化的手段来处理整个地区的自然和社会活动诸方面的问题,最大限度地利用资源,并使人们方便地获取信息。例如,在青岛市人口地理信息系统、北京市门头沟区统计数据仓库暨地理信息系统中,运筹学、数理统计和数据挖掘得到了很好的应用,为政府决策提供了科学有效的依据。

计算机应急系统的建设现正成为城市地理信息系统建设的重要内容之一。如广西南宁市的城市应急联动指挥信息系统,结合现代化的数据管理和处理手段,使得基础的理论和方法发挥了良好的社会效应和实际功效,为政府处理突发事件提供了便捷、有效的智力支持。但是,大多数的应急系统都是针对一两种突发事件而建立的,如地震、台风、医疗急救等。在现代化的城市管理中,由于整个城市系统的复杂性,仅仅依靠这些分散的系统是无法准确、可靠地处理突发事件的。此外,各个部门之间还存在着条块分割和信息壁垒,无法达成真正的信息共享,从而无法准确、快速地交流信息,对决策造成不便。同时,还存在一些城市基础信息库的重复建设问题,这造成了巨大的浪费。

一般来说,依托城市GIS的计算机应急系统包括环境应急、核电站、电网应急、应急车辆派遣、医疗急诊等系统。

二、城市公共安全应急计算机系统

应急的目的是阻止灾害发生,当灾害不可避免时应避免或少受损失,或者阻止灾害恶化,遏制灾害扩大。一般来说,城市应急系统具有如下特征:一是数据量大。应急不仅受灾害和紧急事件的复杂性、多样性的影响,还与灾害发生地的人口、社会经济状况、当地的警力、医疗等应急人员和物资量有密切关系。二是覆盖面广。应急涉及卫生、公安、交通、城管等众多部门，覆盖气象、地质等领域。在应急中，需要作出关于人员疏散、交通管制、物资调度和通讯指挥等影响整个城市的决策和行动。三是多学科交叉研究。为了指导应急决策，所采用的方法多而复杂：需要评估灾害程度、预测灾害发展趋势和态势；需要采用信息论、决策论、动态规划等方法来统一指挥。

城市公共安全应急计算机系统（图9-1）应在硬件设计的基础上，充分利用GIS、GPS技术，将反映城市运动态势的各种数据有机结合起来，利用数学模型技术、数据挖掘方法，对某一紧急事件下城市运动的状态进行评估、预测、预警，为科学迅速地实现应急动员和决策提供强力保障。

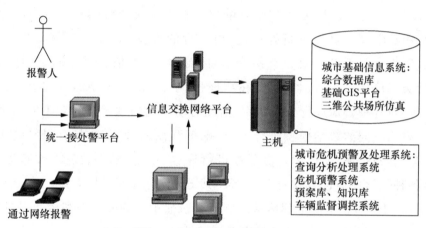

图 9-1　城市公共安全应急计算机系统设计框架

在硬件设计和统一的网络平台之上，我们设计的城市应急系统包括以下三大部分：

（1）统一接处警处理。负责对来自不同网络（如电话、手机、互联网、车载GPS等）和报警形式的报警信息进行接警和处警，供各联动单位（交通、医疗、工商等）对来自指挥中心的案情进行处理和反馈。

（2）城市基础信息系统。该系统包括：其一，综合数据库，包括基础信息（如人口、社会经济数据和应急资源数据等）、接处警信息（如录入信息），以及利用分析预警模块进行分析、挖掘后得出的信息（如毒气扩散范围等信息）。其二，基础GIS平台，即利用城市的基础地理信息（如交通、林业）、人口数据（如人口年龄结构、性别比等）、宏观社会经济数据、基本单位数据构建的地理信息系统平台。该平台包含了城市的主要基础信息,利用GIS技术的空间分析和可视化功能,可以方便地分析任何区域的宏观社会经济数据、人口分布和人口密度,以及医疗卫生、警力、道路交通等的分布状况。其三,三维公共场所仿真,即实现城市某个区域的三维仿真,有利于台风、洪水等与地形密切相关的灾害的评估和预测。

(3) 城市危机预警及处理系统。具体包括:其一,查询系统。该系统可为指挥人员提供各类综合或者专业数据的查询。如人口信息、车辆信息、犯罪记录、出入境记录、公共预案信息以及水、电、气、医疗的专业信息等。其二,分析处理系统。在数据查询的基础上,对突发事件发生后采取的各种应急资源的调配路线、警力和医疗力量的配置以及交通管制和人员疏散路线等,利用数学模型进行分析处理,提出合理的方案,形成动态预案并发布。其三,危机预警系统。对各类接警信息(如毒气、疫情、火灾等)、社会信息(如社会经济指数、人口指标)等在物理、化学、经济学模型的基础上进行综合分析,对各种警情进行分析预测,据此启动不同的预案。针对不同的突发事件,采用不同的数学模型进行分析、挖掘和预测,使系统具有很好的扩展性。其四,预案库、知识库。对预案进行保存、更新、删除、接受、发布等,以及对各种数学模型进行保存和更新。其五,车辆监督调控系统。充分利用GIS、GPS技术,在基础地理信息图层上实时显示车辆的方位和运动,加以监督,同时通过与车辆的通讯联系实现调度功能。

在上述框架下,如何针对某些特定的灾害和恐怖事件采取必要的措施和控制模式,是研究的重要内容之一。应急系统也是一种决策支持系统,而各种不同的紧急事件,其控制模式、处理程序(决策过程)都是不尽相同的,必须在应急系统中体现其特点和差异。下面将以两种典型的紧急事件来探讨该问题。

三、城市应急计算机系统应用实例

(一) 毒气扩散

在人口密度大的区域释放毒害气体,是常见的恐怖手段,包括化工厂的毒气泄漏、地震次生毒气等,都属于性质接近的事件,需要统一防范。对于此类事件,系统处理流程如下:

(1) 接警，记录事件发生地点、时间以及报警人。

(2) 调动专业处置预案，明确各部门责任，统一指挥。

(3) 处警，将警报发送至相关单位。

(4) 接收到报警信息后，在电子地图上精确定位事件发生的地点，明确毒气的种类和泄漏量的估计数据，并打开人口信息、交通道路、基本单位等相关图层。

(5) 启用危机预警系统，调用模型库中的毒气扩散模型，预测毒气在一段时间内的扩散范围和浓度，并反映在电子地图的各个图层上。

(6) 启动查询和分析处理系统，展开交通管制，求解人员疏散的最优路径和医疗、警力等应急资源的快速调送路线。

(7) 根据系统分析预测结果，制作并发布动态预案，及时开展救援活动。在泄漏未得到有效控制之前，要动态地了解毒气不同浓度的扩散范围，并预测未来时段的毒气扩散情况。在城市 GIS 中，毒气浓度分布的背景条件可以是所有的图层界面。模拟结果给出各种危害性区域的同时，利用 GIS 的叠置分析功能，分析各区域内的人员和基本单位的数量与分布，进而根据其道路和人员状况，确定救灾条件、避难疏散和应急抢险的路线。

毒气泄漏或扩散的仿真作为城市公共安全系统的一部分，受到硬件和软件条件的限制，要求数据量不能太大。本系统中采用较为简单的高斯模式，因为它被广泛使用。据此我们可以进行以地表面为主的二维数值分析与仿真，也可进行三维空间的模拟与仿真。现假设经度 110.306496、纬度 25.259209 点为毒气扩散源，毒气种类为沙林，气象条件为风向 33.0°，风速 10 m/s，大气稳定度为极差；在系统中录入上述信息，调用毒气扩散处理模块，求出 50 min 后使人致死、使人受到严重损害、使人受到轻度损害的三种不同浓度的覆盖范围(见图 9-2)。

利用 GIS 的叠置分析功能，可以得到不同覆盖区域内的人口信息和交通状况，以及相关的处置方案，如人员疏散最优路径图。如图 9-3 所示，毒气泄漏后，按图中箭头所指方向疏散人员即为最优路径。

(二) 地区突发性传染病

城市必须正视各种传染性疾病的威胁和困扰。2003 年的"非典"事件就是一个典型的例子。由于疾病的传播具有空间相关的特性，因此，GIS 以其

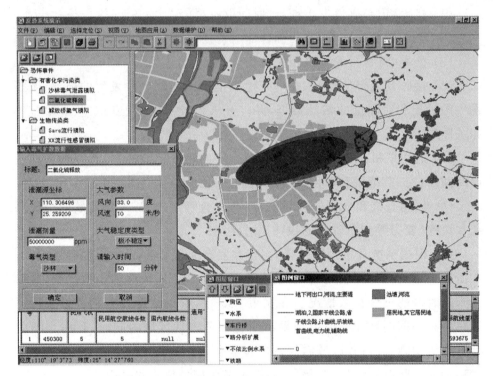

图 9-2 毒气扩散图

独特的空间数据存储、可视化以及空间分析功能,在公共卫生领域获得了广泛应用。

在使用 GIS 时,必须将 GIS 与模型技术、数据挖掘技术等结合起来,才能全面有效地处理公共卫生的系列问题。例如,将相关模型和方法,如疾病传播的统计和预测模型,集成到地理信息系统之中。同时,必须构建一个具有应急指挥、疫情收集、疫情控制、疫情分析和发布等功能的应急系统,将获得的各种疫情相关数据,如人口、病源、疫情、医疗结构和力量等数据,结合城市电子地图,以专题图的方式进行可视化展现。在此基础上,迅速收集疫情信息,追踪扩散情况,科学分析其变化趋势,并及时向公众发布信息。

城市公共安全应急系统设计框架正可以服务于上述工作内容和模式。疫情发生后,系统处置流程如下:

(1) 实时信息收集统计。各级医疗卫生机构及时通过统一网络平台向控制中心报告突发性疫情信息,并通过控制中心向相关部门发布信息;通过

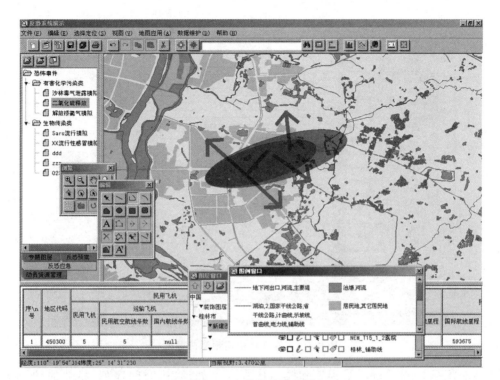

图 9-3 人员疏散路径图

与人口、交通、商业、医疗等图层的叠加,建立专题图,反映传染病的空间分布状况。

(2) 发布专业预案,确定各部门职责;展开传染源追踪,调查确诊和疑似病人近期的活动场所、途经的地点及时间,标识在专题图上,为可能要采取的隔离措施作准备。

(3) 定时通过网络向公众发布疫情信息。

(4) 启动危机预警系统,调用模型库中传染性疾病预测模型,采用多种不同方法对疾病的发展态势作定量和定性研究。

(5) 通过查询和分析处理系统查询当前疫情的发展情况,包括确诊病人数、疑似病人数等;查询本市医疗机构的基本数据,包括病床床位、医护人员数量等;利用运筹学模型,制订病员救治和人群隔离方案。

(6) 根据系统运行结果制订动态预案,并发布到各相关部门。

为了更好地发掘出疫情的传播和发展规律和趋势,系统中采用多种模

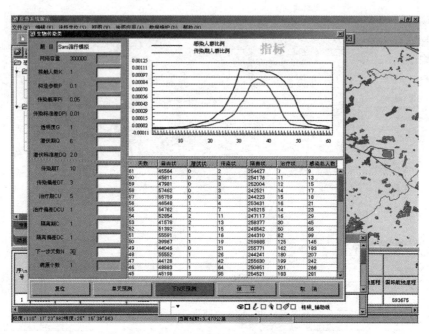

图 9-4　突发性传染病预测仿真图

型对疾病控制进行定量预警和模拟仿真。例如,采用时间序列、指数曲线预测模型、灰色模型等。同时,应用多种方法来对突发性传染病进行分析,力图提供全面客观的参考。

四、结论

城市公共安全应急计算机系统是随着时代发展而产生的新的要求。面对这个复杂的系统工程,一方面,应该加强规章制度建设和应急措施的深入探讨;另一方面,需要不断将复杂的理论和方法融入现代计算机技术中,包括地理信息系统、数据挖掘、模型技术等。

第十章 人口安全事件

案例一 美国墨西哥移民挑战[①]

到 20 世纪中期,美国是一个多民族、多人种的社会,拥有将多种亚文化包含其中的盎格鲁-新教主流文化以及根植于这一主流文化的共同政治信念。在 20 世纪后期,发生了一些事态,它们若继续下去,将有可能使美国变成一个分成两权的,通行两种全国性语言的盎格鲁-拉美社会。文化分权趋势背后的驱动力,是来自拉美尤其是来自墨西哥的移民。

一、为什么墨西哥移民不一般?

(1) 国界相邻且接壤边界大。美墨两国边界长达 3169 公里,确立于 1848 年美墨战争之后,目前是全世界最繁忙的边界,每年约有 250 万人以合法方式通过两国边界。然而,美国严格的签证制度和松散的边界管理促使许多人选择以非法方式越境。大量涌入美国的非法移民及严重的毒品犯罪问题,已成为美墨关系的重要议题。

(2) 人数多且生育欲望强烈。随着大批拉美裔人在一二十年内进入育龄高峰,拉美裔人在美国的人口比例将猛增。美国人口普查局 2008 年预测,从 2008 年到 21 世纪中叶,美国人口族裔结构将发生重大变化,白人在美国总人口中的比例将从 66% 下降到 46%,少数族裔则从 34% 上升到 54%。其中,拉美裔增长最快,人口将增加 1 倍,达到人口总数的 29%,届时

[①] 资料来源:〔美〕亨廷顿:《谁是美国人?》,新华出版社 2010 年版;楚树龙、方力维:《美国人口状况的发展变化及其影响》,载《美国研究》2009 年第 4 期。

每3个美国人中就将有1个是拉美裔。①

（3）非法移民问题。2014年，美国5520万拉美裔移民中，墨西哥裔约3500万人，占拉美移民总数的63%。美国境内的1120万非法移民中，来自墨西哥的非法移民约580万，占非法移民总数的52%。②

（4）地区分布集中，形成亚文化，同化滞后。与黑人分布在全美国不同，拉美人倾向于集中在某一个城市，形成亚文化。美国康涅狄格州首府哈特福特首位拉美裔市长就宣称，哈特福德已经成了一个拉丁城市，它是正在来到的事情的一个标志。

（5）历史渊源。重返德克萨斯、新墨西哥、亚利桑那、加利福尼亚、内华达和犹他州等故土。

（6）同化滞后。在语言、教育、职业收入、公民身份、通婚和对美国的认同对比其他移民差异较大。

二、假如没有墨西哥移民？

合法移民将会减少到一年16万人左右，且非法入境者大大减少，美国境内的非法移民总数将下降。虽然西南部的农业等会受到打击，但低收入的美国人的工资将会得到提高。另外，关于美国人是否该用西班牙语以及是否应规定英语为州政府和全国政府官方语言的辩论将会平息，关于移民福利待遇的辩论也会慢慢退下去。同时，移民的来源地将会重新多样化。美国的文化统一和政治统一也将不再受到潜在的重大威胁。

三、对美国的影响

政治上，墨西哥移民将形成美国政坛上从无到有的新力量。这会诱发美国"本土主义"思潮重新抬头。美国现任总统特朗普就曾严厉抨击墨西哥移民问题，竞选总统时承诺将在美国和墨西哥边境修建围墙，且由墨西哥支付50亿至100亿美元用于修建该围墙，否则将禁止墨西哥移民汇款回墨西哥。

---

① See Friedman, M. J. Minority Groups Now One-Third of U.S. Population. Washington File, July 12, 2006:8—9.
② 参见曹廷:《美墨边境线:回不去的哀愁》，载《世界知识》2017年第7期。

社会文化上,墨西哥移民会对美国社会文化认同产生挑战。美国是否由此"变色"?那只不过是给美国的黑白两种主色调中再加上一笔浓浓的棕色。

2005年"卡特里娜"飓风侵袭美国时,新奥尔良"巨蛋"体育馆里充斥着有色人种和非法移民的哭喊声。这不禁让人思考:这难道就是人类所向往的"山巅之城"吗?所谓的"邪恶轴心"和"流氓政权"也许并不是美国国家安全的最大威胁,美国前副国务卿佐利克曾说:"美国的敌人正是美国人自己。"

四、建议

一是建构公共文化,作为公共政策合法性的来源。政府对于移民的态度不能在多元价值观和平等价值观之间徘徊,而是应该运用建构主义的思想来重新定义一个新的、跨文化的公共文化,比如就公共空间及公共行为,与两类社群约定一个相对客观的标准,将其制度化。

二是对公民身份的重新定义。移民本身及当地居民都会将法律公民和文化公民分割开来并且注重文化公民的概念。一方面需要移民对自身有一个重新的审视,去融入当地的社群;另一方面,迁入国政府对移民的态度也要更加公正,比如对于移民的子女,在尊重其要求的同时,应对其有教育上的政策保护,使其的教育资源、教育环境与当地统一。

案例二　2015年欧洲难民危机[①]

2015年夏天,深受战乱、贫穷困扰的中东、非洲难民们铤而走险,一路颠沛流离,前往心中向往的欧洲,造成了欧洲难民危机(European Refugee Crisis)。难民主要来自叙利亚、利比亚等中东、北非地区。由于上述地区战乱

[①] 资料来源:《〈欧洲难民危机系列报道〉第一篇:未知逃亡路》,http://china.cnr.cn/yaowen/20151017/t20151017_520176865.shtml,2016年10月1日访问;《〈欧洲难民危机系列报道〉第二篇:争吵的欧洲》,http://china.cnr.cn/yaowen/20151018/t20151018_520181937.shtml,2016年10月1日访问;《〈欧洲难民危机系列报道〉第三篇:回不去的故乡》,http://china.cnr.cn/yaowen/20151019/t20151019_520188005.shtml,2016年10月1日访问。

不断、持续动荡,加上"伊斯兰国"极端组织的猖獗活动,使得大批难民外涌,成为这次欧洲难民危机的导火索。

一、问题所在

希腊和意大利作为中东北非难民登陆欧洲的起点,早已不堪重负。非法移民问题不仅令希腊、意大利头疼,更是欧洲各国的共同难题。德国是此次难民潮中接收难民最多的欧洲国家,据统计,今年前三个季度已经有50万名外来移民在德国申请避难。难民福利待遇较好、申请难民获批概率高,是难民偏爱德国的主要原因。

中东、北非难民们前往欧洲的路线大致有两条:一条是经地中海登陆意大利,一路北上穿过瑞士到达德国、北欧等地;另一条是经地中海登陆希腊,北上途经马其顿、克罗地亚等南欧国家,到了匈牙利之后西进穿过奥地利抵达德国、法国、北欧等地。在漫长的道路上,每一道关卡都是对难民们的生死考验。图10-1展示了一个叙利亚难民家庭前往德国之路。

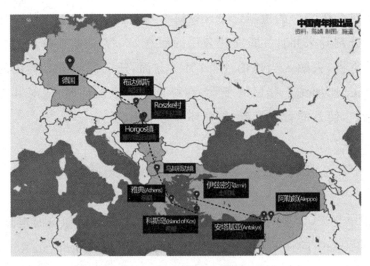

图10-1 一个叙利亚难民家庭前往德国之路

根据联合国难民机构2015年8月底的数据,2015年以来,已经有超过2500人命丧地中海。而2014年全年,这一数字是3500人。根据欧盟官方的介绍,从2015年初到2015年9月下旬,大概有50万人进入欧洲。联合国难民署警告称,如果叙利亚内战不结束,难民还将持续不断地涌入欧洲。

数量急剧上升的难民潮,显然已经超过欧洲各国的收容能力。非法移民问题不仅令希腊、意大利头疼,更是欧洲各国的共同难题。德国是接受难民最多的欧洲国家,超过 20 万难民滞留德国,入境难民超过 60 万。但是,德国和欧洲其他国家并没有对难民危机作好充足的准备,没有足够的住房和后勤供应,基础设施的短缺也是欧洲接受难民的一个巨大问题。每一天难民所消耗的金钱和人力、物力成本相当于一支集团军队的消耗,本来就经济萎靡的欧洲又遭受严重冲击。同时,因为难民的过多涌入,大量占用了原本欧洲国民的设施和福利,引起了很多国家的国民强烈的抗议,丹麦、瑞典更是爆发了反难民冲突。

二、欧洲难民危机的诱因

源源不断的难民主要来自叙利亚、利比亚等中东、北非地区。2015 年上半年,这一地区战乱不断、持续动荡,加上"伊斯兰国"极端组织的猖獗活动,使得大批难民外涌,成为这次欧洲难民危机的导火索。

欧洲难民危机的来源非常复杂,从历史方面、政治方面、社会方面、军事方面、经济方面等都有强大的诱因。[①]

(一)历史方面

欧洲难民潮的来源民众主体是伊斯兰世界的难民,中西亚、北非一直都是伊斯兰世界的阵地,伊斯兰教派冲突由来已久,由逊尼派主导的沙特阿拉伯与什叶派主导的伊朗在中亚地区长期明争暗斗。随着"伊斯兰国"脱离国际社会的控制,向全世界宣战,美国介入当地政局,支持叙利亚反对派武装,俄罗斯则大力支持叙利亚政府,事态变量越发严重。阿拉伯地区的难民开始大批出逃,并且迁离战火波及的地方。

(二)政治方面

伊朗为首的什叶派一直希望控制中亚地区,成为地区性领导人。逊尼派则与伊朗针锋相对,沙特为首的逊尼派组织在美国的支持下得以发展壮大,将中东产油区大部分控制在手中。俄罗斯不甘将庞大的石油利益拱手让人,开始与美国进行政治上的博弈。两个大国的交锋直接导致了沦为棋

---

① 参见黄潇梦:《论欧洲难民问题》,载《青春岁月》2016 年第 11 期。

子的小国自顾不暇,难以照顾国民,为了躲避随时有可能易主的政治环境,大量难民开始前往政治稳定的国家寻求栖身之地。

(三)社会方面

由于战争导致社会动荡,难民所在国家大都出现了经济问题和社会问题。无论是暴乱还是极端组织都大量出现,难民们待在本国随时有可能出现生命危险,更不用说养老保障和后代教育等社会问题。

由于欧洲数国的社会福利非常高,尤其是北欧各国与德国等地,所以这些国家成了难民首选的避难所。难民通过非法偷渡与潜逃等手段只要进入了欧洲国土,依照国际协定,欧洲各国是没有理由将战争难民遣返回战乱国家的。加之欧洲本身就是导致伊斯兰世界混乱的幕后推手之一,所以承担相应责任的欧洲接纳的难民越来越多。

(四)军事方面

2011年"阿拉伯之春"运动、2012年叙利亚战争、2014年"伊斯兰国"宣布成立、2015年也门内战,以及2016年沙特宣布与伊朗断绝外交关系、伊朗宣称要对沙特进行"神圣报复"等一系列军事活动,导致伊斯兰世界内部动荡达到前所未有的顶峰,使得2015年超过100万难民涌入欧洲。2016年1月欧洲接受的难民达到2015年1月的三倍。

(五)经济方面

经济诱因应该是欧洲难民人数急剧增加的主要外部因素。欧洲属于长时间的经济发达体,前往欧洲找一份工作,对于大部分食不果腹的难民来说是一件得以让自己和整个家庭生存下去的最佳选择。所以,一些并没有发生战乱的地区也出现了有人偷渡前往欧洲的情况。事实上,难民或移民流动总是符合从动荡地区向稳定地区、从贫困地区向富裕地区转移的趋势。

三、欧洲难民危机对涌入地区的影响和启示

第一,欧洲地区发生的难民危机对欧洲国家特别是欧盟国家产生了深远的消极影响:在难民危机中,欧盟各成员国对待难民的不同态度和行为凸显了欧盟内部的分裂。在面对欧洲难民危机、解决难民问题时,欧洲协调一致的治理机制显示出其固有的劣势,由于无法形成接纳、安置入境难民的统

一方案,欧盟各成员国相互指责、各行其是。同时,难民危机一定程度上拖累欧盟经济的恢复,难民的涌入首先加重了欧洲各国的财政负担,有可能对欧洲国家的社会福利体系构成严峻挑战。①

第二,尽管随着老龄化社会的到来,难民进入欧洲可以部分解决新增劳动力的缺口问题。然而,来自中东和非洲的难民普遍受教育水平较低,缺乏相关技能,很难迅速融入当地劳动力市场。②

第三,难民冲击社会稳定,潜藏恐怖威胁,影响安全环境,刺激排外情绪。难民大量涌入也对欧洲的社会稳定造成了一定的负面影响,甚至有可能引发新的社会矛盾。③

对于中国而言,我们应建立与完善中国的难民应对机制。近年来,中国的国际移民总量和国内移民人口持续增长。从 2000 年到 2013 年间,中国的国际移民总量增长超过了 50%。截至 2013 年,中国的海外移民已达 933.4 万人,成为全球第四大移民输出国;实际上,中国周边已经存在或者潜在存在难民问题,如东北亚的朝鲜半岛、中亚地区、西南方向的印巴矛盾。因此,中国应该充分考察与评估此次难民危机问题,逐步建立适合中国国情的难民应对体系。④

案例三 人口承载力与人口安全⑤

一、人口承载力

随着经济的发展,资源短缺成为一个日益严重的问题,有限的资源究竟能够承担多少人口?随着《增长的极限》《地球能养活多少人》等著作问世,人类对环境承载力的关注逐步上升。专家、学者对人口承载力进行了广泛

---

① 参见宋全成:《欧洲难民危机:结构、成因及影响分析》,载《德国研究》2015 年第 3 期;宋全成:《欧洲难民危机:进程、特征及近期发展前景》,载《山东社会科学》2016 年第 2 期。
② 参见黄海涛、刘志:《试析欧洲难民危机》,载《现代国际关系》2015 年第 12 期。
③ 同上。
④ 参见王刚:《欧洲难民危机的成因及影响》,载《思想理论教育导刊》2017 年第 5 期。
⑤ 本文来源于笔者所做课题"我国人口空间分布、合理人口容量与区域经济资源环境协调发展研究"的报告。

而深入的研究。

(一) 人口承载力定义

Joel E. Cohen 在《地球能养活多少人》一书中搜集了 26 个关于人口承载力的定义,其中都提到了在一定时期内在某种可能的生活方式下所能养活的人数,也认为必须考虑到技术因素和不同文化及生存标准。比如,联合国教科文组织认为,人口承载力是指一国或地区在可以预见的时间内,利用该地的能源和其他自然资源及智力,在保证符合社会文化准则的物质生活水平条件下所能持续供养的人口数量。国际人口生态学界认为,世界对于人类的容纳量是指,在不损害生物圈或不耗尽可合理利用的不可更新资源的条件下,世界资源在长期稳定状态基础上所能供应的人口。穆光宗[①]教授认为,人口承载力是指在一定时空条件下,自然—社会复合的生态系统保持永续利用情况下所能负载和容纳的人口数。

关于人口承载力和人口容量有两种观点,一种认为人口承载力和人口容量没有本质区别,有的学者倾向于区分两者。认为承载力指的是一定的净生产力和消费结构下给一定土地可能支持的最大人口数,相当于草场的载畜量。而人口容量是指承载力与社会经济因素相结合的产物。

然而,土地人口承载力和土地人口容量不能混淆。土地人口承载力较为稳定,主要有生产力和生活水平限制。而土地容量则受人口政策、生育行为和迁徙的影响。《人口承载力与人口迁移》认为人口容量有特定的含义,而人口承载力则是泛指的凡是人口为主体,资源、环境、经济为客体的,并能承载人口数量的,如人口容量、环境人口容量、经济适度人口、资源承载力、土地承载力等统称为人口承载力。本报告认为二者无本质区别,都是在一定时间,一定的技术、社会、经济、文化下的能够持续供养的人口的数量。

(二) 人口承载力研究方法

1. 农业生态区域法

农业生态区域法是人口承载力计算中常用方法。此类方法的核心思想是根据土地、光温等状况估计土地产量,然后再根据人均消耗量估计人口承载力。根据土地生产力估计方式的不同分为遥感估产法、Miami 模型法、De

---

① 参见蔡莉、穆光宗:《人口承载力指标系的建立及量化》,载《人口学刊》2008 年第 5 期。

wit 模型法。

2. 时间序列回归

蒋辉等(2004)在湖南省粮田人口承载力影响因素的计量分析中用到此法。该方法主要是找到影响粮食产量的因素运用时间序列数据进行回归。该方法简单易行,但是在发生突变,如技术进步、自然灾害等情况下估计不准,因此不适合精确分析。

3. 系统动力学方法

ECCO(Enhancement of carrying capacity options),通过系统动力学的方法,将某区域的承载力看成一个整体,对人口容量进行动态的定量计算。(1)构建经济环境相互依存的循环图。(2)构建各子系统模型,估计参数。(3)运行模型,得出仿真结果。韩德林等(1994)运用此方法对新疆玛斯纳绿洲经济—生态系统进行了测量,测算出了温饱、小康、富裕等情况下的人口承载力。陈兴鹏等(2002)对甘肃省河西地区水土资源承载力进行了测量。由于系统动力学方法可以综合地对一定区域的人口承载力进行动态的分析,许多学者用此法研究某地的人口承载力。

4. 生态足迹法

生态足迹是加拿大经济学家 William 和 Wackernagel 于 1996 年提出的概念,指一定地区人口所需生产性土地和水域的面积,以及吸纳这些人口所产生废弃物所需要土地的总和。与其相对应的概念为生态承载力,就是指一定地区的生态空间面积。根据生态承载力可以计算人口承载力。

可以人类消费计算出人均碳足迹,再计算出生态承载力,两者相处就是人口承载力。余万军(2007)运用此方法分析了贵阳市的人口承载力,发现化石能源过度消费影响了土地生态足迹承载力。张芳(2006)运用此法分析了上海市的生态承载力,发现上海属于人均生态赤字较高地区。徐国泉(2003)对大连市的可持续发展进行了分析。

5. 可能满意度法

可能满意度法是根据实现目标的可能性和满意度分别设定可能度函数和满意度函数,然后利用一定技术合成可能满意度。人口承载力受到人口生存条件的影响,因此可能满意度可以更好地反映人口承载力。(具体过程可以参考第三章第二节内容)

米红(2006)在厦门市适度人口容量的测算中使用了此方法。张子珩(2009)运用此方法测量了乌海市的人口容量,并发现大气质量和水资源是制约乌海市人口的重要因素。

二、长三角地区各系统人口容量及总人口容量

本部分将运用可能满意度方法对长三角(江浙沪)地区人口承载力进行测算。

人口发展受到经济、社会、资源环境等因素影响,因此,这里运用多目标可能满意度方法,从三个系统分别研究长三角地区的承载力,并综合考虑三个体系,得出可能满意度。

(一) 经济系统

经济系统选取的指标,并通过趋势外推的方法测定可能的总体值,结合国际标准确定满意的人均值,可得表 10-1 的系统极值:

表 10-1　长三角地区经济系统极值

	可能度高	可能度低
GDP(亿元)	805715.05	471591.02
财政收入(亿元)	59152.31	34197.06
财政支出(亿元)	53788.96	31267.74
社会消费品零售总额(亿元)	120537.69	71996.62
第二产业生产总值(亿元)	151132.34	117865.67
第三产业生产总值(亿元)	646935.7	350048.95
	满意度高	满意度低
人均GDP(元)	385534.04	222901.57
人均财政收入(元)	25525.99	13720.33
人均财政支出(元)	22977.15	12520.79
人均社会消费品零售总额(元)	51007.39	29503.36
人均第二产业生产值(亿元)	65080.26	47872.10
人均第三产业生产值(元)	278581.97	142175.22

据此,计算出经济系统的可能满意度曲线如图 10-2 所示:

显然,人口小于 5600 万时,各项指标都处于较高满意水平。而综合

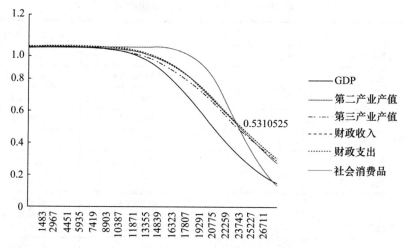

图 10-2 长三角地区经济系统可能满意度曲线

各项指标,长三角地区(江浙沪)经济系统所能承载的最适人口为 23700 万,对应的可能满意度为 0.513904。目前长三角地区的人口为 15618 万,对应的满意度值如表 10-2 所示:

表 10-2 长三角地区现有人口对应可能满意度

人口	GDP	第二产业	第三产业	财政收入	财政支出	社会消费品零售总额
15618	0.906273	0.990229	0.880732	0.901685	0.907781	0.919818

(二)社会系统

社会环境对人口也有着重要的影响,就业、教育、医疗、交通、科技水平等对人的生活品质有很大影响。教师总数在一定程度上能够反映教育事业的发展情况,以此和每万人教师数来代表教育事业发展的情况。以医生、卫生技术人员和床位数等来表征医疗水平。以公路里程数代表交通发展水平。社会从业人员数来代表就业水平。根据同样方法,可得社会系统的极值如表 10-3 所示:

表 10-3 长三角地区社会系统极值

	可能度高	可能度低
教师总人数（万人）	197.18	140.85
社会从业人员（万人）	11106.39	9899.17
医生人数（万人）	54.66	31.24
卫生技术人员总数（万人）	109.33	62.47
床位总数（万张）	101.52	62.47
总公路里程数（公里）	468555.32	312370.22
科技人员数（万人）	181.15	200.06
	满意度高	满意度低
每万人教师数（万人）	126.25	90.18
从业比例（%）	0.92	0.82
万人医生数（万人）	35	20
万人卫生技术人员数（万人）	70	40
万人床位数（万张）	65	40
万人公里数（公里）	30	20
万人科技人员总数（万人）	120	105

根据数据可以测算得到社会经济系统的最适人口容量,如图10-3所示:

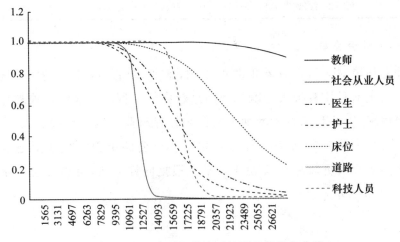

图 10-3 长三角地区社会系统可能满意度曲线

可见,教师数量对人口的限制较小,社会从业人员是对人口的最大限制因素。社会子系统,最适合人口区间为17070万人,对应满意度为0.457,但若将社会从业人员数量也考虑在内,那么最佳人口规模为 11138 万人,对应的可能满意度为 0.88。

从表 10-4 中可以看出,社会从业人员是人口系统的限制因素,此外,道路和护士人数的可能满意度值均不高。

表 10-4　长三角地区基于常住人口各指标的可能满意度值

教师	社会从业人员	医生	护士	床位	道路	科技人员
0.999449	0.001249	0.560421	0.393259	0.915092	0.400711	0.89211

(三)资源环境系统

人口不仅受到社会和经济环境的限制,资源环境更是对人类的根本限制,因为大多数资源具有不可再生性、竞争性。用于发电的煤炭等化石资源是不可再生资源;土地资源,尤其是土壤也是不可再生资源;水资源虽然可以循环再生,但是容纳污染的能力也是有限的。再从资源的竞争性来说,一种资源用于一种用途就不能用于其他用途,比如土地用于建筑就不能用于耕地。

因此,我们选取了废气排放量、废水排放量、住房面积、绿地面积、社会用电量、生活用水量和碳排放量等指标进行分析。废气排放量和废水排放量代表污染程度,绿地面积代表城市环境,社会用电代表能源消费,生活用水量代表水资源的丰裕程度,碳排放量表征气候变化的影响。

数据来自《浙江统计年鉴》《上海统计年鉴》《江苏统计年鉴》,居住总面积由各省居民人均居住面积与人口数据[①]的乘积得到。

根据计算可得表 10-5:

表 10-5　长三角地区资源环境系统极值

	可能度高	可能度低
废气总排放量(亿立方米)	266226.43	160310.61
废水总排放量(万吨)	2076849.49	1452806.71

---

① 2000—2008 年浙江省的人口数据来自《新中国六十年统计资料汇编》,2009—2010 年的来自《中国统计年鉴》。上海和江苏的城镇和农村人口数据来自于《上海统计年鉴》和江苏统计年鉴。

（续表）

	可能度高	可能度低
碳排放总量（亿吨）	406392.94	246209.53
社会用电量（亿千瓦时）	18204.7	30921.8
绿地面积（公顷）	535471.86	792599.27
住房总面积（万平方米）	822874.99	1218010.08
社会用水量（万吨）	920554.5	1053032.5
	满意度高	满意度低
人均废气排放量（万立方米）	6.51	11.46
人均废水排放量（吨）	110	174
人均碳排放量（吨）	10	17.5
人均用电量（千瓦时）	13616	10216
人均绿地面积（平方米）	35	25
人均住房面积（平方米）	60	45
人均用水量（吨）	50	40

据此，可以得到资源环境系统的可能满意度曲线，如图10-4所示。

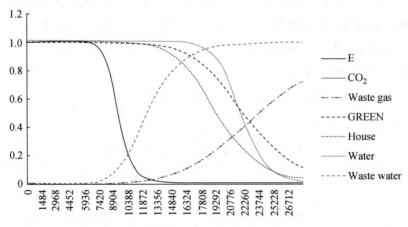

图 10-4　长三角地区资源环境系统可能满意度

按照以上可能满意度曲线，现在长三角（江浙沪）地区的人口容量的各指标可能满意度分别为：

表 10-6　2010 年长三角地区人口资源环境系统指标可能满意度

电力	碳	废气	绿化	住房	生活用水	废水
0.003695	0.070491	0.072401	0.95555	0.896622	0.998382	0.812013

长三角（江浙沪）地区水量丰沛，水资源不是主要限制因素，但是电力和碳排放及废水排放值较低，这说明污染和能源匮乏已经是长三角地区发展面临的瓶颈。

图 10-5 中有 9 个交点，分别是：

- 电力与废水交点，最适人口为 10277 万，对应可能满意度为 0.187。
- 电力与废气及碳交点，最适人口为 12034 万，对应可能满意度为 0.0217。
- 废水与住房交点，最适人口为 15290 万，对应可能满意度为 0.821。
- 废水与绿化交点，最适人口为 16346 万，对应可能满意度为 0.871。
- 废水与生活用水交点，最适人口为 17842 万，对应可能满意度为 0.932。
- 住房与废气及碳交点，最适人口为 21528 万，对应可能满意度为 0.577。

鉴于木桶的盛水容量由最短的木板决定，而人口承载力也由其限制因素决定。因此，该水平下最适合环境容量受到用电量限制，最适合人口范围在 9997 万～10277 万人。

（四）敏感度分析

还可以应用 P-S 方法进行敏感度分析。若将满意度为 1 的人均碳排放量设为 15，满意度为 0 的碳排放量设为 25。满意度为 1 的废气排放量设为 8 万立方米，满意度为 0 的废气排放量设为 12 万立方米。则可得到图 10-5。

电力仍然是长三角人口承载中最重要的限制因素。根据图 10-5 可知，最适人口容量为碳与电力的交点所代表的人口值为 10164 万，对应满意度 0.18。

如果在此基础上将满意度为 0 的用电量改为日本在 2009 年的人均用电量 8475 千瓦时，那么可得图 10-6。

在这种情况下，最适人口容量为 10860 万人，对应满意度为 0.26。

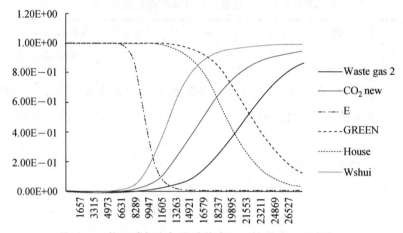

图 10-5　修正碳与废气排放的资源环境系统可能满意度

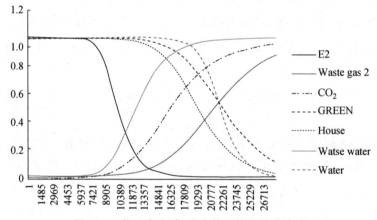

图 10-6　修正电力碳、废水的环境可能满意度

(五) 各部分可能满意度曲线和合并

1. 经济系统

经济系统各指标的可能满意度曲线形状相似，将各部分曲线实行弱合并。

$$w_1 = \min\{w_{1.1}, w_{1.2}, w_{1.3}, w_{1.4}, w_{1.5}, w_{1.6}\}$$

2. 社会系统

该部分因素较多，可以采取加权合并的方式，首先将道路、教师总数、床位数、卫生技术人员数、医生指标进行合并。

$$w_{2.2}^* = \min\{w_{2.2}, w_{2.3}, w_{2.4}, w_{2.5}, w_{2.6}\}$$
$$w_{社} = 0.7 * w_{2.1} + 0.3 * w_{2.2}^*$$

3. 资源环境系统

环境系统选取修正碳、废气排放和废水排放后的可能满意度曲线进行合并。

对环境造成负影响的资源中废水对人口容量影响最大,随后是 CO_2 排放量和废气排放,依次取权重为 0.5,0.3,0.2。

$$w_环 = 0.5 * w_{3.1} + 0.3 * w_{3.3} + 0.2 * w_{3.2}$$

资源系统中,用能影响较大,分别设电力、住房、绿化、水供应的权重为 0.6,0.15,0.15,0.1。

$$w_资 = 0.6 * w_{3.4} + 0.15 * w_{3.6} + 0.15 * w_{3.7} + 0.1 * w_{3.5}$$

表 10-6 各方案下的人口容量

方案	经济		社会				环境			资源			人口总数(万)	可能满意度
	经济结构	分配	教育	医疗	交通	就业	废水	废气	CO_2	绿地	水	电力	住房		
一	全部条件符合,所有(十五)可能满意度采用弱并合													13457	0.049
二	三个方面相互满足													12811	0.340

4. 各方案下的人口测算值

所有方案同时满足指所有的可能满意度曲线最终并合决策可能满意度曲线时采用弱并合方式,设决策可能满意度用 W 表示,则可用下式描述:

$$W = \min\{w1.1, w1.2, w1.3, w1.4, w1.5, w1.6, w2.1, w2.2, w2.3, w2.4,$$
$$w2.5, w2.6, w2.7, w3.1, w3.2, w3.3, w3.4, w3.5, w3.6, w3.7\}$$

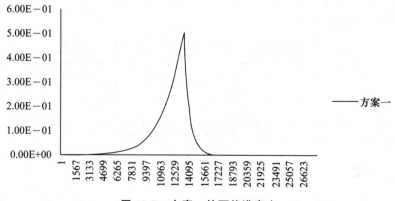

图 10-7 方案一的可能满意度

所有条件都满足的情况下的最适人口值定为 13457 万，对应的可能满意度为 0.0491。

表 10-7　各方案下的人口容量

等级	最优	次优	较好	合格	较差	极差
可能满意度	[1,0.36]	(0.36,0.25]	(0.25,0.16]	(0.16,0.09]	(0.09,0.04]	(0.04,0)

在所有系统弱合并方案下，长三角现在的常住人口水平 15168 万都属于较差等级的范围内。

方案一的要求较为严格，要求所有指标均满足。而方案二要求所有系统均满足，可以表示为：

$$w = \min\{w1, w_{社}, w_{环}, w_{资}\}$$

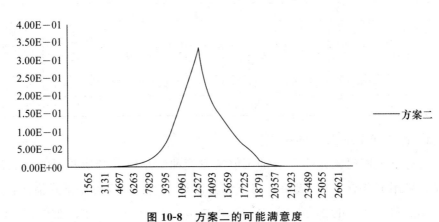

图 10-8　方案二的可能满意度

最佳人口容量为 12811 万，对应的最佳可能满意度为 0.340。根据方案二，可以得到表 10-8。

表 10-8　长三角（江浙沪）人口容量

等级	最优	次优	较好	合格	较差	极差
PS	[1,0.34]	(0.34,0.25]	(0.25,0.16]	(0.16,0.09]	(0.09,0.04]	(0.04,0.01)
人口	<=12810	(12810,13317]	(13317,14547]	(14547,16347]	(16347,18191]	(18191,19332]

三、结论

根据测算，所有可能满意度条件都满足的情况下的长三角最适人口为

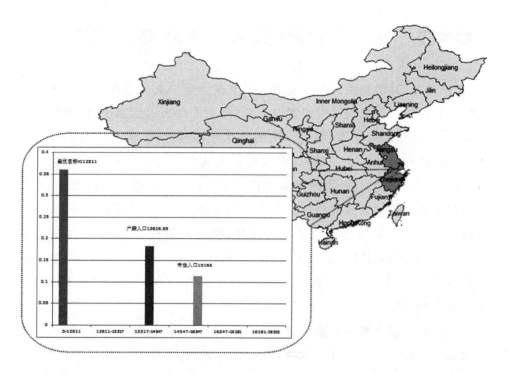

图 10-9　长三角(江浙沪)地区人口容量分析(本图基于 WALKGIS 软件绘制)

13457 万,对应的可能满意度为 0.049。目前,长三角地区(江、浙、沪)户籍人口为 13626 万人,处于较好等级,但常住人口达到了 15168 万人,仅处于合格等级,比最优人口多 2808 万人。

在对单个指标的研究中我们也发现,对长三角地区人口承载力限制最大的是社会从业人员和能源及污染。目前长三角地区的发展方式仍然以高能耗、高污染、劳动密集型企业为主,这样的发展方式难以维持长三角地区的长远发展。目前的人口数量与长三角地区的资源并不匹配,以至于实际人口规模尚且不能达到及格水平。

人口规模的增长将不可避免地降低可能满意度,主要原因在于长三角经济社会与资源环境的协调发展仍存在问题。由于人口密度较大,环境容量有限,即使可以通过利用国内外的自然资源弥补省内资源的不足,但人口资源环境约束下的经济社会协调发展仍有待加强。

案例四 "十三五"时期我国人口、资源、环境"紧平衡"[①]

"十三五"时期是我国人口发展进程中最为重要的转型期,呈现出"五升一降"的总体特征:总人口规模缓慢上升、流动人口规模快速上升、老龄化程度快速上升、总和生育率缓慢上升、城镇化率快速上升、劳动年龄人口持续下降。经济政策方面,"一带一路"战略首次从开放经济的新人口理论要求人口回流和人才西进;社会政策方面,"三个1亿人"、户籍政策改革、以人为本新型城市化等对人口发展提出公平及均等化要求;人口政策方面,我国生育政策面临人口规模和人口结构的抉择;资源环境政策方面,节能减排工作、大气污染防治行动等要求人口、资源和环境均衡发展。如此多线集中转型期在全世界范围内首次遇到,我国人口发展与经济发展共同步入挑战与机遇并存的"新常态"。

经济新常态下要求发展反馈于民,提高人口素质、改善人口质量、优化人口结构,进而提高人口劳动生产率,构建质量型新人口红利窗口期,由GDP转化为GNP,进一步优化为人口幸福指标。

一、我国资源、环境约束下的人口问题分析与评估

受制于客观环境,我国所面临的国土、资源、生态、环境等问题的压力,不仅高于全球平均水平,也高于与我们发展水平相当的发展中国家。人口规模基础庞大、人口老龄化、人口素质相对较低和人口分布引起的各种不均衡状态,分别构成人口、资源、环境实现"紧平衡"的"根本约束""潜在约束""高位约束"和"现实约束"。

第一,人口规模基础庞大是人口、资源、环境实现"紧平衡"的"根本约束"。"十三五"及未来一段时间内,人口规模对可持续发展造成的压力仍然较大。尽管自然增长率已经降到5‰以下,但我国依然面临人口众多、人均资源不足、环境容量有限等问题,人口、资源、环境的"紧平衡"问题将进一步凸显。

[①] 本文来源于笔者所做课题"我国'十三五'时期人口发展战略、规划及人口政策研究"的报告。

第二,人口老龄化是人口、资源、环境实现"紧平衡"的"潜在约束"。目前,人口结构性问题逐渐成为影响经济社会发展的重大问题,其对资源利用和环境保护也有着潜移默化的影响。据预测,2020年我国60岁及以上老年人口达2.6亿,占总人口的比例为18.5%左右;65岁及以上老年人口达1.9亿,占总人口的比例为13.2%左右;80岁及以上老年人口达3348万,占60岁及以上人口的比例为12.8%。人口老龄化速度加快,且向高龄化迈进的趋势明显。由于当前我国老年人口低能耗的生活方式,居行活动强度和频度相对较低,人口老龄化能够在一定程度上有助于人口、资源、环境的均衡发展。但是,未来的老年人生活方式将明显现代化、西方化,这种均衡作用将会减弱,甚至发生"逆转"。

第三,人口素质相对较低是人口、资源、环境实现"紧平衡"的"高位约束"。尽管国民受教育程度不断增加,带动劳动年龄人口素质不断提高,但是与发达国家相比,我国还处于较低水平。人口规模红利的减少尽管缓慢,但是持续下降已是不争的事实,构建人口素质提升为基础的质量型新人口红利窗口期至关重要。此外,人口素质相对较低、地区和人群差异性过大带来的是产业转型升级将遇到瓶颈,经济发展方式的转变将面临挑战。相对较低的人口素质水平,不仅使得人们资源节约利用和环境保护的意识、动力和能力不足,也会使得"高能耗、高污染"的"小、低、散"工业化模式向"低能耗、低污染"的(高新技术)园区集中式发展模式转变的进程受阻,给资源和环境带来难题。

第四,人口分布引起的各种不均衡状态是人口、资源、环境实现"紧平衡"的"现实约束"。随着人口迁移和流动的流速和流向变化,人口分布将出现一系列新常态:从农村到城镇的人口流动开始减缓,人口城镇化的重心将由数量扩张转向质量提升;城市群内部、城市之间的人口流动开始加速,特大城市吸纳流入人口的趋势进一步增强;人口流动由集中流向东部地区为主导转变为开始向中西部城市群逐步分散。由此,也引发了"人口—资源—环境"关系在城乡区域间分布的"新常态":一方面,城市群将成为"人口—资源—环境"问题的集中体现;另一方面,随着产业转移和人口回流,中西部地区的"人口—资源—环境"问题将更为突出。

二、我国资源、环境约束下的人口均衡态研究——基于城市群的视角

目前城市的蔓延、扩张及城市群的发展仍是以牺牲环境质量为代价的。随着人口急剧增长,以京津冀、长三角、珠三角为代表的城市群人口与资源环境的矛盾凸显,交通拥挤、空气污染、公共服务不足等"城市病"日益突出,城市群承载力将达到或接近极限。因此,城市群将成为人口、资源、环境约束下实现人口平衡(均衡)态的关键。

(一)京津冀城市群人口容量、均衡态和均衡目标

京津冀城市群尚有人口容量空间,但人口分布极不均衡,诸多限制因素凸显。据测算,这一区域的适度人口容量为不高于11724万,对应的可能—满意度为0.06。目前京津冀城市群常住人口数量为10770万,可以再容纳954万。另外,垃圾、废水、废气的排放已对京津冀城市群的人口增长造成了很大限制,社会基本公共服务体系也对人口承载力起着十分关键的作用。

结合京津冀城市群的发展需要,一方面要严格限制外来人口大量地涌入,突破城市群的承载力;另一方面,也要重视提升现有人口的素质,同时注重吸引高端人才向城市群聚集,形成人才规模效应。其中,可以充分发挥户籍政策的调控作用,同时破除教育、医疗和社会保障等方面的障碍,实现高层次人才的自由流动,并进一步重构京津冀城市群的人口结构。

(二)长三角城市群人口容量、均衡态和均衡目标

长三角城市群目前的常住人口已超出适度人口容量,未来发展应以疏导人口、提升素质为核心。据测算,这一区域的适度人口容量为不高于12810万,对应的可能—满意度为0.34,目前的常住人口比最优人口多出了2808万。对长三角人口承载力限制最大的是社会从业人员和能源及污染,特别是电力、碳排放及废水排放等值的可能—满意度都较低,说明污染和能源匮乏已经是制约长三角人口发展的主要瓶颈。

目前,长三角地区的发展方式仍然以高能耗、高污染、劳动密集型企业为主,这样的发展方式难以维持长三角地区的长远发展。目前的人口数量与长三角地区的资源并不匹配,长期发展则不能达到及格水平。为了实现人口、

经济、社会的协调发展,长三角应该逐步转变产业结构,从劳动密集型向资本密集型和技术密集型转变,在提升人口素质的同时,控制外来人口的数量。

(三)珠三角城市群人口容量、均衡态和均衡目标

目前珠三角城市群还有一定的人口增长空间,但不可忽视交通和水资源的限制。据测算,这一区域的适度人口容量为不高于6500万,对应的可能—满意度值为0.50。目前常住人口为5690万,这说明未来还有一定的人口增长空间,但也不能忽视财政、交通、教育、医疗、住房、水资源和环境等因素对人口增长的限制作用。

目前珠三角城市群各地政府需要重点关注环境保护问题,尤其是水资源保护和空气环境问题。为此,应发展环保企业,减少污水排放和工业烟尘排放,加强治污力度,通过鼓励政策,刺激企业采用节水措施,提高治污能力。另外,应通过廉租房、保障房和公租房建设,缓解住房问题。同时,在区域内部,可通过政策引导,让人口向人口密度较低的地区流动。

综上所述,长三角城市群的人口容量空间已经不足,京津冀和珠三角城市群的人口容量虽然仍存有一定空间,但受制于"软肋"资源和环境因素的限制,也陷于种种紧张的状态。"十三五"时期,在人口、资源、环境约束下实现人口平衡(均衡)态,应分散东部三大城市群人口、产业高度集中的压力。

"十三五"时期我国人口呈现出"五升一降"的总体特征,在经济新常态下,受制于资源和环境的两大紧约束,我国应科学合理地构建人口可持续发展的三大目标:规模可控、结构均衡、流动有序。

在当前我国人口、资源、环境"紧平衡"问题上,我们除了要正视前述四个具体约束、城市群均衡态和均衡目标问题外,还需要特别关注对城市群内部和中西部地区两个空间维度的新问题。一是结合"一带一路"创新"三个一亿人"的新型城镇化政策路径,分散东部三大城市群人口、产业高度集中的压力,从而平衡东、中、西三大经济带发展。中西部的城镇化,应避免东部地区面临的资源短缺、污染、生活成本高等问题。尤其是在西部生态脆弱地区,适当控制城市的规模,在"人口、资源、环境紧平衡"的约束条件下确定吸纳人口的规模。二是加强对城市群内部、城市群之间人口迁移与流动的监测,引导人口合理分布,避免由城乡二元问题新生为城镇内部二元问题,从根本上优化国民收入分配结构,避免落入中等发达国家收入陷阱。在"以人

为核心"的新型城镇化战略下,2020年末要实现"三个一亿人",必须密切关注流动人口流入城市后在城市内部、城市之间的流动规模、流动频率和流动方向。通过人口的基础作用,引导公共服务合理布局,以城市群在社会、经济、文化等方面的集聚优势来优化公共服务。

第十一章 社会保障相关风险

案例一 私人风险与公共安全：劳动者人身安全互助保险制度

近年来，随着我国经济快速发展、物价上涨、人力资本化价值提高，带来的保障和保险责任缺失、商业保险的推广不力、非传统安全问题增多、自然灾害频发，以及交通工具大量普及、民众的公平正义呼声、人情式互助（中国特色保障）观念的习惯影响等因素的大量增加，导致我国当前的社会保障制度无法满足广大民众的主观要求及客观需要，难以化解由劳动者发生人身风险引发的家庭问题，以及仇视社会、报复社会的矛盾和国家安全问题。

鉴于此，有识之士建议，可建立一种快速消除问题、化解矛盾、安抚人心的赔偿制度，即劳动者人身安全互助保险制度，简称"劳安险"。

一、"劳安险"必要性论述

（一）保障对象

"劳安险"的保障对象应为全体社会劳动者家庭，既包含劳动者本身也考虑劳动者家庭需求。其中需要注意三点：第一，覆盖全体性。尽管"劳安险"定义为互助保险且不应该有强制性，但考虑到本制度是从最基础、需要国家最终托底承担责任的国家安全问题出发，保障对象应该包含全体社会公民。第二，劳动者类型多样性。"劳安险"保障对象除了正常用工人员之外，还需要包括个体工商户及其帮工、非正规劳动组织从业人员、自由职业者等劳动人员，甚至应该包括家庭照顾人员、居家妇女、学生等。第三，不同家庭需求。考虑到不同家庭结构和家庭特征对应不同的家庭需求,在设定赔偿额度时要考虑同样劳动收入群体而不同家庭结构的不同层次家庭需求。

(二)保险责任

"劳安险"保险责任是指保险人承担的经济损失补偿或人身保险金给付的责任,即保险金给付的责任。主要包括供需两方面:从保险人(国家)承担保障的保障责任方面来说是一种托底的责任,在劳动者和家庭经历各种人身风险后,且享受能够享受的社会保险、商业保险、最低生活保障以及其他可以享受的收益后,依旧难以维持家庭生活需求时,"劳安险"才会介入。从被保险人(全体劳动者家庭)要求保障的责任方面来说,"劳安险"是一种潜在的利益诉求,其赔偿和给付保险金的依据和范围随着风险损失程度、个人已经享受的商业和社会保险、家庭需求的不同而变化。

(三)免除责任

"劳安险"是最基础层面的国家托底保险制度,在其他一切现行商业保险和社会保险免除责任之外都应承担托底责任,而且不限于最低生活保障的经济赔偿责任。因此,一定程度上可以说"劳安险"没有免除责任。

(四)精算设计

1. 基本精算平衡

从劳动者家庭来说,在损失发生前精算平衡方程为:

$$家庭收益 = 劳动者收入 - 正常家庭需求$$

损失发生后精算平衡方程为(不考虑家庭需求):

$$赔偿水平 = 风险损失水平 - 能够享受的商业保险赔偿 - 能够享受的社会保险$$

"劳安险"下,损失发生后精算平衡方程为(考虑家庭需求):

$$赔偿水平 = 风险损失水平 - 能够享受的商业保险赔偿 - 能够享受的社会保险 + 正常家庭需求 - 部分劳动者收入$$

2. 筹资模式和筹资水平

"劳安险"的定位是以国家为保险人的互助保险,其筹资来源是国家税收,筹资模式是现收现付制度,筹资水平有待进一步考虑风险发生情况、劳动者收入分布、不同类型家庭需求程度等来确定。

二、"劳安险"可行性评估

(一)理论可行性

尽管现行社会保险和商业保险以及其他相关制度保障劳动者等其他社会公民的一些风险(见图11-1),但从保障覆盖风险范围上可以看到,现行保险依旧存在一定缺失,建立"劳安险"是应对所有风险的低个人责任、高家庭利益需求的群体发生风险情况。此外,从保障水平上说,现行社会保险制度除最低生活保障制度之外,大多是以劳动者个人为保障对象,很少考虑劳动者家庭需求。

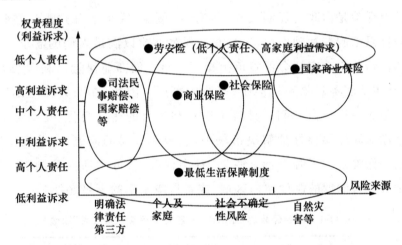

图11-1 人身风险①划分(风险来源和权责程度两个维度)

(二)政策可行性

保险按性质可分为社会保险、商业保险和政策性保险三种类型。互助保险既不属于社会保险也不属于商业保险,而是更接近政策保险。互助保险和社会保险相比,其共同之处是二者均不以营利为目的,有着鲜明的福利

---

① 人身风险是指在日常生活以及经济活动过程中,人的生命或身体遭受各种形式的损害,造成人的经济生产能力降低或丧失的风险,包括死亡、残疾、疾病、生育、年老、失业等具体风险损失形态。人身风险所致的损失一般有两种:一种是收入能力损失,另一种是额外费用损失。

性、服务性的特点。互助保险与商业保险相比,其共同之处都是自愿的,主要区别在于前者是为职工服务的,后者是以营利为目的的(图 11-2)。目前,我国开办的职工互助保险、农机互助保险和渔业互助保险都属于互助保险的范畴。

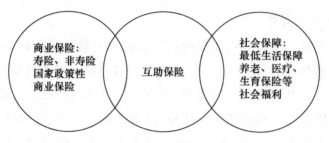

图 11-2　互助保险、商业保险和社会保障的关系

社会保险是由政府强制实施,具有"广覆盖、低水平"的特点,在整个社会保障体系中起着基础作用,但是其低保障性难以满足人们的需求,同时现阶段的国情使得政府社会保障负担相当沉重。而商业保险以利润最大化为目标,其主要服务对象为社会中、高收入阶层。因此,在两大保险制度中间留下了很大一块空白空间。具有不以营利为目的非社会化、互助互济为特点的互助保险能够很好地解决市场失灵、政府失灵的问题。"劳安险"作为国家互助保险是为了弥补商业保险、社会保险、最低生活保障制度、见义勇为奖励等现行制度的制度空白区域,或者保障水平的不足之处。

表 11-1　社会保险、商业保险、一般互助保险、"劳安险"比较

内容	社会保险	商业保险	一般互助保险	"劳安险"
目的	非营利,提供基本生活保障	营利,满足人们特定需求	非营利	非营利,全国托底
保险人	国家政府及政府机关	商业保险公司	投保人自身(公司成员)	国家
实行原则及保障对象	由国家立法直接规定,具有强制性;符合法定条件的公民或劳动者	依照平行自愿的原则,投保人自主决定	同质风险的特定人群自愿投保	所有风险,全体公民
法律依据	《社会保险法》	《保险法》及商业保险法律、法规	暂无	暂无
保险费	个人、企业和国家三方共同承担	完全由投保人负担	个人为主,国家补贴为辅	税收保障

（三）经济可行性

"劳安险"不同于一般互助保险、社会保险和商业保险，其保险筹资是由国家税收为基础，实行现收现付制度，因而经济上完全存在可行性。

（四）组织和人力资源可行性

这里以中国职工保险互助会为例。该互助会成立于1993年，是由中华全国总工会创办，经国家劳动部同意，民政部批准注册的具有法人资格的全国性社团互助合作制保障机构，是国家财政和税务部门认定的具有免税资格的非营利组织。以在职工自筹资金、自愿参加的基础上，解决职工自身实际困难为主要任务，在全国范围内开展与职工生、老、病、死、伤残或发生意外灾害、伤害等有关的互助保障业务，与社会保险、商业保险共同构成我国的社会保障体系。

三、一些想法

"劳安险"与社会保险和商业保险之间势必存在挤出效应，应避免逆向选择和道德风险问题。

"劳安险"虽然形式上是互助保险，但是考虑到其保障对象全体性、保障范围广泛性、保障水平家庭化等特征，势必要求其覆盖全体社会公民，应将"劳安险"作为一项全面参与的国家互助保险制度。

另外，应处理好"劳安险"与现行保险及福利制度的关系，特别是与最低生活保障制度之间的关系。

案例二 市民化积分落户机制，看起来很美好[①]

一、农民工市民化

改革开放以来，随着工业化、城镇化进程加剧，城乡二元经济差距和农村劳动力大量富余是必须经历的阶段，经济发达地区特别是大中城市的高就业机会、高额报酬和良好的公共服务等共同拉动并形成全球范围内最大

---

① 本文来源于笔者所做课题"杭州市外来务工人员积分制落户制度设计研究"的报告。

规模的人口迁移,其中的生力军便是以农民工为主体的外来务工人员。然而,在城乡二元户籍结构下,外来务工人员长年务工推动输入地社会经济快速发展的同时,存在无法获取相应权利的问题。2010年起我国实施的以人为核心的新型城镇化的重点任务之一"三个一亿人",便是要从顶层设计上解决这个问题。十八大提出,我们要坚持走中国特色新型工业化、信息化、城镇化、农业现代化道路,这要求我们必须进一步转变城镇化思路,从传统人为"造城"和城区扩展式的异化城镇化回归到人的城镇化。2014年国务院发布《关于进一步推进户籍制度改革的意见》(国发〔2014〕25号),统筹推进户籍制度改革和基本公共服务均等化,是实现"以物为主"向"以人为主"阶段性跨越的第一步。

国家统计局抽样调查结果显示,2013年全国农民工总量26894万人,比上年增长2.4%,其中,外出农民工16610万人,同比增长1.7%(表11-2)。农业富余劳动力向非农产业和城镇转移,是世界各国工业化、城镇化的普遍趋势,也是农业现代化的必然要求。如何解决3525万举家外出农民工家庭的子女受教育、公共服务均等化、社会融入、市民化等问题,如何解决13085万住户中外出农民工的权益问题,我们必须进行深入的研究。

表11-2 2008—2013年我国农民工规模(万人)

指标	2008年	2009年	2010年	2011年	2012年	2013年
农民工总量	22542	22978	24223	25278	26261	26894
1. 外出农民工	14041	14533	15335	15863	16336	16610
(1) 住户中外出农民工	11182	11567	12264	12584	12961	13085
(2) 举家外出农民工	2859	2966	3071	3279	3375	3525
2. 本地农民工	8501	8445	8888	9415	9925	10284
外出农民工年增长率(%)	—	3.50	5.52	3.44	2.98	1.68

(一) 城镇化与农村富余劳动力、农民工

改革开放以来,工业化和城镇化一直是我国经济发展战略的核心,但传统城镇化存在缺乏人的城镇化核心,有学者将这种土地城镇化戏称为城区扩展化。数据显示,从1990年到2000年,土地城镇化的速度是人口城镇化速度的 1.71 倍。① 2000 年至 2010 年间这一趋势更加明显,城市建设用地面积扩大 83%,但城镇人口仅仅增加 45%,两者间的比例扩大到 1.85 倍②,而国际公认的弹性标准为 1—1.12 倍,直观的表现是城市人均用地过大和建成区人口密度必定下降。

截至 2011 年底,我国城镇人口为 6.9 亿,占总人口 13.47 亿人的比例为 51.27%,首次超过 50%。这在我国城镇化进程中具有里程碑式意义。然而,需要特别注意的是,这里的城镇人口是指居住在城镇范围内的全部常住人口。实际上,城市外来常住人口与户籍人口存在相当的不公平。

早在 2006 年,国务院在颁布的《关于解决农民工问题的若干意见》(国发〔2006〕5 号)中便强调,农民工问题事关我国经济和社会发展全局,并针对农民工一直面临工作条件差、工资低,社会保障缺失,子女上学难,以及经济、政治、文化权益得不到有效保障等问题,提出了就业、社会保障、公共服务、权益保障等方面一系列意见和措施。其中,第 26 条规定:"深化户籍管理制度改革。逐步地、有条件地解决长期在城市就业和居住农民工的户籍问题。中小城市和小城镇要适当放宽农民工落户条件;大城市要积极稳妥地解决符合条件的农民工户籍问题,对农民工中的劳动模范、先进工作者和高级技工、技师以及其他有突出贡献者,应优先准予落户。"

(二) 外来务工人员与社会保障、公共服务均等化

包含农民工的外来务工人员逐步被纳入当地社会保障及其他公共服务体系。为了保障广大农民工的养老保险权益,2009 年征求意见的《农民工参加基本养老保险办法》提出农民工参加基本养老保险办法,试图解决常住人口获取市民化社会保障等公共服务问题。广东、浙江和上海等地也出台了外来务工人员参加当地社会保险的政策,不断放宽公共服务享受条件。2009 年"新农保"、2010 年"新农合"也从源头上解决农民工保障问题。以杭州为例,《杭州市农民工基本养老保险低标准缴费低标准享受试行办法》明确,符合参加杭州市职工基本养老保险条件的各类企业中,收入偏低的农民工可自愿申请按该办法参保缴费。

---

① 参见《逆转经济下行——探析城镇化路径》,载《半月谈》2012 年 8 月 30 日。
② 参见宋春华:《新型城镇化建设中的五大要素》,载《中国建设报》2014 年 7 月 14 日。

另外，外来务工人员逐步被纳入当地居住证管理。上海和北京早在2002年左右便开始实施人才居住证制度，持有居住证的人员可以享受部分市民化公共服务，而其他大城市在2009年后纷纷开始实行居住证制度，将外来务工人员纳入政府管理服务行列，重点体现在公共服务与社会保障两大功能，从而使流动人口在劳动就业、医疗保险、子女教育、租赁房屋、购车购房等方面享有必要的待遇。在此基础上，上海、深圳、广州、宁波和天津等地还出台了农民工积分落户办法。

（三）以人为核心的新型城镇化、户籍制度与积分落户办法

2014年3月5日，李克强总理在政府工作报告中强调，推进以人为核心的新型城镇化作为2014年工作重点之一是破除城乡二元结构的重要依托，强调今后一个时期，着重解决好现有城镇化进程中"三个1亿人"问题——促进约1亿农业转移人口落户城镇，改造约1亿人居住的城镇棚户区和城中村，引导约1亿人在中西部地区就近城镇化。通过实施差别化的落户政策，到2020年努力实现1亿左右农业转移人口和其他常住人口在城镇落户。2014年，国家发改委要求各类城镇要因地制宜地制定农业转移人口落户的具体标准，特大城市要实行居民制，并向社会公开公布，引导农业转移人口在城镇落户的预期。针对另外1亿多常住城镇但无法落户的农村转移人口，将通过建立居民制实现市民化。国家将以居住证为载体，与居住年限等条件挂钩，稳步推进城镇的义务教育、就业服务、基本养老、基本医疗、保障性住房等公共服务，并使这五大公共服务覆盖城镇常住人口。

具有里程碑意义的是2014年7月30日国务院《关于进一步推进户籍制度改革的意见》的颁布，意见明确建立居住证制度，以居住证为载体，建立健全与居住年限等条件相挂钩的基本公共服务提供机制。居住证持有人享有与当地户籍人口同等的劳动就业、基本公共教育、基本医疗卫生服务、计划生育服务、公共文化服务、证照办理服务等权利；以连续居住年限和参加社会保险年限等为条件，逐步享有与当地户籍人口同等的中等职业教育资助、就业扶持、住房保障、养老服务、社会福利、社会救助等权利，同时结合随迁子女在当地连续就学年限等情况，逐步享有随迁子女在当地参加中考和高考的资格。在此基础上，大城市和特大城市要建立完善积分落户制度。

二、各地外来务工人员的积分落户政策

作为针对外来务工人员实施管理的主要办法,深圳最早在 1984 年就开始实行暂住证制度。暂住证是城市赋予外来人口暂时居住的权利和身份,但这种蕴涵明显隔离、带有歧视性的特定时期的人口管理方式在社会公平、权益积累和公共服务方面饱受各方争议。有鉴于此,上海在 2002 年推出居住证制度(工作居住证制度),这是借鉴发达国家"绿卡"制度进行的积极尝试。根据该制度,持有居住证者,在工作、生活等方面可部分享受当地居民的待遇。北京、深圳、浙江、青岛等城市为引进人才,都相继出台了工作居住证制度。

聚焦到外来务工人员中特殊的农民工群体,国务院在 2006 年颁布《关于解决农民工问题的若干意见》,在强调农民工对我国工业化、城镇化、现代化都具有重大意义之余,提出逐步地、有条件地解决长期在城市就业和居住农民工的户籍问题。特别是大城市要积极稳妥地解决符合条件的农民工户籍问题,对农民工中的劳动模范、先进工作者和高级技工、技师以及其他有突出贡献者,应优先准予落户(即优秀农民工落户制度)。然而,这种挑尖选优的政策仅仅能解决极少一部分农民工的落户问题,绝大多数农民工无法符合落户条件。

2010 年我国新型城镇化战略实施背景下,从社会融合角度强调以人为本,如何实现外来务工人员(含农民工)权益积累换取公共服务甚至户籍,将是相当长一段时期内各地外来流动人口管理服务的一个重要内容。2009年,上海实施居住证申办常住户口政策;深圳、宁波、广州和天津等城市更进一步,在 2010 年后实施外来务工人员积分落户政策(表 11-3),改变了长期以来对农民工等流动人口进特大城市落户的限制,为户籍改革走下了坚实的一步。在积分制落户政策实施后,我国城市落户并行存在居住证管理、积分制落户、优秀农民工落户、引进人才政策、高校应届毕业生落户政策、夫妻子女投落户以及购房、投资落户(蓝印户口)等制度(表 11-4)。

表 11-3 我国九大城市居住证制度及外来务工人员落户政策

城市	居住证实施年份	外来务工人员落户政策	积分落户制度实施年份	相关文件
上海	2002	居住证转户籍/居住证积分制度	2009/2013	《上海市居住证积分管理试行办法》(沪府发〔2013〕40号);《上海市居住证管理办法》(2013年市政府令第2号);《持有〈上海市居住证〉人员申办本市常住户口试行办法》(沪府发〔2009〕7号)
北京	2016	暂无,已出台居住证制度		《关于实施〈北京市工作居住证〉制度若干意见的通知》(京政办发〔2003〕29号);《北京市实施〈居住证暂行条例〉办法》(2016)
天津	2013	居住证持有人积分入户	2013	《天津市居住证积分管理实施细则(试行)》;《天津市居住证管理暂行办法》(津政发〔2013〕31号)
杭州	2009/2017	即将试行积分制落户政策	2017	《关于印发杭州市2013年中心镇推进工作实施意见的通知》(杭镇建〔2013〕1号);《杭州市流动人口居住管理办法(试行)》(杭政办函〔2011〕57号);《杭州市流动人口积分落户办法(试行)》(征求意见稿)、《积分落户指标体系》(2017)
宁波	2009	外来务工人员积分落户	2010	《宁波市外来务工人员积分落户暂行办法实施细则》;《宁波市外来务工人员积分落户暂行办法》(甬政办发〔2010〕25号)
深圳	2008	外来务工人员积分入户	2011	《深圳市外来务工人员积分入户暂行办法》(深府办函〔2012〕40号);《深圳市外来务工人员积分入户试行办法》(深府办〔2011〕59号),已废止;《关于开展农民工积分制入户城镇工作的指导意见》(粤府办〔2010〕32号)
广州	2009	农民工积分制入户	2010	《广州市积分制入户管理办法》(2014);《广州市农民工及非本市十城区居民户口的城镇户籍人员积分制入户办法(试行)》(穗府办〔2010〕82号),已废止

(续表)

城市	居住证实施年份	外来务工人员落户政策	积分落户制度实施年份	相关文件
南京	2012	积分落户	2016	《南京市农村综合改革（2014—2015）任务分解（征求意见稿）》；《南京市积分落户实施办法》（宁政规字〔2016〕17号）、《南京市户籍准入管理办法》（宁政规字〔2016〕16号）
武汉	2011	暂无		《武汉市居住证管理暂行办法》

注：数据来源于各城市相关政策，由笔者收集整理得到。

表 11-4 我国城市落户相关政策

落户相关政策	解释
居住证管理	部分享受子女教育、就业、社会保险、住房保障、公共卫生、计划生育、证照办理、社区事务、科技申报、职业资格评定、评选表彰等方面的公共服务
积分落户政策	对接居住证管理制度，通过积分制使符合条件的外来常住人口落户城市，部分城市针对农民工建立相应制度，上海实施居住证积分换公共服务办法
优秀农民工落户	需要在当地作出重大贡献并获得相应奖励，严格执行落户标准，如北京、上海、湖北、江苏等地
引进人才政策	引进紧缺急需的国内优秀人才，部分城市扩展含海外高层次人才
高校应届毕业生落户政策	针对高校应届毕业生特殊落户政策
夫妻子女投靠	夫妻投靠、子女与父母互投等"三投靠"
购房、投资落户（蓝印户口）	对投资者、购房者或者经人才引进的外地人给予的优惠待遇，介于正式户口与暂住户口之间的户籍，经过一段时期后，可以转变为正式户口，2000年后逐步被叫停

三、各地积分制落户经验总结

从个人素质，就业、参保情况，城市、社会贡献，减分指标，以及其他特有指标等方面比较上海、天津、广州、深圳、宁波五个城市积分落户相关政策中指标设定和标准分值（表11-5），可以看出：第一，五个城市中均包含年龄、教育程度（职业资格或专业技术职称）、参加社会保险情况、住房、投资纳税情况五个基础指标，且除年龄是负向指标外（或者直接限定较年轻年龄段），其他指标均为正向。第二，除天津外其他城市均不考虑是否结婚的影响，只有天津将工作年限纳入指标体系，可能的原因是工作年限和缴纳社会保险年限、缴税年限等较相关。第三，城市社会贡献中，上海、天津和2010年广州考虑外来务工人员是否从事紧缺急需专业；除2014年广州外，各地均考虑政府表彰及奖励，包括国家、省市等各级奖项、荣誉称号、职业技能竞赛获奖等；除上海和天津外，其他各地均考虑到献血、做义工、慈善捐赠等公益性社会服务。第四，减分指标上，各地均将申请材料作假、违反计划生育政策、违法犯罪等作为一票否决指标，主要差异在是否考虑不良诚信记录。第五，关于落户地区的选择，都将落户地区分为主城市中心城区、卫星城区、远郊区域三个层次，不同的是上海、天津和广州直接纳入指标体系，而宁波则是不同地区落户采用不同的标准分值。第六，关于具体落户方案各地区大不相同，主要差异在是否设置落户积分阀值、是否实施总量控制、排序标准三方面。具体说来，上海实行满足一定积分获取相关公共服务政策；天津采用"积分排序+总量控制"办法，不设置落户指标阀值，对总积分进行排名后，结合落户总量确定落户人员；2014年广州降低落户指标阀值后采用"积分落户阀值+医保参保时间排序+总量控制"，所有达到60分人员按照社会医疗保险参保时间排名确定落户人员；深圳实行最简单的"积分落户阀值"办法，凡是达到阀值后均可落户，不设置总量控制；宁波采取"积分落户阀值+积分排序+总量控制"办法，但对不同落户地区设置不同的积分阀值。

表 11-5 五个城市积分落户相关政策比较

一级指标	二级指标	上海(2013)	天津(2014)	广州(2010)	广州(2014)	深圳(2012)	宁波(2010)
个人素质	年龄	负	负	负	负	前提条件	前提条件
	婚姻状况	无此项	正	无此项	无此项	无此项	无此项
	教育	正，二取一	正	正	正	正，二取一	正
	职业资格或技术职称		正	正	正		正
就业、参保情况	工作年限	无此项	正	无此项	前提条件	无此项	无此项
	参加社会保险情况	正	正	正	前提条件	正	正
	住房	前提条件	正	正	前提条件	正	前提条件

(续表)

一级指标	二级指标	上海(2013)	天津(2014)	广州(2010)	广州(2014)	深圳(2012)	宁波(2010)
城市、社会贡献	紧缺急需专业	正	正	正	无此项	无此项	无此项
	投资纳税或带动就业	正	正	正	正	正	前提条件
	政府表彰及奖励	正	正	正	无此项	正	正
	公益性社会服务	无此项	无此项	正	正	正	正
减分指标	不良诚信记录	无此项	负	无此项	无此项	负	无此项
	申请材料作假	一票否决	一票否决	一票否决	一票否决	前提条件	前提条件
	违反计划生育政策	负	一票否决	前提条件	前提条件	前提条件	前提条件
	违法犯罪	一票否决	一票否决	前提条件	前提条件	前提条件	前提条件
其他特有指标	各地区特有	社会保险费基数；特定的公共服务领域；远郊重点区域；全日制应届毕业生；配偶为本市户籍人员	落户地区	签订劳动合同行业；地区；毕业院校；和谐劳动关系	签订劳动合同	发明创造；申办单位类型	担任职务指标；技术创新指标；企业认可指标
标准分值		120分	无	85分	60分	100分	80—100分
落户		无，享受公共服务	总积分排名＋总量控制	总积分排名＋总量控制	社会医疗保险时间排名＋总量控制	达到者可申请入户	梯度政策

资料来源：笔者收集整理。

总体来说，上述城市在积分落户政策制定和实施过程中还存在如下问题和挑战：

1. 总量控制原则下，积分落户指标远小于有效覆盖面

各地实际满足条件且办理落户人员占外来常住人员（或具体到外来常

住务工人员)比例较低,实际落户指标远远小于满足条件的申请人员,更不用说全部外来务工人员。以广州为例,2011—2013年三年试运行期间每年设置3000个名额积分入户指标①,但三年落户指标总量仅是广州市外来常住人口约450万的0.2%,不考虑存量,仅广州每年外来常住人口新增量都超过这个数。2009年,上海公布户籍新政,持居住证累计7年可转户口。事实上,首批符合"累计7年"条件的人只有3000名,同时符合其他条件的人数则更少。如今上海市的外来务工人员有600多万人,办理居住证的是450多万人,在这之中拥有上海市人才引进居住证的,有机会获得上海市户口的人数,不过30多万人,比例不到1/10。②

关于大城市和特大城市"总量控制"原则,其实是积分落户政策中一个最为重要的参数,可以说是"紧箍咒"。当然,我们也必须从新型城镇化程度下城市容量角度考虑每年适合纳入多少外来务工人员。

2. 重长期一揽子落户福利,轻短期部分公共服务均等化

各地落户政策主要针对的是外来务工群体,在部分城市农民工或外来务工人员参加就业地养老、医疗保险等社会保险办法出台之前,这一群体一直游离在城市公共服务之外。事实上,对于落户,外来务工人员真正在乎的是户籍背后的公共服务,特别是子女教育和社会福利。我们知道,从宏观来说短期内外来务工人员是没有办法全部落户的,针对单个外来务工人员落户需要时间的积累,在达到落户标准之前,如何享受已经积累的公共服务才是重点,这是各地积分落户办法需要重点考虑的一点。而不是像各地现行的积分落户办法只实现相当少的一部分人的权益,却无视更多暂时没有资格落户人群的利益。

3. 存在政策缺失层,年龄偏大同时贡献大的"老人"已积累权益无法体现

如图11-3所示,A类群体是目前积分落户政策的主要目标群体,B类群体是积分落户制政策吸引的目标群体,两类人群在符合其他条件基础上能够通过积分制落户。C类人群因为在城市务工时间较短且本身年龄偏大,

---

① 当然,这里没有考虑到配偶和子女同时落户情况。
② 参见《上海户籍新政为当地利益服务 既看学历也看贡献》,http://business.sohu.com/200904141 n263370492.shtml,2016年10月14日访问。

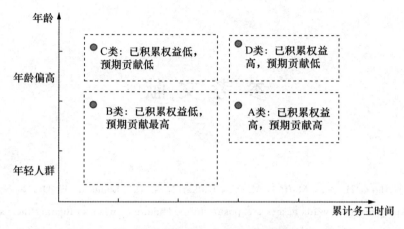

图 11-3 外来务工人员分类示意图

无法满足积分制落户条件是应该的,但需要注意的有两点:一是这部分人群在其他地方务工积累权益如何体现,即务工积累权益可衔接性(这个类似社会保险的转移衔接,或异地待遇领取问题),二是即使这部分人群也积累了部分权益,应该享受一定的基础类公共服务。D类人群是政策缺失层,务工时间较长、对城市贡献程度大,但由于这部分人群对城市已有贡献远远大于将来预期贡献,因而一般不被城市落户政策所接受。此外,外来务工人员已积累权益是否能通过一定方式实现可继承?特别是对于那些年龄偏大,无法满足落户前提要求的人群,这一问题十分突出。

参 考 文 献

[1] Alger, H. M., Maffini, M. V., Kulkarni, N. R., Bongard, E. D., & Neltner, T. Perspectives on how fda assesses exposure to food additives when evaluating their safety: workshop proceedings. Comprehensive Reviews in Food Science and Food Safety, 2013,12(1): 90—119.

[2] Andersen, P. K., Borgan, Ø., Gill, R. D., & Keiding, N. Statistical models based on counting processes. Springer, 2012.

[3] CCPS. Guidelines for chemical process quantitative risk analysis. Wiley,2000.

[4] Fan, J. Q., & Li, R. Z. Variable selection for Cox's proportional hazards model and frailty model. Annals of Statistics, 2002, 30(1): 74—99.

[5] Fink, S. Crisis Management: Planning for the Inevitable. American Management Association, 1986, 4(3): 875—876.

[6] Gilboy, G. J., & Heginbotham, E. The latin americanization of China? Current History, 2004, 103(674): 256—261.

[7] Henry, C. Role of different regulatory agencies in the United States. Microbial Food Safety, Springer, 2012.

[8] Huang, J. Z., Kooperberg, C., Stone, C. J., & Truong, Y. K. Functional ANOVA modeling for proportional hazards regression. The Annals of Statistics, 2000, 28(4):961—999.

[9] Humphrey, J. Food safety, private standards schemes and trade: The implications of the FDA food safety modernization act. Ids Working Papers, 2012(403): 1—65.

[10] Klein, J. P., & Moeschberger, M. L. Survival analysis: Techniques for censored and truncated data. Springer, 2005.

[11] Lindberg, D. V., Grimes, C. A., & Giles, C. L. Farm-to-table: A situation awareness model for food safety assurance for porous borders. Comprehensive Reviews in Food Science and Food Safety, 2005, 4(2): 31—33.

[12] Mi, H., Ye, S. X., & Zhao, K. Q. Floating population and resident population composite formula and application based on the set pair analysis connection number. Mathematics in Practice and Theory, 2011, 41(16): 85—90.

[13] Ohno, K. Overcoming the Middle Income Trap: The Challenge for East Asian High Performers. Working Paper, Presented at WB Conference, 2009.

[14] Zhang, L. X., Yi, H. M., Luo, R. F., Liu, C. F., & Rozelle, S. The human capital roots of the middle-income trap: The case of China. Agricultural Economics, 2013, 44(s1): 151—162.

[15] 蔡昉:《中国经济如何跨越"低中等收入陷阱"?》,载《中国社会科学院研究生院学报》2008年第1期。

[16] 陈丽华等编著:《公共视角下的危机管理》,中国社会科学出版社2009年版。

[17] 陈玲:《人口城市化与避免"中等收入陷阱"及对中国的启示》,浙江大学2013年硕士论文。

[18] 丁俊杰、张树庭主编:《网络舆情及突发公共事件危机管理经典案例》,中共中央党校出版社2010年版。

[19] 高鹏程:《危机学》,社会科学文献出版社2009年版。

[20] 高世屹:《危机管理,媒体无法缺席》,载《时代潮》2003年第11期。

[21] 高世屹:《政府危机管理的传播学研究》,山东人民出版社2005年版。

[22] 郭济主编:《政府应急管理实务》,中央党校出版社2004年版。

[23] 胡百精:《危机传播管理》,中国人民大学出版社2009年版。

[24] 胡税根等:《公共危机管理通论》,浙江大学出版社2009年版。

[25] 江川编著:《突发事件应急管理案例与启示》,人民出版社2010年版。

[26] 江南:《基于浙江省的人口模型的研究》,浙江大学2006年硕士论文。

[27] 姜迪武:《转型期我国扩大中等收入者阶层的理论与实证研究》,西南财经大学2011年博士论文。

[28] 蒋正华:《JPOP-1人口预测模型》,载《西安交通大学学报》1983年第4期。

[29] 蒋正华、米红:《人口安全》,浙江大学出版社2008年版。

[30] 君安:《世界主要国家的危机管理》,载《国家安全通讯》2002年第2期。

[31] 李建民:《中国的人口新常态与经济新常态》,载《人口研究》2015年第1期。

[32] 李泽洲:《建构危机时期的政府治理机制——谈政府如何应对突发性公共事件及其危机》,载《中国行政管理》2003年第6期。

[33] 凌广杰:《基于分段半马尔可夫模型的在线序列模式检测方法研究》,浙江大学2006年硕士论文。

[34] 陆忠伟主编:《非传统安全论》,时事出版社2003年版。

[35]〔澳〕罗伯特·希斯:《危机管理》,王成等译,中信出版社 2001 年版。

[36]〔美〕马丁·冯、彼得·杨:《公共部门风险管理》,陈通、梁沍洁等译,天津大学出版社 2003 年版。

[37] 马怀德主编:《应急管理法治化研究》,法律出版社 2010 年版。

[38] 马颖、张园园:《食品安全事件网络舆情的作用机理——以双汇"瘦肉精"事件为例》,载《生产力研究》2013 年第 8 期。

[39] 茆长宝、程琳:《两种人口预测模型的精确度比较——以人口年龄移算法和灰色预测模型为例》,载《南京人口管理干部学院学报》2009 年第 1 期。

[40] 米红编著:《风险模拟与仿真实验》,浙江人民出版社 2014 年版。

[41] 米红、周伟、马鹏媛:《气候变化与人口安全》,中国社会科学出版社 2012 年版。

[42] 米红、周伟、史文钊:《人口迁移重力模型的修正及其应用》,载《人口研究》2009 年第 4 期。

[43] 米红、周仲高、邱婷婷:《人口流动影响下的农村社会养老保险方案重构与仿真研究:基于福建省的案例分析》,载《中国人口科学》2005 年第 S1 期。

[44] 闵华庆等:《鼻咽癌新分期的研究》,载《癌症》1992 年第 4 期。

[45] 牟卫:《印度危机管理机制与政策调整》,http://www.china.com.cn/xxsb/txt/2006-10/10/content_7228142.htm,2016 年 12 月 15 日访问。

[46] 穆光宗:《"经济新常态"下的中国人口政策选择》,载《人口与社会》2015 年第 2 期。

[47]〔美〕诺曼·R.奥古斯丁等:《危机管理》,北京新华信商业风险管理有限责任公司译校,中国人民大学出版社 2001 年版。

[48]〔美〕诺曼·R.奥古斯丁:《企业危机管理 6 阶段》,载《科技与企业》2004 年第 3 期。

[49] 苏剑:《"经济新常态"与中国人口政策的调整》,载《人口与社会》2015 年第 2 期。

[50] 唐钧:《公共部门的危机公关与管理》,中国人民大学出版社 2007 年版。

[51] 田星亮:《日本福岛核泄漏事故对公共危机管理的启示》,载《沈阳大学学报(社会科学版)》2012 年第 3 期。

[52] 王宏伟:《重大突发事件应急机制研究》,中国人民大学出版社 2010 年版。

[53] 王乐夫、马骏、郭正林:《公共部门危机管理体制:以非典型肺炎事件为例》,载《中国行政管理》2003 年第 7 期。

[54] 王骚、李如霞:《面向公共危机与突发事件的政府应急管理》,天津大学出版社 2013 年版。

[55] 王晓军、黄顺林:《中国人口死亡率随机预测模型的比较与选择》,载《人口与经济》2011 年第 1 期。

[56] 王晓雪、米红、陈均宇:《逆系统方法在人口预测中的应用》,载《中国地质大学学报(社会科学版)》2004 年第 1 期。

[57] 魏益华、迟明:《人口新常态下中国人口生育政策调整研究》,载《人口学刊》2015 年第 2 期。

[58] 吴喜平、米红、韩娟:《厦门市适度人口容量的测算》,载《发展研究》2006 年第 10 期。

[59] 肖金明:《反思 SARS 危机:政府再造、法制建设和道德重建》,载《中国行政管理》2003 年第 7 期。

[60] 肖金明:《面对 Sars 危机的法学审思》,载《山东大学学报(哲学社会科学版)》2003 年第 3 期。

[61] 许谨良主编:《风险管理(第四版)》,中国金融出版社 2011 年版。

[62] 薛克勋:《中国大中城市政府紧急事件响应机制研究》,中国社会科学出版社 2005 年版。

[63] 薛澜、张强、钟开斌:《危机管理:转型期中国面临的挑战》,载《中国软科学》2003 年第 4 期。

[64] 杨冰、赵晓兵:《Cox 模型及其相关问题的延伸》,载《江南大学学报(自然科学版)》2010 年第 5 期。

[65] 杨付、唐春勇:《中短期和长期人口预测模型的建立及应用》,载《时代经贸》2008 年第 19 期。

[66] 杨胜利:《转型期上海劳动力资源优化配置研究》,华东师范大学 2014 年博士论文。

[67] 余潇枫:《非传统安全与公共危机治理》,浙江大学出版社 2007 年版。

[68] 袁芳:《从双汇"瘦肉精"事件谈食品安全》,载《中国农业信息》2012 年第 19 期。

[69] 曾湘泉、张成刚:《经济新常态下的人力资源新常态:2014 年人力资源领域大事回顾与展望》,载《中国人力资源开发》2015 年第 3 期。

[70] 张成福:《公共危机管理:全面整合的模式与中国的战路选择》,载《中国行政管理》2003 年第 7 期。

[71] 张慧媛:《"双汇"瘦肉精事件对我国食品安全监管的警示》,载《中国食品》2011 年第 9 期。

[72] 张玫瑰:《信息不对称下食品安全监管研究》,郑州大学 2013 年硕士论文。

[73] 张丕德、郜艳辉、李丽霞、周舒东、李燕芬:《包含分类变量的 COX 模型及其应用》,载《广东药学院学报》2006 年第 2 期。

[74] 张丕德、郜艳辉、李丽霞、周舒东、李燕芬:《将 COX 模型嵌入 Markov 链进行调整的生存质量分析》,载《广东药学院学报》2007 年第 3 期。

[75] 张小明:《公共部门危机管理(修订版)》,中国人民大学出版社 2013 年版。

[76] 赵盼盼:《我国食品安全监管行政问责制的问题与对策》,西南交通大学 2012 年硕

士论文。

[77] 中国保监会保险教材编写组编著:《风险管理与保险》,高等教育出版社 2007 年版。

[78] 中国现代国际关系研究所危机管理与对策研究中心编著:《国际危机管理概论》,时事出版社 2003 年版。

[79] 周晓丽:《灾害性公共危机治理》,社会科学文献出版社 2008 年版。

[80] 周一平:《"瘦肉精事件"引发的法律问题及其解读》,载《河北法学》2011 年第 10 期。